基于信息化的精益生产管理

王　晶　王　彬
王　军　严　慧　著

机械工业出版社

本书对基于信息化的精益生产管理进行了全面、系统的研究。介绍了我国制造业的发展及信息化的应用；系统阐述了精益生产方式的概念、思想和内涵，阐明了信息化技术对精益生产的促进作用；分析了基于信息化的精益生产管理工具的应用，并与传统管理工具进行了对比；构建了面向精益生产管理的信息化体系框架；设计了基于信息化的精益生产计划和控制体系、精益质量管理体系、精益设备管理体系和精益生产绩效管理体系，并通过案例分析了其应用情况；分析了精益文化对精益管理的促进作用。

本书内容聚焦于基于信息化的精益生产管理，为企业更好地实施精益生产方式和信息化提供了理论依据和实用方法。从企业信息化角度分析精益生产管理，思路新颖，创新性强。书中除了介绍作者数年来的研究成果外，还介绍了成功的应用案例，为企业提供了实用经验。

本书可以用作高等院校管理类专业师生、在企业从事精益生产管理和信息化建设的高层次管理人员、培训和咨询机构专业人员的参考书。

图书在版编目（CIP）数据

基于信息化的精益生产管理/王晶等著. —北京：机械工业出版社，2016.5（2025.6 重印）
ISBN 978-7-111-53567-6

Ⅰ.①基…　Ⅱ.①王…　Ⅲ.①精益生产-生产管理
Ⅳ.①F273

中国版本图书馆 CIP 数据核字（2016）第 080303 号

机械工业出版社（北京市百万庄大街 22 号　邮政编码 100037）
策划编辑：曹俊玲　责任编辑：曹俊玲　何　洋　商红云
责任校对：薛　娜　封面设计：张　静
责任印制：常天培
河北虎彩印刷有限公司印刷
2025 年 6 月第 1 版第 7 次印刷
169mm×239mm·12.5 印张·217 千字
标准书号：ISBN 978-7-111-53567-6
定价：32.00 元

凡购本书，如有缺页、倒页、脱页，由本社发行部调换

电话服务　　　　　　　　　　　网络服务
服务咨询热线：010-88361066　机 工 官 网：www.cmpbook.com
读者购书热线：010-68326294　机 工 官 博：weibo.com/cmp1952
　　　　　　　010-88379203　金 书 网：www.golden-book.com
封底无防伪标均为盗版　　　教育服务网：www.cmpedu.com

前　言　PREFACE

近年来，制造业对社会发展的支撑作用得到了世界各国的重新认识，由此引发的对制造业的重新定位被写入了世界主要国家的发展战略。2008 年世界金融危机后，美国提出了再工业化发展战略；2013 年德国发布了"工业 4.0"战略；2014 年日本政府决定调整其制造业发展战略，目的是加强其在高端技术和产品领域的竞争优势；2015 年我国发布了面向制造业转型升级的《中国制造 2025》战略规划。

改革开放 30 多年来，我国制造业经历了前所未有的快速发展，为我国社会的发展做出了重要贡献，也为全世界创造了接近 1/4 的工业产值，使我国成为世界工厂。在成为世界第一制造大国后，当我们开始重新审视我国制造业时，就发现了其中存在的问题：规模大、素质低；高投入、高产出、高浪费、高排放；速度快、效率低；设备新、管理落后；低端产品过剩，高端产品不足；模仿能力强而原创能力低；等等。当然，这些问题与我国社会和制造业仍处于发展的初级阶段是密不可分的。我国工业发展落后于欧美发达国家和日本，与这些国家之间的差距不是短期内可以弥补的。改革开放以来，我国制造业发展取得的成就是举世瞩目的。面临全球社会经济发展的新局面，处在第四次工业革命的大门徐徐开启的关键时期，我国制造业必须加快转型升级，优化资源配置，提高资源利用效率，走内涵式发展的道路。精益生产作为一种可以有效提高企业经营效率的生产方式，是我国制造企业未来发展的必然选择。

精益生产（Lean Production，LP）是以美国麻省理工学院沃麦克教授为首的国际研究团队对日本丰田汽车公司的准时生产方式（Just in Time，JIT）进行全面深入的研究后，对这种生产方式的精辟描述。精益生产方式的优越性不仅体现在生产制造系统，同样也体现在产品开发、协作配套、营销网络以及经营管理等各个方面。长期以来，精益生产方式被认为是工商业企业最佳的生产组织和管理方式之一，也必将对 21 世纪全球工商业企业管理水平的提高发挥重要作用。

精益生产是日本工业竞争战略的重要组成部分，它反映了日本在重复性生产过程中的管理思想。精益生产的指导思想是通过生产过程整体优化，改进技术，理顺物流，杜绝过量生产，消除无效劳动与浪费，有效利用资源，降低成本，改善质量，达到用最少的投入实现最大产出的目的。

我国在 20 世纪 70 年代末和 80 年代初开始实行对外开放战略，学习日本等发达国家推动经济发展的经验。在这种宏观背景下，精益生产也于 70 年代末被引入我国，政府和不少大中型国有企业不仅聘请丰田汽车公司的专家来我国传授经验，同时还派技术人员和管理人员到丰田公司去学习。其中，一汽集团、广州日立、东风汽车公司、上海大众汽车有限公司等企业结合自身情况，创造性地应用了精益生产方式，收效甚佳。但是，这些企业也存在如何继续深入发展丰田生产方式的问题。还有一些企业在试行丰田生产方式时未见成效，不得不草率收场。如何将精益生产方式与我国企业实际相结合，是国内企业和学术界关心的热点话题。

近年来，随着我国经济的快速发展，很多企业借此机会快速扩展业务，但管理粗放的问题也随之凸显出来。传统的管理方式已经不能满足企业发展的需要。在这种背景下，通过信息化促进企业提高经营管理水平的发展战略被广泛采纳。与此同时，国家也积极推进工业化和信息化融合的战略，大力支持企业的信息化建设。企业信息化实质上是将企业的生产过程、物料移动、事务处理、现金流动、客户交互等业务过程数字化，通过各种信息系统加工生成新的信息资源，提供给各层次的经营管理人员，使其能够全面观察、了解各类动态业务中的信息，以做出有利于生产要素优化组合的决策，合理配置企业资源，使企业能够适应瞬息万变的市场竞争环境，谋求最大的经济效益。企业生产经营活动及对其管理的信息化是社会经济发展的必然趋势，众多企业的成功实践也充分证明了信息化对企业管理现代化的重要意义。

《中国制造 2025》提出要推进信息化与工业化深度融合：加快推动新一代信息技术与制造技术融合发展，把智能制造作为两化深度融合的主攻方向；着力发展智能装备和智能产品，推进生产过程智能化，培育新型生产方式，全面提升企业研发、生产、管理和服务的智能化水平。这也要求企业在采用先进生产方式的同时加强信息化建设，并将先进生产方式与信息化进行有机融合。

从准时生产方式的整体框架可以看出，这种生产方式重视企业的意识变革，强调对生产现场的精准控制，提倡全员参与生产质量控制和持续改善，通过生产系统优化实现产品快速转换和人员工作效率提高，通过应用生产计划理论制订生产作业计划实现均衡生产，通过自下游向上游传递需求信息并控制生产执行的看板系统控制生产过程。这是一个完整的管理思想、理论和方法体系。这种生产方式的形成和完善过程在 20 世纪 90 年代前已经完成，因此在其整体框架和构成要素中基本无法找到现代信息技术、网络技术的踪迹。很多企业在实施精益生产方式时都会受到这种局限性的影响，其结果是更加重视精益生产方式技术要素的实现而忽视这些要素与现代信息技术的结合。另一方面，随着信息技术的进步，企业都认识到了信息管理对企业经营管理的重要性，企业信息化建设的积极性空前高涨，工厂自动控制、办公自动化、企业资源计划（ERP）、生产执行系统（MES）、供应链管理系统（SCM）等企业信息管理系统已在很多企业成功实施。在企业信息化建设的过程中，虽然也有在企业资源计划系统中引入精益生产思想的研究和尝试，但多数企业的信息化建设和精益生产方式建设是相对独立进行的。精益生产方式和信息化的目的都是帮助企业提高生产管理水平和生产效率，二者在企业生产管理中必须得到有机融合。为了达到这个目的，首先需要清晰地认识精益生产方式和信息化的功能，厘清二者在企业生产管理中的分工、互动作用、相互影响等关系。在此基础上实现精益生产方式和信息化建设的有机融合，以达到充分利用资源、避免重复建设造成的浪费、提高管理系统建设效果的目的。

　　然而，我们在很多企业看到的情况却是，实施精益生产方式和信息化建设是分别进行的，在这二者之间找不到应有的联系，造成系统重复建设、功能重复设置等问题，导致先进生产模式和管理信息系统功能不匹配的浪费。因此，有必要帮助企业系统性地理解精益生产方式和企业信息化建设的关系，使企业在实施精益生产方式和进行信息化建设时能理顺二者之间的关系，使其在企业管理中实现有机融合，使二者的功能相互促进，从而实现资源的有效利用。基于信息化的精益生产管理，是我们对信息化时代企业实施精益生产方式的理解。

　　本书以精益生产方式的理论方法体系为主线，分析了信息化对精益生产方式整体结构和构成要素的影响和促进作用，建立了基于信息化的精益生产方式的思想和体系框架。全书分为10章，分别为中国制造业信息化发展概况、精益生产方式概述、精益生产工具与信息化、面向精益管理的信息化体系、基于信息化的精益生产计划和控制、基于信息化的精益质量管理、基于信息化的精益设备管理、基于信息化的精益生产绩效管理、精益文化建设、结束语与展望。本书除理论方法的论述之外，还提供了实际企业的应用案例，使理论和实践实现了有机融合。希望本书的内容能对企业实施精益生产方式和管理信息系统建设实践提供参考和帮助。

　　2014年8月，我与吕飞博士在企业信息化建设的背景下实施精益生产方式的策略进行了一次深入的讨论，而正是这次讨论使我们开始了本书内容的研究工作。吕飞博士是一位出色的企业经营者和信息化建设专家。在此对吕飞博士给予我们的支持和帮助表示感谢。

　　本书的研究内容得到了国家自然科学基金委员会的支持（项目批准号：71332003）。在此对国家自然科学基金委员会表示衷心的感谢！

　　由于作者水平有限，本书肯定存在诸多不足之处，欢迎广大读者批评指正。

王　晶

目　录 CONTENTS

第1章

中国制造业信息化发展概况

1.1 中国制造业发展现状

1.1.1 中国制造业对国民经济的重要作用

制造业是指对制造资源（物料、能源、设备、工具、资金、技术、信息和人力等），按照市场要求，通过制造过程，转化为可供人们使用和利用的大型工具、工业品与生活消费产品的行业。制造业直接体现了一个国家的生产力水平，是区别发展中国家和发达国家的重要因素。制造业在世界发达国家的国民经济中普遍占有重要地位。

中国作为制造业大国，制造业在国民经济中占有非常重要的地位。制造业作为我国国民经济的支柱产业，不仅是国内经济增长的中坚力量，也是国内进行经济结构调整和发展方式转变的主战场。改革开放以来，我国制造业经历了持续的高速发展，为国家创造了巨大的财富，是国民经济增长的重要动力，成为解决城镇居民就业问题的主要渠道，使中国成为全球最大的工业品出口国，因而被称为"世界工厂"。相关统计数据显示，2012 年中国制造业的增加值达到 2 万亿美元，占全球制造业增加值的 20%，超过美国，成为世界第一制造大国。在世界 500 强企业中，中国制造业企业占据其中的 24 席，2013 年营业总收入 17571 亿美元，仅次于美国和日本[⊖]。

2014 年，在经济新常态大背景下，我国工业增速从高速转向中高速，全年全部工业增加值 227991 亿元，比上年增长 7.0%。全国规模以上企业工业增加值同比增长 8.3%，其中制造业同比增长 9.4%。高技术制造业同比增加 12.3%，

⊖ 资料来源：《财富》2014 年世界企业 500 强排行榜。

快于工业整体增速 4 个百分点。其中，农副食品加工业增加值比上年增长 7.7%，纺织业增长 6.7%，通用设备制造业增长 9.1%，专用设备制造业增长 6.9%，汽车制造业增长 11.8%，计算机、通信和其他电子设备制造业增长 12.2%，电气机械和器材制造业增长 9.4%。六大高耗能行业增加值比上年增长 7.5%。其中，非金属矿物制品业增长 9.3%，化学原料和化学制品制造业增长 10.3%，有色金属冶炼和压延加工业增长 12.4%，黑色金属冶炼和压延加工业增长 6.2%，电力、热力生产和供应业增长 2.2%，石油加工、炼焦和核燃料加工业增长 5.4%。装备制造业增加值增长 10.5%，占规模以上企业工业增加值的比重为 30.4%。$^\ominus$面对复杂多变的国际环境和艰巨繁重的国内改革发展任务，我国制造业保持平稳运行态势，为国民经济发展做出了重要贡献。

1.1.2 中国制造业发展面临的问题

经过多年的发展，我国制造业已经形成了比较完整的体系，并成为我国国民经济发展的重要支柱。这使得我国工业产品的国际竞争力进一步提升，其中部分产品的技术水平和市场占有率跃居世界前列，我国已经成为制造业大国。但是，产业大而不强、自主创新能力薄弱、基础制造水平落后、低水平重复建设、自主创新产品推广应用困难等问题依然突出。

（1）"大而不强"是我国制造业的真实写照。根据世界银行统计，早在 2012 年，我国制造业增加值为 23306.8 亿美元，已超过美国，位居世界第一。但我国制造业增加值率仅为 21.5%，而工业发达国家均大于 35%，美国、德国等国甚至超过 40%；制造业增加值约占我国 GDP 的 32.6%，但其能源消费却占全国能耗的 58%。

（2）创新能力不足。改革开放以来，我国采用以市场换技术的方式，大量引进外资和技术，以促进我国经济社会的快速发展。但付出的代价是国内市场被跨国公司抢占，出口利润被外商盘剥，而得到的高新技术，特别是核心技术却寥寥无几。出口竞争力比较强的产品主要是纺织品、服装、鞋类、玩具，以及家电、电器元件、机电产品等。这些产品均属于低附加值产品，个别高新技术产品也主要是来料加工或来件组装产品。在合资企业中，外商掌控着核心技术和销售渠道，我国制造业企业一方面要付出高昂的专利费，另一方面用低廉的劳动力制造外国品牌的产品，换来的只是微薄的利润。价格低廉、缺乏自主知识产权的产

⊖ 资料来源：2014 年国民经济和社会发展统计公报。

品，是我国制造业企业当前在国际市场上的形象。以创新能力为例，根据科技部发布的《国家创新指数报告 2013》，我国的创新能力指数在全球 40 个主要国家里仅位于 19 名左右。

（3）产品附加值低。由于法律体系缺乏对知识产权的有效保护，我国缺乏科技发明创新的土壤，绝大多数企业不注重科技研发，宁愿花钱买技术、用市场换技术，也不愿投入资金、时间、人力资源持之以恒地进行科技研发，造成大部分企业缺乏核心竞争力。我国虽号称"制造业大国"，但实际上只相当于世界的"加工厂"。例如，东莞工厂制造一个芭比娃娃，出厂价只有 1 美元，生产企业几乎无利可图。而这 1 美元的芭比娃娃卖到美国的销售终端——沃尔玛，零售价是 10 美元。10 美元减掉 1 美元后的 9 美元就是通过整个大物流环节，包括产品设计、原料采购、仓储运输、订单处理、批发经营、终端零售六大物流环节所创造出来的。巨额利润都被具有研发与管理优势的跨国公司赚取了。

（4）成本不断增加。劳动力、土地等成本上涨压力增大。最近 10 年，制造业平均工资年均上涨 14%，2006 年以后出现加速上涨态势，超过了总体平均工资涨幅。2002—2013 年，制造业年平均工资由 11001 元上涨到 46431 元，增长了 3.2 倍。各地最低工资水平和农民工收入均有不同程度的上涨，2010 年和 2011 年农民工工资涨幅更是高达 19.3% 和 21.2%。⊖ 长期来看，农村剩余劳动力可转移人数、适龄劳动力人口整体呈下降趋势，我国劳动力成本长期呈上升态势。

（5）资源环境紧张。发达国家专注于高端的技术和营销环节，把大量占有和消耗资源的生产加工环节转移到发展中国家，进一步优化了自身的资源耗费结构，实现了经济增长方式的集约化。而中国等发展中国家承接了这些价值链低端的生产加工环节，其制造业的发展是建立在高强度消耗和高密集化使用资源的基础上的，是以日益被破坏的生态环境为代价的。这种长期、快速、粗放型的发展使我国已经面临着非常严重的资源和环境危机。因此，我国迫切需要提高制造业的技术水平和附加值，摆脱长期被锁定在价值链低端环节的困境，大力推进知识资本、人力资本和技术资本密集程度较高的价值链高端环节的发展。

1.1.3　经济新常态下中国制造业的发展

改革开放的 30 多年中，我国经济经历了接近 10% 的高速增长阶段，未来将出现一定幅度的下滑，进入中高速增长阶段，经济增长速度将降低到 7% 以下。

⊖　资料来源：国家统计局。

而在经历了中高速增长阶段后，还会经历中低速增长阶段，这意味着未来中国经济将进入新常态。

在经济进入新常态的背景下，我国只有抓住新一轮产业革命的机遇，继续推动产业结构的深度变革与调整，从根本上提升制造业和实体经济的竞争力与效益，才能使我国经济继续保持良好的发展势头。

我国经济进入新常态以后，尽管存在区域之间发展水平的较大差异，但工业化在整体上也已步入中后期阶段，绝大多数发达地区已进入工业化后期，甚至北京、上海等极少数地区已经开始了向后工业化社会的过渡。我国低成本的劳动力在过去的工业化进程中发挥了重要作用，与此同时，支撑我国工业化的生产要素条件也正在发生重要而显著的变化。由于劳动力充分供给而导致的低成本劳动力竞争优势已经在逐步削减；在技术上，我国过去与国际技术前沿的差距很大，可以相对容易地通过技术引进或者创新解决产业发展中的技术问题，而当我国制造业快速发展 30 年以后，工业化达到更高水平，整体技术水平与国际技术前沿的差距越来越小的时候，就不得不更多地通过自己的创新解决产业发展中的技术问题，特别是关键技术。所以，生产要素条件的变化使得我国长期以来通过相对简单的资源整合、要素配置、规模扩张以实现发展的产业供给模式变得越来越不容易。

从需求看，当工业化进入一个更高的阶段时，很多传统产业部门，特别是重化工业会出现严重的需求不足问题。回顾过去 30 多年，从短缺经济到消费品行业的大规模发展，再到 2000 年以后重工业的加速发展，以至于钢铁、水泥等重化工和原材料工业部门的产能过剩问题成为当前经济发展中一个难解的问题，背后的基本逻辑就是供给结构的调整严重滞后于需求的变化。很多行业的需求峰值已经或即将到来，而由于多方面原因，供给的调整并不反映市场规律。从现实影响看，因为产能过剩，这些行业的固定资产投资也会逐渐下降，势必会影响拉动国民经济"三驾马车"中的"投资"，而投资下降或者保持低速度增长就会影响经济产出的增长。所以，产业结构的深度变革和调整，既是我国经济进入新常态的重要原因，也是经济进入新常态的主要表现。

我国的制造业产业水平有了很大提高，与国际前沿技术的差距越来越小，甚至开始顶上"天花板"；低成本劳动力竞争优势在逐步弱化，过去的低成本要素越来越高，"地板"越来越高。与此同时，还面临其他发展中国家快速工业化追赶带来的压力。当前中国的制造业就是在这样一个"夹心"层寻求出路，一旦以印度为代表的少数发展中大国开始大规模的快速工业化进程，它的人口红利与我国过去 30 多年是一样的，未来将对我国的传统产业带来巨大的压力。

从今往后一段时间里，全球制造业都将经历一次更加深刻的变革，其核心是现代信息技术与制造业的深度融合。这一变革以数字制造、互联网与新材料技术等领域的重大创新与深度应用为代表，将推动一批新兴产业的发展，并将带动整个产业形态、制造模式、组织方式等的深刻变革。而在这场深刻变革中，明确中国制造业转型升级的方向尤为重要。在金融危机期间，德国因为其制造业发达，经济受到的冲击较小，经济复苏相对较快。而美国的服务业对 GDP 的贡献达到80% 以上，金融危机后美国政府开始反思，奥巴马提出了"再工业化"战略，后又迅速提出"先进制造业伙伴计划"，其核心目的就是要重塑和保持美国在先进制造业领域的优势地位。在这样的背景下，我国作为一个发展不平衡的大国，虽然要努力提高服务业的比重，但比较长的时期内，制造业仍必须保持较高的比重，必须把包括传统制造业在内的制造业部门作为国家产业发展的长期战略和使命。但制造业的成本上升是不以人的意志为转移的，在这样的背景下，一定要坚持以增强制造业的竞争力为目标，通过创新突破"天花板"。

创新是中国传统制造业必须解决的问题，但是，重大技术、共性技术以及关键技术上的突破，很难靠单一企业解决，而需要依靠政府出台相关的政策去引导和支持企业之间合作、企业与研究机构的合作，并让市场在资源配置上发挥决定性的作用。未来，我国制造业企业需要站在一个行业发展的平台上，去分享技术标准、行业规范、组织文化甚至基础设施等。这些方面可能是决定我国制造业未来竞争力的关键所在，也是政府应该更多发挥作用的地方。要在传统部门与新兴部门、制造业与服务业中间架起一条完整的供应链与产业链。在一个部门、一个环节或者一根链条的竞争力衰落的同时，另外一个部门的竞争力则是不断增强的。

在全球制造业高歌猛进的关键时期，缺乏核心技术、大而不强等问题严重困扰着我国制造业。随着"工业 4.0"概念影响的深化，我国也在不断通过转型升级来提升制造业整体水平。未来基于信息和互联网技术的产品创新、精益制造、柔性生产以及供应链集成，将成为我国制造业发展的主基调。

1.2　中国制造业与信息化

1.2.1　中国制造业信息化现状

制造业信息化是指制造业企业将信息技术、自动化技术、现代管理技术与制造技术相结合，从而改善制造业企业的经营、管理、产品开发和生产等各个环节，以此带动产品设计方法和设计工具的创新、管理模式的创新、制造技术的创新，从而实现产品制造和企业管理的信息化、生产过程的智能化、制造装备的数控化，进而全面提升制造业的竞争力。

1. 中国制造业信息化的投资规模

计世资讯（CCW Research）《2014 年中国制造行业信息化建设与 IT 应用趋势研究报告》的数据表明，2013 年制造业信息化投入达到 619.5 亿元人民币，较 2012 年同比增长 0.8%；2014 年投入达到 633.1 亿元人民币，较 2013 年同比增长 2.2%（见图 1-1）。

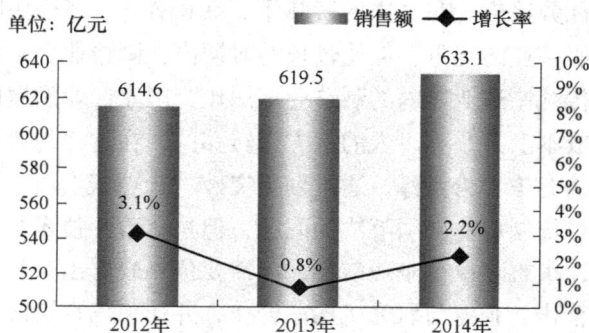

单位：亿元　　销售额　增长率

图 1-1　2012—2014 年中国制造业信息化的投资规模

2013 年，工业和信息化部（简称工信部）制订实施了"两化"融合专项行动计划——《信息化和工业化深度融合专项行动计划（2013—2018 年）》，启动编制企业"两化"融合管理体系标准。2014 年伊始，中央成立了中央网络安全和信息化领导小组，构架顶层指导协调机构。2014 年，工信部发布了"两化"融合管理体系基本要求和实施指南，完成国家标准立项，推动形成国际标准，并在各省市和重点行业选择 500 家企业开展贯标试点，争取 2014 年内 200 家以上的试点企业基本达到标准要求，鼓励各地更广泛地发动企业参与贯标达标。在上述政策的推动下，随着广大工业企业，尤其是制造业企业"两化"融合步伐的加快，2015 年制造业信息化将产生新一轮投资增长。

2. 中国制造业信息化发展面临的问题

我国制造业信息化发展面临的问题主要表现在以下几个方面：

（1）信息化技术水平与支撑制造业国际化竞争的需求还有一定距离。我国制造业信息化技术水平不高，尚不能有效支撑制造业企业参与国际化竞争以及在全球资源配置中取得有利地位。

（2）集成应用水平制约着企业业务能力的提升。我国企业信息化的应用主要停留在单元技术的应用或集成技术的初级应用上，信息化孤岛现象严重，与设计制造全面集成和经营管理一体化还有较大差距。

（3）公共服务平台建设尚处在初创阶段。我国公共信息服务平台还不能支撑广大中小企业的信息化，平台建设的成功模式不多，需要进一步培育、壮大和支持面向制造业的公共服务平台和专业化的服务能力。

（4）具有自主知识产权的软件产品研发与产业化遇到巨大的挑战。我国软件产品受到国外同类产品的挑战，发展道路艰难坎坷；产品开发水平仍停留在单项技术软件产品或工具集的开发上，产品稳定性差，尚不具备集成平台与综合系统的开发能力。

（5）中介机构技术服务能力不强。我国相当一部分中介服务机构仅能提供人员培训、软硬件推介、网站内容发布等初级服务，缺乏系统集成商。

1.2.2　信息化与工业化深度融合

制造业是我国国民经济的支柱之一，是提高我国工业化水平的关键。世界经济变化日新月异，面对国内外复杂的经济形势、日趋激烈的竞争市场，传统制造业的生产模式与产业结构日趋落后，制造业转型升级迫在眉睫，制造业企业信息化则成为当前制造业转型升级的必由之路。

从世界范围的发展潮流来看，信息化是全球制造业的发展趋势。发达国家的制造业在20世纪80年代就基本实现了信息化。美国、德国和日本等一些主要发达国家，目前都在大力推进制造业信息化，以维持自己在世界分工中的有利地位，信息化已经成为发达国家之间竞争的有力手段。

我国制造业要想转型升级，就要顺应国际大趋势，朝着全球化、精益化、专业化、服务化、绿色化和智能化方向发展，实现节能减排和服务型制造，"两化"融合的新型工业化道路是唯一途径。这是一条坚持以信息化带动工业化，以工业化促进信息化，信息含量高、经济效益好、资源消耗低、环境污染少、人力资源优势得到充分发挥的工业化道路。

发展制造业要顺应潮流，大力推进制造业信息化，提高制造业整体素质和竞争力，才能加快实现我国从制造业大国向制造业强国的转变。唯有通过制造业信息化才能使我国的制造业脱离"夕阳产业"的命运，用"两化"融合的深度发展，实现新型工业化，保持我国制造业在国际市场中的竞争力。

2011年4月6日，工业和信息化部、科学技术部等五个部门以工信部联信〔2011〕160号印发《关于加快推进信息化与工业化深度融合的若干意见》。文件以科学发展为主题，以加快转变经济发展方式为主线，坚持信息化带动工业化、工业化促进信息化，重点围绕改造提升传统产业，着力推动制造业信息技术的集成应用，着力用信息技术促进生产性服务业发展，着力提高信息产业支撑融合发展的能力，加快走新型工业化道路步伐，促进工业结构整体优化升级。

信息化与工业化主要在技术、产品、业务、产业四个方面进行融合。也就是说，"两化"融合包括技术融合、产品融合、业务融合、产业衍生四个方面。

技术融合是指工业技术与信息技术的融合，产生新的技术，推动技术创新。例如，汽车制造技术和电子技术融合产生的汽车电子技术，工业和计算机控制技术融合产生的工业控制技术。

产品融合是指电子信息技术或产品渗透到产品中，增加产品的技术含量。例如，普通机床加上数控系统之后就变成了数控机床，传统家电采用智能化技术之后就变成了智能家电，普通飞机模型增加控制芯片之后就变成了遥控飞机。信息技术含量的提高使产品的附加值大大提高。

业务融合是指信息技术应用到企业研发设计、生产制造、经营管理、市场营销等各个环节，推动企业业务创新和管理升级。例如，计算机管理方式改变了传统手工台账，极大地提高了管理效率；信息技术应用提高了生产自动化、智能化程度，生产效率大大提高；网络营销成为一种新的市场营销方式，受众大量增加，营销成本大大降低。

产业衍生是指两化融合可以催生出的新产业，形成一些新兴业态，如工业电子、工业软件、工业信息服务业。工业电子包括机械电子、汽车电子、船舶电子、航空电子等；工业软件包括工业设计软件、工业控制软件等；工业信息服务业包括工业企业 B2B 电子商务、工业原材料或产成品大宗交易、工业企业信息化咨询等。

1.2.3 "工业4.0"对中国制造业的影响

"工业4.0"是德国政府在2013年提出的新概念，已经在全球引发了广泛的讨论。"工业4.0"的实质是信息物联网和服务互联网与制造业的融合创新，通过物联网、信息通信技术与大数据分析，把不同设备通过数据交互连接到一起，让工厂内部甚至工厂之间成为一个整体，形成制造的智能化。

德国"工业4.0"项目分为两大主题：一是"智能工厂"，重点研究智能化生产系统及过程，以及网络化分布式生产设施的实现；二是"智能生产"，主要涉及整个企业的生产物流管理、人机互动，以及3D打印技术在工业生产过程中的应用等。按设想，未来工业生产形式会大规模生产高度个性化产品，强调顾客与业务伙伴对业务过程和价值创造过程的参与；物联网、服务网以及数据网将取代传统封闭性的制造系统，成为未来工业的基础。"工业4.0"希望通过智能工厂与智能生产的建设，实现制造模式的变革。其体现的先进技术包括物联网、信息技术、大数据处理技术，与个性化产品制造所需的技术十分相似。可以说，智能工厂已经为制造业大规模定制生产做好了准备。

有数据显示，我国沿海地区劳动力综合成本已经与美国本土部分地区接近。随着人口红利的消失，制造业人工成本上升和新一代劳动力就业意愿的下降，我国制造业的国际竞争力将面临重大危机。推进工业化和信息化融合，抢先进入"工业4.0"时代，保持我国制造业的竞争力，已经是必须选择的命题。

2014年10月，李克强总理访问德国期间签订了"工业4.0"战略合作框架。这意味着我国要在工业化与信息化同步发展的战略中更快地促进两者的融合。在2014年的智能制造国际会议上，工业和信息化部部长苗圩提出的"打造中国制造业升级版"引发广泛关注。苗圩认为，以信息化实现工业化的"升级"，关键在于两点：一是深入实施创新驱动发展战略。重点是通过长期的基础研究，突破如智能机器人核心部件、高端芯片、新型显示、关键电子元器件等关键技术、共性技术，并将这些科技成果转化成现实的生产力。二是推进信息化和工业化的深度融合。例如，制定信息技术改造提升传统产业的管理体系和技术体系的"国标"，用互联网思维推动物联网、大数据、云计算技术在工业领域的应用，推进制造方式、销售和服务模式的互联网化等。

1.2.4　物联网与制造业信息化

物联网就是"物物相连的互联网"。它有两层意思：物联网的核心和基础仍然是互联网，是在互联网基础上的延伸和扩展的网络；其用户端延伸和扩展到任何物体之间，进行信息交换和通信。因此，物联网是把传感器网络以及 RFID（Radio Frequency Identification，射频识别）等感知技术、通信网与互联网的技术、智能运算技术等融为一体，实现以全面感知、可靠传送、智能处理为特性的连接物理世界网络。物联网可以帮助人们把人类社会跟物理世界更好地结合起来，提升人们认知世界和处理复杂问题的能力。

物联网在制造业信息化的进程中有着极其重要的作用。从信息化的角度看，物联网扩展了传统的企业信息化程度，延伸了传统的互联网。制造业是一个比较特殊的行业：一方面，它需要大量的人员和生产设备来支撑其生产；另一方面，它会生产出许多实实在在的产品。因此，物联网的应用对于制造业的信息化显得更加有意义。物联网的发展将极大地促进制造业信息化的发展。

1. 生产自动化

生产自动化是将物联网技术融入制造过程的各个环节，借助模拟专家的智能活动，取代或延伸制造环境中人的部分手工和脑力劳动，以达到最佳生产状态。通过应用整合信息系统、人机界面设备（PLC 触摸屏）、数控机床、机器人、PDA（Personal Digital Assistant，掌上电脑）、条码采集器、传感器、I/O（Input/Output，输入/输出）、DCS（Distributed Control System，分布式控制系统）、RFID、LED 生产看板等多类软硬件的综合智能化系统，实现布置在生产现场的专用设备对从原材料上线到成品入库的生产过程进行实时数据采集和监控。同时，智能制造系统实时接受来自 ERP 系统的工单、BOM（Bill of Material，物料清单）、流程、库存、制造指令等信息，同时把生产方法、人员指令、制造指令等下达给作业人员、设备等控制层，再实时把生产结果、人员反馈、设备操作状态与结果、库存状况、质量状况等动态地反馈给决策层。

2. 管理精细化

管理精细化是以 RFID 等物联网技术应用为重点，提高企业包括产品设计、生产制造、采购、市场开拓、销售和服务支持等环节的智能化水平，从而极大地提高管理水平。将 RFID 技术应用于每件产品上，即可实现整个生产、销售过程实现可追溯管理。在工厂车间的每一道工序都设有一个 RFID 读写器，并配备相应的中间件系统，联入互联网。这样，在半成品的装配、加工、转运以及成品加工、转运和包装过程中，当产品流转到某个生产环节的 RFID 读写器时，RFID 读写器在有效的读取范围内就会检测到编码的存在。EPC（Electronic Product Code，电子产品编码）将成为产品的唯一标识。以此编码为索引，就能实时地在 RFID 系统网络中查询和更新产品的数据信息。有了这样的平台，生产操作员和公司管理人员在办公室里就可以对整个生产现场和流通环节进行有效的监控，实现动态、高效管理。

3. 供应链管理

制造业企业的供应链系统包括原材料的采购和产成品的销售，这期间，物品要经过仓储、运输和交付等若干环节。因此，建立以制造业企业为中心的，包含上、下游厂商的物联网系统非常重要。它将实现上、下游企业的紧密联合，使整个供应链上的物品得到全程跟踪，上、下游及企业的生产信息得到充分利用。

1.2.5　中国制造 2025

《中国制造 2025》是中国版的"工业 4.0"规划。规划经李克强总理签批，由国务院于 2015 年 5 月 8 日公布。规划提出了中国制造业强国建设三个 10 年的

"三步走"战略，是第一个 10 年的行动纲领。

我国规划用 10 年时间，迈入制造业强国行列。到 2020 年，基本实现工业化，制造业大国地位进一步巩固，制造业信息化水平大幅度提升；掌握一批重点领域关键核心技术，优势领域竞争力进一步增强，产品质量有较大提高；制造业数字化、网络化、智能化取得明显进展；重点行业单位工业增加值能耗、物耗及污染物排放明显下降。到 2025 年，制造业整体素质大幅度提升，创新能力显著增强，全员劳动生产率明显提高，"两化"融合迈上新台阶；重点行业单位工业增加值能耗、物耗及污染物排放达到世界先进水平；形成一批具有较强国际竞争力的跨国公司和产业集群，在全球产业分工和价值链中的地位明显提升。

规划提出要推进信息化与工业化深度融合：加快推动新一代信息技术与制造技术融合发展，把智能制造作为"两化"深度融合的主攻方向；着力发展智能装备和智能产品，推进生产过程智能化，培育新型生产方式，全面提升企业研发、生产、管理和服务的智能化水平。

为迎接来自全球的挑战，信息化建设成为企业提高自身管理水平、增强自身竞争能力的必需手段和过程。制造业信息化对于我国从一个制造业大国走向制造业强国，具有重要的理论和现实意义。

第 2 章

精益生产方式概述

2.1 精益生产的起源和发展

20 世纪初，从美国福特汽车公司创立第一条汽车生产流水线开始，大规模流水生产线一直是现代工业生产的主要特征，改变了效率低下的单件生产方式，被称为生产方式的第二个里程碑。大规模生产方式是以标准化、大批量生产来降低生产成本、提高生产效率的。这种方式适应了美国当时的国情，汽车流水生产线的产生，一举把汽车从少数富人的奢侈品变成了大众化的交通工具，汽车工业也由此迅速成长为美国的一大支柱产业，并带动和促进了包括钢铁、玻璃、橡胶、机电以至交通服务业等在内的一大批产业的发展。大规模流水生产在生产技术以及生产管理史上具有极为重要的意义。

第二次世界大战以后，社会进入了一个市场需求向多样化发展的新阶段，相应地要求工业生产向多品种、小批量的方向发展，单品种、大批量的流水生产方式的弱点日渐明显。为了顺应这样的时代要求，由日本丰田汽车公司首创的精益生产方式，作为多品种、小批量混合生产条件下的高质量、低消耗生产方式，在实践中经摸索被创造出来。精益生产方式是在实际应用中，根据丰田公司实际生产的要求而被创造、总结出来的一种革命性的生产方式，被称为"改变世界的机器"，是继大量生产方式之后人类现代生产方式的第三个里程碑。

根据精益生产方式的形成过程可以将其划分为三个阶段：丰田生产方式的形成与完善阶段；丰田生产方式的系统化阶段（精益生产方式的形成）；精益生产方式的新发展阶段（对以前的方法理论进行再思考，提出新的见解）。

1. 丰田生产方式的形成与完善阶段

1950 年，日本工程师丰田英二到底特律对福特的鲁奇厂进行了三个月的参观，当时鲁奇厂是世界上规模最大而且效率最高的汽车制造厂。丰田英二对这个庞大工厂的每一个细微之处都做了审慎的考察，回到名古屋后，他和在生产制造方面富有才华的大野耐一一起研究，很快得出了结论：大量生产方式不适合日本。因为当时日本国内市场规模有限，所需汽车的品种又很多，多品种、小批量的需求并不适合应用大量生产方式进行生产；另一方面，战后的日本缺乏外汇来大量购买西方的技术和设备，不能单纯地仿效鲁奇厂的生产方式；此外，缺乏廉价劳动力。由此，丰田英二和大野耐一开始了适合日本需要的生产方式的革新。大野耐一先在自己负责的工厂实行一些现场管理方法，如可视化管理法、一人多机、U 形设备布置法等，这是丰田生产方式的萌芽。

随着大野耐一的管理方法取得初步成效，他的地位也逐步得到提升。大野耐一的管理方法在更大的范围内得到应用。他的周围也聚集了一些追随者，进一步完善大野耐一的管理方法，通过对生产现场的观察和思考，进行了一系列革新，如三分钟换模法、现场改善、自働化、五问法、供应商队伍重组及伙伴合作关系、拉式生产等。而且，这些方法在应用中不断得到完善，最终形成了一套适合日本社会的丰田生产方式。

1973 年秋天发生石油危机以后，日本经济下滑为负增长的状态，但丰田公司不仅获得了高于其他公司的盈利，而且连年增长，拉大了同其他公司的距离。于是丰田生产方式开始受到重视，在日本得到了普及和推广，并得到了学术界的认可，吸引了一些学者对其进行研究，完成了内容的体系化。

随着日本汽车制造商大规模海外建厂，丰田生产方式传播到美国，并因其在成本、质量、产品多样性等方面的巨大效果而得到广泛传播。同时，由于经受住了准时供应、文化冲突的考验，更加验证了丰田生产方式的适用性，证明了丰田生产方式不是只适合日本的文化，而是普遍适用于各种文化、各种行业的先进生产方式。

2. 丰田生产方式的系统化阶段——精益生产方式的形成

为了进一步揭开日本汽车工业成功之谜，1985 年，美国麻省理工学院筹资500 万美元，确定了一个名为"国际汽车计划"（IMVP）的研究项目。在丹尼尔·鲁斯（Daniel Roos）教授的领导下，组织了 53 名专家、学者，从 1984 年到1989 年，用了五年时间对 14 个国家的近 90 个汽车装配厂进行实地考察。他们查阅了几百份公开的简报和资料，并对西方的大量生产方式与日本的丰田生产方式进行对比分析，终于在 1990 年完成了《改变世界的机器》一书，第一次把丰田生产方式定名为"Lean Production"，即精益生产方式。这个研究成果引起了汽车制造业的轰动，掀起了一股学习精益生产方式的狂潮。精益生产方式的提出，把丰田生产方式从生产制造领域扩展到产品开发、协作配套、销售服务、财务管理等各个领域，贯穿于企业生产经营活动的全过程，使其内涵更加全面、丰富，对指导生产方式的变革更具有针对性和可操作性。

1996 年，经过四年的"国际汽车计划"（IMVP）第二阶段研究，沃麦克和鲁斯出版了《精益思想》一书。《精益思想》描述了学习丰田生产方式所必需的关键原则，并且通过实例讲述了各行各业均可遵从的行动步骤，进一步完善了精益生产的理论体系。

在此阶段，美国企业界和学术界对精益生产方式进行了广泛的学习和研究，提出了很多观点，对原有的丰田生产方式进行了大量的补充，主要是增加了 IE 技术、信息技术、文化差异等内容，对精益生产理论进行了完善，使精益生产更具有适用性。

3. 精益生产方式的新发展阶段

精益生产的理论和方法是随着环境的变化而不断发展的，特别是在 20 世纪末，随着研究的深入和理论的广泛传播，越来越多的专家学者参与进来，出现了百花齐放的局面，各种新理论和方法层出不穷，如大规模定制（Mass Customization）与精益生产相结合、单元生产（Cell Production）、JIT2、5S 的新发展、TPM（Total Productive Maintenance，全员生产维护）的新发展等。很多美国大企业将精益生产方式与本公司实际相结合，创造出了适合本企业需要的管理体系，例如，1999 年美国联合技术公司（UTC）的 ACE（Achieving Competitive Excellence，获取竞争性优势）管理、精益六西格玛管理、波音的群策群力、通用汽车 1998 年的竞争制造系统（GM Competitive MFG System）等。这些管理体系实际上是应用精益生产的思想，并将其方法具体化，以指导公司内部的各个工厂、子公司顺利地推行精益生产方式，并将每一工具实施过程分解为一系列的图表，员工只需按照图表的要求一步步实施下去即可，并且每一工具对应一套标准以评价实施情况，也可用于母公司对子公司的评估。

在此阶段，精益思想跨出了它的诞生地——制造业，作为一种普遍的管理理念在各个行业传播和应用，先后成功地在建筑设计和施工、服务行业、民航和运输业、医疗保健领域、通信和邮政管理、软件开发和编程等方面得到应用，使精益生产系统更加完善。

2.2 精益生产系统的目标

在精益生产方式建立之前，对现代工业生产做出重大贡献的是福特生产方式。福特生产方式主张通过提高生产量降低生产成本和产品价格，以低价格提高顾客需求量和扩大市场规模，旺盛的市场需求反过来又会要求企业进一步提高生产量。这是一种合理逻辑，也是一个良性循环。在市场规模足够大且企业拥有充足的生产资源供应时，这种理念会给企业带来快速发展和壮大的机会。事实上，在这种经营理念的指导下，福特汽车公司从 1900 年的一个不知名的小企业，到 1926 年已经成长为美国最大的汽车制造企业，其市场占有率在美国达到 70%。到 1926 年，福特公司的 T 型汽车累计生产了 1500 万辆，该型汽车的市场售价从 1913 年的每辆 6500 美元下降到 650 美元。通过这一经营理念的执行，福特也实现了"让美国所有的普通家庭都买得起汽车"的理想。

福特汽车成功的原因是建立了适合大规模生产的流水装配生产线，生产成本大幅度下降，获得了绝对的价格领先优势，自然也获得了巨大的市场；同时，通过整合原材料供应环节，保证了充足、廉价的原材料供应。可以肯定地说，福特汽车的成功是由于其顺应了时代发展的需要。随着市场消费水平的提高，顾客开始偏好个性化的消费，一个强劲的竞争对手出现了，这就是 1926 年以后出现的通用汽车公司。通用汽车公司提供给市场的是多品种小批量生产的汽车，能够更好地满足顾客的个性化需求，受到了市场的欢迎。因此，一大批顾客被分流到通用汽车公司，福特汽车公司的销量有所下滑，其 70% 市场占有率的辉煌也永远成为历史。

在现在的市场环境中，每个企业都面临激烈的市场竞争。市场上竞争对手林立，可以利用的资源有限，企业的社会责任在不断增加，现在的市场环境已经与适合采用福特生产方式的时代截然不同。在这样的环境中，及时、准确地以尽可能低的价格提供顾客所需要的产品，才是企业的生存之道。显然，福特的大规模生产方式已经不适合这种环境的要求。取而代之的是多品种小批量生产方式，而且同时要求企业尽可能地降低生产成本，其目标是以大规模生产的低成本实现多品种小批量生产。精益生产方式就是顺应这种时代要求的有效的解决方案。

企业的最终目标是获取最大的利润，这个目标可以通过现金流的最大化（销售额的最大化）和最大限度地降低成本来实现。精益生产方式的目标是：消除生产过程中不必要的成本因素以降低生产成本；通过提高对顾客需求的响应速度（准时生产）赢得顾客的订单以增加现金流；满足顾客对产品功能和质量的要求。通过这三个目标的实现保证企业获取利润，而这些目标的实现需要对整个生产过程进行分析和优化。精益生产方式的理论和方法体系提供了分析和优化生产过程的指导思想、理论依据和操作工具。

2.3　精益生产系统的方法体系

　　精益生产方式是一个完整的体系，包括经营哲学和理念、管理理论和管理方法，还必须有社会环境和企业环境的支持。一方面是经营者的经营思想、经营哲学和经营理念；另一方面又充分重视生产一线的流程和作业的优化、人员调度、作业控制。经营思想、经营哲学和生产实践的完美结合是丰田生产方式的真谛。而在创造了精益生产方式的丰田汽车公司，这个体系包括准时生产、自働化、单元生产、快速换模、现场管理和可视化管理等内容。

2.3.1　准时生产

　　准时生产（Just in Time，JIT）思想要求在市场、资金和资源有限的环境下，在顾客需要的时间供应顾客所需要的产品，而不生产多余的产品，以此达到有效利用资源和生产能力的目的。要达到这个目的，就需要建立稳定、均衡的生产作业系统。丰田公司认为这个系统由以下五个部分构成：

1. 后续工序拉动前导工序的控制方式

　　准时生产系统中的需求信息是沿着系统流程反向传递的，采取拉式生产方式。拉式生产是指一切从市场需求出发，根据市场需求来组装产品，借此拉动前面工序的零部件加工。每个生产部门、工序都根据后向部门以及工序的需求来完成生产制造，同时向前导部门和工序发出生产指令。在拉式生产方式中，计划部门只制订最终产品作业计划，其他部门和工序的生产是按照下游部门和工序的生产指令进行生产的。根据"拉动"方式组织生产，可以保证生产在适当的时间进行，并且由于只根据下游工序的指令进行生产，因此生产的量也是适当的量，从而保证企业不会为了满足交货的需求而保持高水平库存产生浪费。

　　拉式生产要求企业以市场拉动生产，以总装拉动零部件的生产，以零部件生产拉动原材料、外协件的供应，真正体现了市场经济体制下的以市场为导向、以顾客需求为指令的经营理念。

2. 前后工序间只传送必要最少量的物料

　　为了保证适时适量生产，必须优化和理顺整个 JIT 的物流过程，看板管理恰恰能满足这一要求。看板是前后工序之间联系与沟通的工具。看板一般可分为领取看板和生产指示看板。领取看板记载着后一工序应该从前一工序领取的产品种类和数量；而生产指示看板指示前一工序须生产的产品种类和数量。看板上详细记载了零件的编号、名称、数量、存放地点等信息，以保证信息传递的准确性。

生产或供应部件的权力来自下游操作的需求拉动。看板管理是通过看板的运行对生产过程中各工序生产活动进行控制的信息系统。它以彻底消除无效劳动和浪费为指导思想，以后工序领取为基本原则。在看板管理系统中，上下游工序之间是供需关系，下游工序是上游工序的顾客，下游工序什么时候需要什么品种，上游工序就必须在规定的时间生产下游需要的品种和数量。

实施看板管理保证了较低的库存水平，而低库存水平必然对生产线的流畅性提出更高要求和更大挑战。正是在这样的要求和挑战下，生产线得以不断完善，生产效率得以不断提高，从而保证了生产的平准化。看板管理的运用降低了在制品库存，这对在制品的一次交验合格率提出了更高的要求。这是因为在生产中发现质量缺陷和不合格产品时，由于没有足够的库存来加以补充，生产线就不得不停下来。这就迫使现场操作人员和管理人员必须迅速查找缺陷原因，并及时采取改进措施，以防止同样问题再度发生。通过不断改进，在制品的一次交验合格率不断提高，生产过程报废率不断下降，从而使产品的制造成本也不断下降，产品质量得到提高。

3. 使物料在工序间流动起来

准时生产在工序间不设置仓库，前一工序的加工结束后，产品立即被转到下一工序去，装配线与机加工几乎平行进行，产品被一件一件、连续地生产出来。制造工序的最后一道，即总装配线，就是生产指令的出发点。生产计划只下达给总装配线，以装配为起点，在需要的时间，向前一工序领取必要的零件；而前一工序提供该零件后，为了补充被取走的量，必然会向更前一道工序去领取所需的零部件。这样一层一层向前一工序领取，直至粗加工以及原材料供应部门，把各个工序连接起来，实现同步化生产。生产同步化的理想状态使产品在各工序间一件一件生产、一件一件往下一工序传递，直至总装配线，即单件生产单件运送。

4. 实现小批量生产

在 JIT 中，要求生产批量尽可能降低，直至最小；同时要求供应商减小供应批量、增加供应次数，以保持生产系统中的低库存。生产批量最小化的理想状态为单件流，即生产批量为 1。这是将原材料转化为最终成品的最快方法。此时生产线所有工序间的库存量最小，为"零库存"。采用传统的生产方式，各个工序相互独立，各工序操作者在加工出来的产品积累到一定数量后运送到下游工序继续加工；而单件流生产则要求各工序同步进行，产品单件生产、单件流动。

5. 实现基于定额的均衡化生产

生产均衡化是实现适时适量生产的前提条件。所谓生产均衡化,是指总装配线在向前一工序领取零部件时,均衡地使用各种零部件,混合生产各种产品。为此,在制订生产计划时必须加以考虑,然后将其体现于产品投产顺序计划中。在制造阶段,均衡化通过专用设备通用化和制定标准作业来实现。所谓专用设备通用化,是指在专用设备上增加一些工装夹具等,使之能够加工多种不同的产品。所谓标准作业,是指将作业节拍内一个作业人员所应承担的一系列作业内容标准化。生产均衡化能够增加产量、提高质量、改善制造流程,从而缩短生产周期。这种方式可以避免生产负荷过高或过低。

均衡生产是拉式生产的前提。均衡不仅是数量,而且包括品种、工时、设备负荷的全部均衡。库存浪费的另一主要原因是生产过早或者过多。为了实现以"多品种、小批量"为特征的均衡化生产,就必须缩短生产提前期,以利于迅速而且适时地生产各类产品。为了缩短生产提前期,必须缩短设备的转换调整时间,以便将生产批量降低到最小。各生产线必须每天同时生产多种类型的产品,以满足市场的需要。这种多品种、小批量的产品组合生产方式具有很强的柔性,能迅速适应市场需求的变化。

2.3.2 自働化

自働化的目的在于提高产品质量,其概念来源于丰田自动织布机的发明者丰田左吉———一位优秀的企业家和发明家。为了提高织布机的效率和防止残次产品的产生,他想到了在机械出现故障或处于不正常状态时,首先由机器自动停机,同时发出报警,工程师则要在第一时间出现在故障现场,使机器恢复正常生产状态的方法。这种想法和最初的实践后来发展成一套理论和方法体系,就是现在所说的自働化。自働化是一个企业能否从现场真正做到精益生产的标志,通过设计"使机器能够自我诊断运行状态的装置"来控制残次品的产生。丰田公司在这方面做到了极致,其所属的任何一个工厂的几乎所有机器设备都装有自动停止装置。这类装置可谓五花八门,如"定位停止装置""全面运转控制系统""质量保险装置""防错装置"等。自働化同时也是管理含义的提升:设备正常运转时不用人的干预,只有在机器发生异常情况、停止运转的时候,才需要人去处理。只有这样,一个人才有可能同时看管多台机器,才能逐步减少生产系统中工人的人数,从而才可能使生产效率实现飞跃性的提高。

2.3.3　单元生产方式与多能工

单元生产方式于 20 世纪末首先诞生于电子产品装配业，是指由一个或者少数几个作业人员承担和完成生产单元内所有工作的生产方式。也有学者将其称为"细胞生产方式"，因为它就像人体中的细胞一样——细胞内部包含了新陈代谢的所有要素，是组成生命的最小单位。单元生产系统内部包含大量的手工作业，根据需要也使用一些加工设备，不使用传送带传送生产对象，不需要严格划分工序边界，一个人或几个人完成所有工序的作业。由于单元生产系统经常采用 U 形布局，很像个体户的售货摊，所以在日本也被称为"货摊生产方式"。

一个与单元生产方式密切联系的概念是多能工。多能工就是掌握多种技能、能够操作多种机器设备的技术工人。在单元生产系统中，多种设备按照一类产品的工艺流程紧凑地配置在一起，产品频繁变化，这就要求作业人员熟悉全部产品的工艺流程并且能够按要求承担不同内容的工作和操作多种设备进行生产。单元生产系统对作业人员的基本要求是能够进行多种设备的操作，承担多种作业内容。为此必须通过工作岗位轮换等方式对作业人员进行培训，使其成为具有多种技能的高级技术工人，也就是多能工。多能工"一人多能"，对企业具有重要意义：通过多能工的合理调配使用，能够帮助企业保持稳定的劳动力水平；解决紧急生产中人员不足的问题；灵活应对突发事件，确保生产作业的正常进行；提高生产柔性，提升企业整体生产技术水平。

2.3.4　快速换模

快速换模是将产品转换时间、生产启动时间或调整时间等尽可能减少的一种过程改进方法。这种方法可显著地缩短机器安装、设定、换模所需的时间。

快速换模是在 20 世纪 50 年代初期，日本丰田汽车公司建立的一套应对多批少量、降低库存、提高生产系统快速反应能力的技术。这一方法是由日本的新乡重夫先生首创的，并在众多企业中实施论证过。当新乡先生发现换模时间居然高达 1 小时的时候，他的反应是"必须让流动顺畅起来"。新乡先生基于自己的丰富经验，开发了一种可以分析换模过程的方法，从而为现场人员找到了换模时间长的原因，以及如何相应减少换模时间的方法。在他领导的多个案例中，换模时间甚至被降到了 10 分钟以下。快速换模不需要额外的库存即可满足客户要求，缩短交货时间可以避免由于过量库存造成的资金周转不畅，减少调整过程中可能的失误；缩短切换的停机时间则意味着更高的生产效率。

2.3.5　现场管理

现场管理是指用科学的标准和方法对生产现场各生产要素，包括人（工人和管理人员）、机（设备、工具、工位器具）、料（原材料）、法（加工、检测方法）、环（环境）、信（信息）等进行合理、有效的计划、组织、协调、控制和检测，使其处于良好的结合状态，以达到优质、高效、低耗、均衡、安全、文明生产的目的。

现场管理的基础是 5S 和三定。5S 即整理（Seiri）、整顿（Seiton）、清扫（Seisou）、清洁（Seiketsu）、素养（Shitsuke），又被称为"五常法则"；三定即定点（明确具体的放置位置）、定容（明确使用的容器的大小、材质）和定量（规定合适的数量）。

2.3.6　可视化管理

可视化管理是利用形象直观而又色彩适宜的各种视觉感知信息来组织现场生产活动，以达到提高劳动生产率目的的一种管理手段。可视化管理是一种以公开化和视觉显示为特征的管理方式，综合运用管理学、生理学、心理学、社会学等多学科的研究成果。可视化管理是一种行之有效的科学管理手段，它以视觉信号为基本手段，以公开化为基本原则，尽可能地将管理者的要求和意图让大家都看得见，借以推动看得见的管理、自主管理、自我控制。

可视化管理的工具包括看板、信号灯、运转指示灯、进度灯、操作流程图、反面教材、提醒板、区域线、警示线、告示板和生产管理板等。

2.4　精益生产方式的整体结构

精益生产方式的核心是准时生产，而准时生产又是丰田生产方式的精髓。实际上，精益生产方式是在丰田生产方式的基础上逐步演化而来的。

精益生产要求在顾客需要的时间、需要的地点提供所需要的量的产品。这一要求看似很简单，也很容易实现，但要在复杂的生产系统中满足这一要求，绝对是一项极其困难的事情。而为了达到这一要求所设计的生产管理系统，也具有极其复杂的结构。日本的准时生产方式专家常说的一句话是，准时生产方式不是可以言传的，不是可以通过书本传授的，不是通过观察就可以看懂的。他们主张要想彻底理解准时生产方式的思想，最好的办法就是到现场亲自参加工作，直接体验。这有一定的道理，因为准时生产方式是在生产一线的实践中产生和发展起来的。但这种说法也有一定的局限性。实际上，支持这种观点的大多数专家都来自生产管理一线，他们提出的准时生产方式的理论体系也带有浓重的现场生产管理的色彩。当然，重视现场生产管理是日本企业管理的特色，也是准时生产方式的基本精神。到目前为止出版的各类准时生产方式的书籍中，我们都能发现这种特点。

精益生产方式看似简单，实际上却有复杂的理论和方法体系，特别是在日本以外的国家实施这种生产方式，会遇到很多预想不到的困难。这主要是因为在实施之前没有完全了解精益生产方式的整体结构和体系，在实施中追求短期效益，没有为精益生产方式创造发挥作用的良好环境和条件。精益生产方式除了明确的理念和实用的操作技术外，还有大量的隐含条件。在日本，这些隐含条件是已经具备的；而在其他国家，要想建立一个精益生产方式系统并使其发挥作用，就必须考虑这些隐含条件，如果不具备，就应该首先创造和完善实施条件，为精益生产方式这颗外来的种子创造生根发芽的条件。

即使在精益生产方式运用比较成熟的汽车制造业，在实施精益生产方式的企业中，约有 1/3 没有收到应有的效果。究其原因，这些企业没有充分认识到精益生产方式在组织中有效运行是需要运行基础和条件的。这些运行基础和条件包括良好的物料供应环境、配套的生产技术、卓越的人力资源管理、有效的信息沟通手段等。如果不首先创造这些基础和条件，精益生产方式就会缺乏生存的土壤，不能取得理想的效果也就不足为奇了。

日本准时生产研究所的平野裕之所长描绘了一个准时生产方式的整体结构，如图 2-1 所示。

与丰田汽车公司过于简单化的、只包括准时生产和自働化的丰田生产系统相比，这个结构图中增加了意识变革、可视化管理、标准作业等内容，在结构上更加完善。然而，从这个图中也正可以看出日本专家对准时生产方式认识的局限性。作为对准时生产方式的整体描述，这个结构图至少缺少两个方面的内容：一是社会和企业文化基础；二是人力资源的管理。而要成功实施准生产方式并获得理想的效果，这两方面是必不可少的。也可以认为，准时生产方式之所以在日本企业获得成功，而在其他国家的企业应用时却出现精益生产方式 $+6\sigma$ 的效率小于丰田生产方式的效率的结果，社会环境和企业文化起了至关重要的作用。

通过分析和对比，可以为精益生产方式建立一个更加通用、更加完善的系统模型。也可以将这个模型比喻为一个冰山模型，因为其很大一部分并不体现在生产现场，而且甚至超出了生产流程管理的范畴。这个冰山模型如图 2-2 所示。

这个体系包括四个准则：库存量最小化；劳动力成本最小化；质量保证；持续改进技术、提高系统柔性。库存量最小化是通过 JIT 等方法，在满足顾客需求

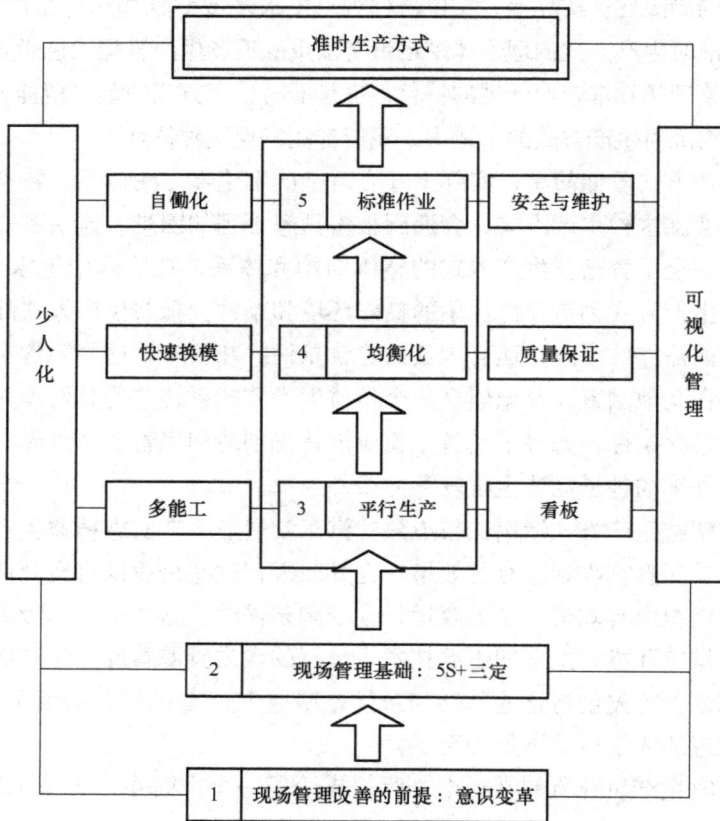

图 2-1　准时生产方式的整体结构

的前提下，使物流中的浪费最小化；劳动力成本最小化是指通过精益组织、计划和安排，减少作业人数，提高劳动生产率，减少人力资源的浪费；质量保证是确保过程在有序、受控状态下生产出合格的产品，减少检验作业，消除由不合格产品造成的浪费；持续改进技术、提高系统柔性是指精益生产方式是动态的发展过程，需要通过技术和管理的持续改进，不断地提高组织的应变能力，即柔性。

这四个准则又包括 18 种方法。从图 2-2 可以看出，实施精益生产方式的组织要想实现四个准则，必须充分使用相互关联的 18 种方法：组织通过设备、工艺过程的自动化保障加上全员全过程关注质量，开展全面质量管理，由此实现"质量保证"这一准则；"劳动力成本最小化"通过现场改善、可视化管理实现标准化作业，提高动作、流程的规范化程度，在此基础上对设施设备进行合理的布置，对生产过程中的非增值环节进行自动化改造，并通过多能工的培养实现一

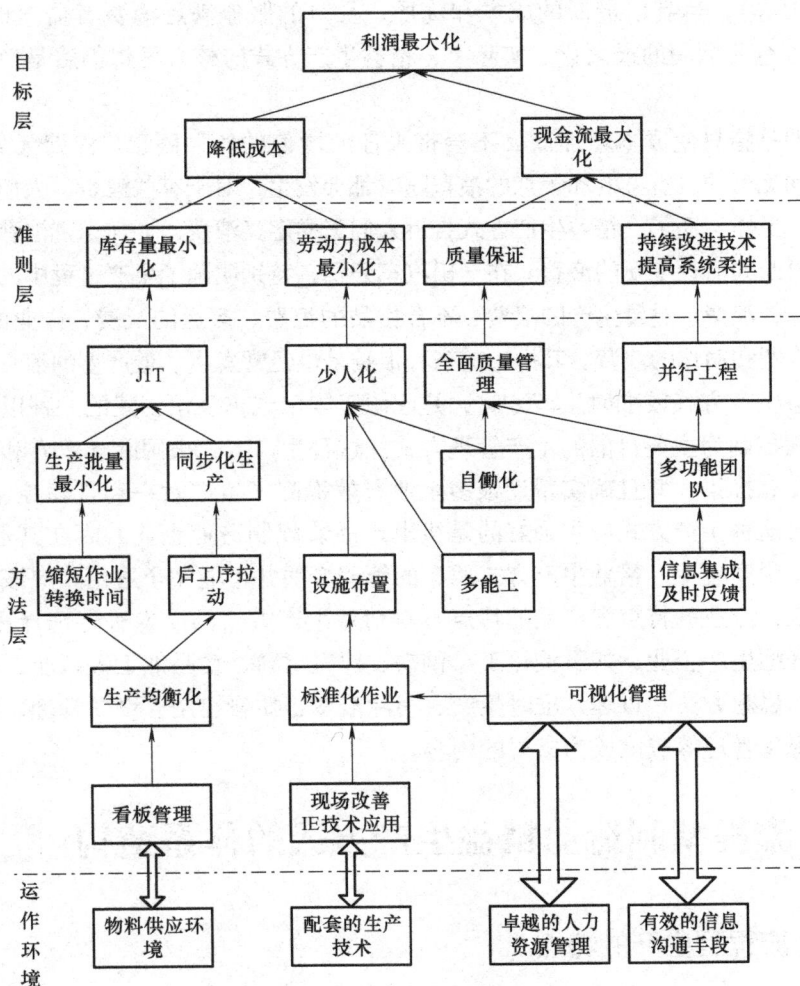

图 2-2 精益生产系统的目标和方法体系

人多工序作业，最终实现人员的减少。精益生产方式的有效运行必须有生产均衡化的支持，可以通过四种手段实现。这四种手段的功能是：首先，在编制生产计划时采用多品种、小批量的需求拉动方式，同时要兼顾产品频繁转换的经济性，最大限度地缩短转换时间；通过后工序拉动和一个流的生产，达到整个生产过程的均衡化和低库存。

从图 2-2 可以直观地看出一条主线，也就是精益生产方式的精髓：通过优化的系统设计、卓越的人力资源管理、良好的协作环境、配套的生产技术、有效的信息沟通等手段，不断消除生产过程中各种浪费因素（时间、空间、人力、物力、财力等），达到以最低的成本和优质、及时的服务满足消费者需求的目的，最终实现企业利润的最大化。实际上，精益生产方式的核心思想仍然是消除一切浪费。

浪费是指只使成本增加而又不会带来任何增值的各种因素。浪费无处不在，有形的和无形的、有意的和无意的浪费随时都会发生，对于有些浪费，人们已经习以为常、见怪不怪了。精益生产方式告诉人们怎样定义浪费，如何识别浪费、减少浪费，以及如何杜绝新的浪费。在丰田汽车公司，特别明确了生产过程中的七种浪费：库存的浪费、过量生产的浪费、不合格品的浪费、搬运的浪费、作业的浪费、等候的浪费和动作的浪费。其中，前三种浪费是最经常发生、最严重的浪费。

精益生产方式或准时生产方式，是起源于丰田汽车公司创建的一种以生产管理、过程控制为主要目的的生产管理方式。这种生产方式被国际学术界和企业界广泛接受和推崇，并且确实帮助很多企业有效提高了生产效率和管理控制水平。然而，对这种生产方式应用最好的是机电产品装配制造业企业。而在其他行业，如流程型生产企业，精益生产方式原有的管理方法并不能完全适用。应该根据行业的特点，企业的特点和产品的特点，对精益生产方式的要素进行选择和应用。对于流程型生产企业，如石油化工、钢铁、建筑材料、食品加工等行业，精益生产方式的思想方法、哲理、准时生产、消除浪费、质量控制、设备管理、现场管理、可视化管理等应该成为重要的内容。

2.5 流程型制造业精益生产方式的体系结构

2.5.1 流程型生产的特点

流程型生产又称连续性生产，是指在流程型生产企业中，物料是均匀、连续地按一定工艺顺序运动的。与加工装配型生产相比，流程型生产的特点如表 2-1 所示。

由于流程型生产与加工装配型生产之间存在巨大差距，原本面向加工装配型生产建立起来的精益生产方式的一些管理方法就不能很好地适用于流程型生产企业的管理。不过，根据精益管理的思想和理念，针对流程型生产的特点，可以明确精益生产管理应用于流程型生产管理时的管理重点：通过严格的设备管理保证生产的正常进行，实现生产的高效率；通过生产与营销的密切配合满足市场要求，尽量避免缺货；通过生产均衡化提高设备利用率和生产效率；建立精益企业文化，形成全体员工令行禁止的工作作风，提高设备操作和利用水平，减少人为原因造成的失误和浪费。

表 2-1 加工装配型生产与流程型生产特点的比较

生产类型 项目	加工装配型生产	流程型生产
典型产品	汽车、家电、计算机、工程机械	钢铁、石油精炼、水泥、卷烟、玻璃
流程特点	离散	连续
单位时间产量	相对较低	相对较多
工艺阶段	多	少
产品结构	复杂	简单
流程自动化水平	局部较高	整体较高
生产质量	相对波动较大	稳定
质量控制重点	材料、技术、流程、设备	材料、设备
供应商数量	多	少
对工人技术要求	装配技术	设备操作技术
库存	分散	集中
生产方式	订货生产、备货生产	备货生产
产品转换	快	慢
生产准备时间	较短	较长
管理重点	产品	流程
对控制的要求	较快	极快
对生产数据的要求	准确	较准确

由于整个生产过程是在高速、高效运转的成套设备上完成的，因此对设备运行状态的监视和控制极为重要。而这种设备监控已经超出了工人手工操作控制能力的范围，必须通过高速、精密的数据采集、传输和分析系统完成，这就要求借助现代信息化手段建立高效的信息管理系统。因此，信息化是实现流程型生产精益管理的必由之路。

2.5.2 流程型制造业精益生产分析

精益生产诞生于传统的加工装配型制造企业，然而精益生产的理论和方法是随着环境的变化而不断发展的。特别是 20 世纪末以来，随着研究的深入和理论的广泛传播，精益生产作为一种普遍的管理思想和方法，在各行业广泛传播和应用。许多流程型生产企业也开始应用精益生产的方法。虽然基本思想是一致的，但是由于生产方式的不同，在流程型生产企业中应用精益生产与在加工装配型企业中的应用相比，存在很多不同之处。

1. 均衡生产

均衡生产的含义是在一定时间内，应当平衡生产过程中的高峰和低谷，并且能够均匀地安排不同产品的生产，为保证最大生产能力而消除一切可能造成的浪费。均衡生产的实施就是使生产流程顺畅起来，最大限度地减少在制品库存。积压的在制品库存减少了，现场就整洁了，效率和成本指标也会相应得到改善。因此，流程型生产应用精益生产方式的关键和首要任务就是实现均衡生产。

（1）生产计划的均衡。流程型生产企业根据市场需求进行生产的观念，已经逐步被人们接受。但对市场需求量大、需求稳定的产品，仍要采用大批量生产的方式来降低成本，以提高企业竞争力，给营销部门提供支持。作为流程型生产企业生产计划的依据，其需求信息主要来源于全年度的订单以及市场需求预测。生产计划是企业日常生产活动的纲领，决定了企业内部物流是否平衡，即物料采购、生产和销售活动的衔接。生产计划的目的是有效利用生产能力，以相对稳定的生产水平满足剧烈波动的市场需求，降低生产成本，尽量避免发生缺货。而短期生产计划，如每日、每周的作业计划和调度，则是为了保证工序之间的物料衔接，避免因物料供应不及时而造成生产中断。因此，制订科学合理的生产计划是实现均衡生产的重要保证。

（2）生产系统的均衡。精益生产的核心是消除生产系统中的一切浪费，所以，理想的境界是整个生产系统完全均衡生产，没有不必要的中间库存。各生产工序之间衔接不顺畅、生产批量不统一以及各生产阶段各自为政安排生产任务等，都会造成各生产环节生产量的不均衡，进而造成整个生产系统中物流的不均衡。

因此，根据统一、准确的需求信息对整个生产系统及其各工序制订均衡的生产计划，并严格保证这个计划的实施，是实现系统均衡生产的必要条件。必须强调，均衡生产追求的是生产系统中物流的平衡，而不是各生产环节生产能力利用率的最大化；必须进行销售、生产、采购活动的统一调度，防止任何环节的失控。

按照传统的观念，流程型生产追求的是规模效益，也就是单一产品的大量生产。其理由是生产线应该连续运行，而生产线的启动、停止以及转产过程需要耗费大量的准备时间和费用。在这种条件下，各部门必然会追求单工序、单批次最大生产量，甚至是生产线启动起来后就永不停止。这样做的结果是造成大量的在制品和成品库存，造成库存的浪费。解决这个问题的根本途径是建立柔性生产系统，降低生产准备时间和转换成本。在这方面，快速换模等支持技术已经非常成熟。

总而言之，准确的需求和生产能力信息、科学的计划、严格的计划实施与调度、完善的设备管理和质量控制以及柔性生产，是实现均衡生产的重要保障。

2. 流程型生产的质量管理

（1）质量控制的特点。流程型生产的特点是从原材料到产成品的连续生产，是一个整体且不间断的连续工艺过程。流程型生产经常是在复杂的制造系统中实现的，有时还伴随着苛刻的生产环境，如高温高压、易燃易爆等，所以，生产系统的安全可靠运行是至关重要的，也是保证产品质量的关键因素。对生产过程的异常状况或故障进行有效的检测、诊断和消除，是质量监督及控制的必要内容。

与加工装配型生产中质量控制更加重视对产品进行控制不同，流程型生产的质量控制更加重视对生产设备和物料的运行状态进行控制，主要质量控制点为设备和物料的工艺状态，如速度、压力、温度、湿度、重量等工艺参数。这些技术参数必须实时采集，保证准确，并通过分析了解设备和物流的运行状况，及时进行调整。流程型生产质量控制的基础是精准的数据采集、分析和及时的反馈。

（2）质量过程控制。在出现质量缺陷时，流程型生产和离散型生产的处理方式是不一样的。如果离散型生产过程出现不合格产品，该单个产品可以退出生产过程。但是对于流程型生产企业来说，整个生产过程只有几个连续生产的工序，缺陷产品无法在工序过程中剔除，如果出现质量缺陷且必须处理，则必须把整条生产线停下来。

精益生产方式的创始人大野耐一认为，在流水装配生产方式中，如果为了保持装配生产线不停顿而允许放过装配过程中的错误，则这种错误会不断放大。生产线上的每一个工人都有理由认为所有的差错都会在装配流水线的终端被发现且被妥善处理，而任何使流水线停止的行为都会受到惩罚。在这样的情况下，作业工人会尽力掩盖他们的错误，而不会主动把生产线停下来，造成错误层层叠加。流程型生产流程跨度大、需控制的要素多而复杂，如果过程中出现缺陷，就会造成大量残次产品，造成严重浪费。因此，只有通过对过程进行严格控制，保证每个环节都向后一工序提供合格的半成品，才能保证成品合格。如果过程质量不合格，成品肯定不合格。

所以，对于流程型生产来说，质量管理不仅是对原材料、产成品的质量检验，更重要的是对生产过程的控制。实时采集准确的过程质量数据，及时分析设备和过程运行状态，及时进行反馈控制，是防止产生缺陷产品的重要控制手段。流程型生产的每个工艺环节都会对产品质量产生重要影响，所以必须严格控制每个工艺环节的过程质量。

要绝对避免过程质量失控事件的发生，不允许前一工序的质量缺陷由后一工序弥补的观念存在。在生产过程中，确保各项过程指标可知、可测、可控。这需要先进的过程质量控制思想和方法、先进的检测手段和检测设施，以及先进的信息管理系统。由于过程控制参数是通过设备状态检测工具和手段提供的，因此，流程型生产质量控制必须与设备管理密切结合。

（3）全面质量管理。流程型生产企业的质量管理必须是全面质量管理。企业要有完善的质量管理思想、制度、计划和资源。全员应具有先进的质量意识和质量控制知识，强大的自我约束能力，以及一丝不苟地执行质量计划的觉悟。建设生产系统实时状态数据采集、分析和控制系统，以保证整个系统正常运转。控制好原料、燃料、辅助材料等的质量，保证产品生产按要求正常进行，以保证产品质量。

3. 设备管理

流程型生产的工艺过程是全封闭或半封闭的。生产过程中的主要控制点为设备和物料的工艺状态，如温度、湿度、压力、重量等工艺参数。为了控制参数，首先需要通过设备检测工具和手段采集数据，通过对数据进行分析，了解设备的运行状态，进而对设备和物料进行控制。设备状态直接影响整个生产过程，而设备一旦出现故障，就会导致整个生产系统停产。流程型生产的特点是设备规模大，技术水平高，设备自动化程度高，对操作者的技术水平要求高。所以，流程型生产能否实现精益生产，精益设备管理是关键。

（1）设备运行的连续性和稳定性。流程型生产的产品比较固定，而且一种产品的生产可能持续几年甚至十几年不变，而机械制造等行业的产品生命周期相对要短得多。体现在生产设备上，流程型生产的设备一般是固定的生产线，设备投资规模大，工艺流程固定，生产能力相对比较稳定，受设备状态影响大。因此，生产线上的设备维护极为重要，不允许发生故障。而设备一旦发生故障，就会给企业造成严重损失。流程型生产的设备管理应做到保证设备和生产线的稳定运行和满负荷生产，保证设备在生产期间完全正常运行。

流程型生产企业实施精益生产的首要条件是设备无故障，因此要做好日常的维护保养，以及设备的预测性维护和预防性维修。必须建立完善的设备状态监控机制，定时监控设备运转状态。此外，全员生产维护（TPM）机制也是保证设备稳定运行的重要措施。

（2）实时性。流程型生产的设备管理具有极高的实时性要求。实时监控设备运行状态是流程型生产控制的核心。因此，流程型生产的生产管理不仅要求对加工对象进行有效的控制和管理，还需要实时采集生产设备、生产流程、生产状态的数据以满足动态生产控制的需要。实时采集生产过程数据，达到分析、控制工艺参数，保证产品质量的目的；实时采集车间和设备的水、电、气等动力能源消耗数据，为成本核算提供依据；实时采集生产设备和生产系统的运行状态数据，为预测性维护和预防性维修提供依据。

因此，流程型生产的设备管理更加依赖信息技术，必须采用高度自动化和信息化的企业设备管理系统。这个设备管理系统不仅要能实时记录设备和生产的相关信息，还应具有数据处理能力，即完成技术数据的统计分析，如维修记录、故障状况、停机时间、机修工时等。

（3）人员管理。流程型生产企业采用大规模生产方式，生产工艺技术成熟，生产过程和设备自动化程度高，生产车间人员的主要工作内容是控制、监视和检修设备。而设备管理人员可以通过在线设备诊断系统，提高设备运行数据采集和监测水平，保证设备按计划正常运行；通过设备维修系统，减少非计划检修，提高设备利用率和完好率，降低设备故障停机时间，降低维修成本，延长设备的使用寿命；通过建立设备台账和设备履历档案管理，实现所有设备的全生命周期管理。

（4）设备更新改造。在流程型生产企业中，同一生产线上下游工序使用的设备技术性能必须相互匹配。如果采用一般的设备管理方法，独立处理同一生产线上的每一设备，极易导致新购设备不能与生产线上的其他设备配套使用，造成设备投资的浪费和生产率的损失；可能导致同一生产线上不同设备的安装维修进度不能统一调度，延长生产线停工时间，增加生产成本；容易造成一些设备更新改造后受其他设备影响而自身性能优势不能发挥、更新改造成本不能及时回收等后果。

所以，流程型生产企业的设备更新改造，必须依照系统的思想，统筹安排，按照整条生产线的要求提前论证和规划，有步骤、有计划地展开，以达到维持整个生产系统技术水平和生产能力均衡的目的。

4. 准时生产

（1）看板管理。流程型生产企业精益生产体系在生产管理上基本上排除了看板管理这个基础工具。首先，其生产流程是连续的，是一个相对封闭的体系，物流也是连续的，不需要对生产过程施加人为的干涉；其次，由于没有设置中间缓冲区，所以没有设立生产看板的必要；最后，流程型生产企业基本采取的是备货生产方式，各相邻生产环节之间的准时供应是通过流程自然实现的，因而也没有通过看板实现拉式生产的必要。但在原材料供应和产品流通环节，大多数流程型生产企业也设立了各种各样的看板管理体系，如仓库管理、供应商供货管理等。

（2）自动停线（自働化）。通常离散型制造业在实施精益生产管理时，会赋予一线员工自动停线的权力，目的是降低质量成本。但是，流程型生产企业不会赋予一线员工自动停线的权力。因为流程的连续性，流程型生产企业的停线成本非常昂贵，每一次停线都会造成大量的能源浪费和设备能力损失。流程型生产企业所谓的停线是停止物料的供给，而不是关停生产线。相对于有限的废品损失和由此造成的质量监测成本增加，由生产线停止和开动带来的损失（包含设备生产时间损失、能源损失、原材料损失和相关的人工损失）通常要高得多。因此，流程型生产企业没有仿效丰田公司赋予一线生产人员自主停线权力的做法，而是使用分级授权制度，在保证成本最低的同时，又不抹杀员工的自主管理意识。

（3）标准作业。流程型生产的特点体现在其复杂的设备上，其设备技术水平高，自动化程度高，对操作准确性的要求高，对环境变化的反应极其敏感，要求操作和管理人员必须严格按操作规程进行操作。而操作稍有失误就可能造成严重事故，轻则造成大量废品而浪费资源，重则造成设备损坏甚至人身伤害。在这种生产环境中，与员工自主管理、连续改善相比，严格的操作规程和管理制度以及严格的纪律和规章制度，一丝不苟地执行更为重要。

因此，流程型生产企业大多没有采用工业工程学意义上的连续改善以及自主管理的模式，而代之以明确的操作规程，并在操作方法上给予指导，以此保证生产系统的正常运行。

（4）拉式生产。拉式生产在离散型生产企业，特别是在流水装配型生产中得到了广泛使用。但是对于流程型生产企业来说，由于整个生产线是封闭且连续的，在前后工序之间，物料是按工艺要求自动流转的，所以并不需要强调拉式生产控制方法。然而，即使是流程型生产企业，在现在的市场环境中，为满足市场需求，以销定产也是必然的发展趋势，所以有必要借鉴拉式生产思想。根据顾客需要设计产品，根据顾客订单制订生产计划，对配料环节进行调整，对投入产出时间进行控制，同样体现了精益生产的思想。

（5）流程控制。流程型生产的工艺流程是相对封闭的，其质量检测手段是相对间接的，而且流程恢复常态需要耗费一定的时间。而加工装配型生产与此不同，其工件或产品是相互独立的，只要控制工序间的看板数量，就可以把问题控制在工序内部，反应时间短，损失相对较少。而流程型生产一旦在流程控制或质量控制方面出现问题，其造成的损失要严重得多。因此，流程型生产的流程控制要求达到四个目的：

1）必须让员工了解生产流程，能够在流程出现不稳定现象时采取正确的处理措施，避免造成生产停止等更大的问题。

2）流程型生产企业的产品质量很大程度上依赖于稳定的流程，因此必须建立完善的流程档案和操作规程并严格执行，把产品质量固化在工艺流程之中。

3）必须给员工提供大量培训，使其能够在出现质量问题时做出正确的判断，采取正确的控制手段。

4）对于顾客的质量要求或产品要求，员工应该知道如何通过流程调整予以满足。

以上对流程型生产的精益管理构成要素逐一进行了分析和论述。根据以上论述，可以建立一个流程型生产精益生产管理体系的框架结构，如图 2-3 所示。

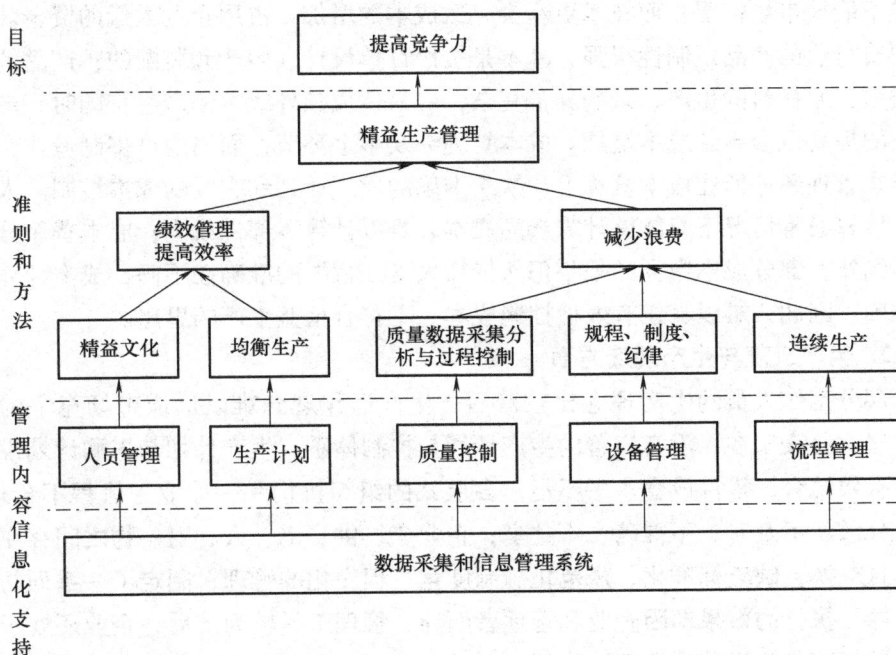

图 2-3　流程型生产精益生产管理体系

2.6　精益生产在中国制造业企业中的应用

2.6.1　中国制造业企业生产系统面临的问题

制造业是我国国民经济发展的支柱产业，经过多年发展，已经积累了丰富的理论与实践经验。但是，由于我国制造业起步较晚，且底子薄，同时还受到其他国家技术封锁的影响，我国制造业面临着诸多问题，和发达国家相比存在较大差距。这主要表现在：生产的产品品质与技术水平不高；拥有自主知识产权的产品较少；制造技术与工艺落后，结构也不够合理；缺乏技术创新能力；在先进制造技术与生产管理方面存在一定不足。随着社会的发展、人民生活水平的日益提高，个性化的需求将会更加强烈，制造业正面临着如何适应市场需求变化的严峻挑战。

在我国制造业企业的生产系统中，主要存在以下几个方面的问题：

1. 成本控制较为困难

制造业企业的技术更新速度越来越快，原来那种产品和技术长期不变的情况已经不能被市场接受；而技术更新会导致成本的增加，占用企业大量的资金。某些制造行业的产品定制性很强，基本是按照订单设计、生产和装配的；产品的规格繁多，原材料的生产、采购异常复杂，容易造成额外成本的产生；同时，产品品质的提高也会导致成本增加。成本管理涉及多个环节，而当前许多制造业企业的成本管理还停留在成本核算上，缺乏准确的成本计划和有效的成本控制。人工成本核算通常情况下只能够计算产品成本，难以计算零部件成本；成本费用分摊不够细致，部分成本数据的采集仍然依靠人工，数据的准确性不高，成本计算不够准确。因此，难以真正有效地控制成本，不符合精益生产的思想。

2. 生产运营与生产现场方面

部分工作人员的生产理念比较落后，生产运作理念难以适应市场竞争的需要。这主要表现在：没有完善的生产计划与控制体系，生产计划与采购计划没有能够有效结合，零件成套水平不足；多层式的组织机构和一般业务流程不合理，信息分散、不及时、不准确、不共享；企业产、供、销、人、财、物之间存在大量信息交换，缺乏标准化、规范化、制度化、程序化的管理；制定了一系列的程序文件，执行的效果却因企业和管理者而异；管理工具较为落后；企业还处于手工分散管理或微机单项管理阶段等。

3. 盲目生产，导致产品库存与企业资金周转出现问题

有些制造业企业在核心技术方面存在严重不足，这就导致了很多企业喜欢盲目跟风制造，不能够生产出自己的特色产品。还有很多企业在跟风生产的过程中，因为没有制订合理的生产计划而盲目生产，导致一系列的严重后果。如果所生产的产品在市场上已经饱和，盲目生产则有可能导致产品无法销售，进而使得产品库存积压，占用大量的资金，导致企业资金周转不灵。

4. 质量管理存在问题

没有建立起健全的质量保证体系，各种检查体系都需要进一步加强；过程质量控制能力不足，产生了大量的质量成本；质量的可视化管理、预防管理以及事后品质对策等方面还需要进一步加强；同时，缺乏过程质量控制意识，过程质量损失严重。

2.6.2 精益生产在中国制造业企业的实施

我国在 20 世纪 70 年代末期和 80 年代初期实行对外开放战略，学习日本等发达国家推动经济发展的经验。在这种宏观背景下，丰田生产方式（精益生产）也于 70 年代末被引入中国，政府和不少大中型国有企业不仅聘请丰田汽车公司的专家来中国传授经验，而且还派人员到丰田去学习。

汽车行业的中国第一汽车集团公司（简称一汽集团）是最早引进精益生产方式的厂家之一。1978 年，他们派出了以厂长为首的专家组去日本学习丰田生产方式，并在厂内组织应用。由于当时我国经济体制改革刚刚起步，人们对市场经济的认识尚不充分，企业内部管理体制、经营机制还受传统模式的制约，只是应用了精益生产方式的某些先进管理技术，如看板管理、混流生产等，在推行的广度和深度上还有很大差距。

"七五"期间，一汽集团引入了日本技术建立了变速箱厂，全面系统地应用了丰田生产方式，取得了比较好的效果。进入 20 世纪 90 年代，人们的市场经济意识逐步强化，为了企业发展和参与国际国内市场竞争的需要，一汽集团的决策者在狠抓转化经营机制的同时，以变速箱厂为典型，向全公司发出了"推行精益生产方式迫在眉睫"的号召。经过三年的努力，一汽集团不仅在专业生产方面应用了精益生产方式，而且延伸到产品开发、供应协作、销售服务、辅助生产等生产经营的各个方面。

广州日立从 1999 年着手开展准时供应，同时推动整体供应链开始准时生产，到目前已经取得良好的效果：生产周期从最初的 40 天缩短到 22 天；零部件库存由原来的 10 天缩短到 3 天；生产现场在制品量由原来的 7 天缩短到 2 天；滞留品量由原来的 30 件降到 10 件，生产率提高 10%；准时交货率则由原来的周平均 65% 提高到周平均 91%；成品仓库减少库存资金 575 万元。

此外，东风汽车公司、上海易初摩托车厂、上海大众汽车有限公司等也结合自身情况，创造性地应用了丰田生产方式，收效甚佳。但是，这些企业也存在如何继续深入发展丰田生产方式的问题。还有很大一部分企业在试行丰田生产方式时未见成效，草率收场。

同时，精益生产在我国中小企业中也有所应用，如万象集团、格兰仕、蚌埠卷烟厂也有一定的实践经验。应该看到，一方面，我国企业在实践精益生产的过程中取得了很好的效益；另一方面，我国企业实践精益生产的效果不及日本和美国企业，缺乏令国内外刮目相看的集大成者。

精益生产思想的主要目标就是要尽可能地消除浪费，减少企业的生产成本，让企业能够获得更多的利润。而要想达到减少和消除浪费的目标，制造业企业必须利用精益生产思想来构建有效的管理体系，充分运用精益生产的原理、方法改变企业的现状，增强市场的竞争力。精益生产代替传统生产正逐渐成为一种趋势。

2.7　精益生产与经济新常态

习近平总书记指出："我国发展仍处于重要战略机遇期，我们要增强信心，从当前我国经济发展的阶段性特征出发，适应新常态，保持战略上的平常心态。"以新常态来判断当前中国经济的特征，并将之上升到战略高度，表明中央对当前中国经济增长阶段变化规律的认识更加深刻，正在对宏观政策的选择、行业企业的转型升级产生方向性、决定性的重大影响。

新常态之"新"，意味着不同以往；新常态之"常"，意味着相对稳定，主要表现为经济增长速度适宜、结构优化、社会和谐。转入新常态，意味着我国经济发展的条件和环境已经或即将发生诸多重大转变，经济增长将与过去30多年10%左右的高速度基本告别，与传统的不平衡、不协调、不可持续的粗放增长模式基本告别。

2014年12月9日至11日，在北京举行的中央经济工作会议首次阐述了新常态的九大特征。其中提到："从生产要素相对优势看，过去劳动力成本低是最大优势，引进技术和管理就能迅速变成生产力，现在人口老龄化日趋发展，农业富余劳动力减少，要素的规模驱动力减弱，经济增长将更多依靠人力资本质量和技术进步，必须让创新成为驱动发展的新引擎。"

精益生产方式既是一种以最大限度地减少企业生产所占用的资源和降低企业管理和运营成本为主要目标的生产方式，又是一种理念、一种文化。实施精益生产方式就是决心追求完美、追求卓越，就是精益求精、尽善尽美，为实现生产系统最优化的终极目标而不断努力。它是支撑个人与企业生命的一种精神力量，也是在永无止境的学习过程中获得自我满足的一种境界。

因此，在我国经济发展进入新常态的背景下，实施精益生产，减少浪费，加大创新力度，对于国家和制造业企业都有着非常重要的作用。

案例：一汽集团二次推行精益生产

中国第一汽车集团公司（简称一汽集团）是新中国汽车工业的"长子"，也是中国第一家引进丰田生产方式（Toyota Production System，TPS）的企业，原机械工业部曾三次在一汽集团举办精益生产现场会，召集全国机械行业企业到一汽集团学习精益生产的推进经验。

2002 年，一汽集团为树立"第一汽车"的国车品牌，抓住与丰田合作的契机，以一汽轿车股份有限公司（简称一汽轿车）为推进龙头，通过提高红旗轿车和马自达 6 轿车的制造质量和管理水平，再一次在全集团掀起学习和推行精益生产的高潮，使企业管理水平得以持续提高。如今，一个水准更高的精益生产管理体系已在一汽集团形成。

本次推行精益生产是一汽集团在 24 年推行基础上的深化，此时的一汽人对精益生产的理念、概念、具体内容、推行要领、推行过程和推行项目都已有了相当的基础和认识，一汽集团的管理水平早已雄居国内一流，但他们对目前的管理状态并不满意。因此，从 2002 年 6 月开始，一汽轿车以付费咨询的形式请丰田的多名管理专家对红旗轿车的四大工艺、物流体系和质保体系进行持续多年的现场改善指导。

2004 年，一汽集团公司党委在十一届八次全委（扩大）会议上提出了"加强班组管理，有针对性地深入推进 TPS 工作"的战略性决定，成立一汽集团生产协调部 TPS 推进办公室，以充分发挥系统指挥和支持服务的职能作用：

（1）从质量、成本、生产效率、人才育成和安全管理五要素入手，在全集团 17381 项员工自主改善的案例中，总结、提炼出可供推广借鉴的 402 项优秀案例，实现经验共享。

（2）转化借鉴丰田公司在生产工艺、企业管理方面的 183 个管理模板及流程，以最快的速度提高一汽集团的管理基础，缩短一汽集团与世界先进企业的差距。

（3）从各子公司推荐的 144 人中，评选出 56 人（分为方案策划、管理诊断、指导实施和管理培训四种类型）纳入 TPS 专家人才档案库，以发挥专家在工作中的带头作用，并推选出 10 人为"首批一汽集团推进 TPS 培训师"。

（4）建立各子公司之间经验共享的交流平台，实现共同提高。

（5）定期组织各子公司负责精益生产的推进人员到日本丰田、天津丰田、四川丰田等其他公司进行现场学习和交流，开阔视野、活跃思路。

一汽轿车推行精益生产、实施现场管理改善、保证质量管理水平的提高，共

进行了八个方面的实践:

（1）推行标准作业，提高作业精度、时间精度和检验能力，保证产品质量。

1）一汽轿车通过推行标准作业，提高了作业精度、检验能力和时间精度，进而提高了生产效率，在人员仅增加 20% 的情况下，在 2004 年搬迁到新厂区后，通过持续改善，实现了在同一条生产线上，日产能力从 180 辆逐步攀升至 200 辆——220 辆——240 辆——270 辆……直到 2009 年的 600 辆。

2）推行 5S 管理，践行"四个一样"（夜班和白班一个样、生产忙与不忙一个样、无人检查与有人检查一个样、没人参观与有人参观一个样），实现从"形式化"到"行事化"的转变，最终实现员工行为的"习惯化"，而且还提高了产品的质量。例如，轿车车身修饰前的脏点从单车 376 个点左右下降到 8 个点。

3）推行"QA"体系（Quality Assurance，将制造过程和质量管理融为一体，形成企业各部门相互协作，通过工位改善，共同保证产品质量的网络体系和组织体制），致力于"把每道工序都建成一个质量保证体系"。通过对产品缺陷等级进行分类，制作 QC 工程表，提高工位保证度，制作品质改善对策书，做到了"三不"（不接受不合格品、不制造不合格品、不转移不合格品）和"三防"（发生防止、流出防止、再发生防止）。

（2）推行准时化配送货，减少库存及在制品，降低成本，提高作业质量的可追溯性。一汽轿车在物流领域推行精益生产主要从以下两个方面入手:

1）内物流以多频次、小批量为原则，按照生产节拍进行定量不定时配送，以满足混流生产，有效控制在制品数量和占地面积，实现标准作业，适应多变的生产计划。

2）外物流以"准时化供货"和"零库存"为目标，改变大批量的供货模式，按物流时刻表均衡送货，使物流各环节中的库存量得到控制，降低了物流成本，提高了服务质量和工作效率，同时也带动了现场管理水平的提高。

（3）推行"一个流"生产，实行"一人多机"管理。一汽轿车下属的长齿厂从 2003 年 2 月导入精益生产，在借鉴公司成功经验的同时，逐步探索适合厂情、具有自身特色的改善模式。通过强化车间基础管理，建立车间级质保体系，从生产、质量、成本、现场、标准作业、自主改善、目标管理、班组园地等方面规范班组管理，重点开展了基于标准作业的改善、全员自主改善、强化车间各项基础管理和全过程降成本等工作。长齿厂在随后的三年半时间里，总共对 25 条生产线的设备布局进行了调整，共搬迁设备 303 台，减少工位器具 157 个，节约作业面积 20000 m^2，通过"一个流"生产改善，减轻了操作者的劳动强度。另外，长齿厂还在 67 条生产线开展了标准作业改善，优化了生产线，实现了少人化，减少了在制品，使工序质量得到了保证，提高了生产效率，其中有 41 条生产线达到一汽轿车的《TPS 生产线验收、检查标准》的要求。三年半以来，全厂参与改善活动 4049 人次，改善项目 1626 项，带来经济效益 3695 万元。

（4）推行可视化管理，提高管理效率。一汽轿车通过推行现场管理的可视化、产品质量的可视化、设备管理的表面化，提高了现场管理的规范性和有效性。

（5）推行 TPM 管理，强化设备的预防性维修和全员保全，消除因设备故障可能导致的产品质量问题。一汽轿车通过编制、贯彻管理文件《点检标准》《保养工艺卡》《保养操作规程》《他机点检》《部品展开》《故障模式分析》《计划保全》《问题票管理》《预防保全》等，制定了自主保全和专业保全的管理流程，有效地提高了设备综合效率，将每月的设备停机率稳定在 5% 以下。

（6）推行以"质量、安全、培训、成本、设备"为宗旨的班组管理。班组是企业的细胞，只有班组运转健康有序，企业才能生机勃勃、快速发展。要实现这一目标，班组长在其中的作用是举足轻重的。传统的管理模式要求班组长能带领大家完成生产任务就可以，但这种简单的管理思维已与现代化的管理模式不适应。现代管理要求班组长不仅要有较高的操作技能和知识结构，还要能不断地更新自己的知识结构，成为一专多能的复合型人才。所以，一汽轿车将班组长定义为整个企业管理体系最基层的管理者，而不再是旧观念中只会领着动手干活而无须动脑思考的操作者。班组长根据车间的工作方针，对本班组的所有生产要素进行管理，而车间和职能部门的管理人员都要围绕班组工作进行服务，真正体现了一汽集团的"三为"机制。

（7）建立技能训练场，进行多技能操作的训练，建立"以人为本"的员工职业生涯发展通道。通过与丰田汽车、马自达汽车和德国大众汽车的对标，一汽轿车发现现场作业操作的标准要素还不是很清晰。虽然也操作了 50 年，但有些技能不过关，车间多技能培训的展开是被动的，没有主动性，也缺乏有计划的组织实施，没有形成完善的操作评价体系来促进员工技能的提升。于是，一汽轿车根据企业现有的生产操作岗位技能现状，将各个能级中的要素拆解成详细的能力要求及达成标准，建立起企业的人才育成机制和员工职业生涯发展通道，在各车间组建相应的技能训练场，对操作员工进行轮训，形成人才梯队。通过培训，轿车装配质量和效率有了大幅度提高。

（8）推行"全员改善""持续改善"，建立激励机制，提高员工自主管理、自主改善的积极性。一汽轿车在推行精益生产的过程中，深刻地认识到，在现场管理的八大要素中，人是最主要、最活跃的要素。现场管理主要是管人，而现场管理又是靠人来实现的。所以，教育人、培养人是现场管理的主要任务。没有一支优秀的员工队伍，就不会有一个良好的生产现场。现场改善、质量保证、各项指标的完成都要靠员工去执行，所以现场管理必须尊重人、理解人，充分发挥员工的主观能动性，使员工队伍更具活力，由"让我干"变成"我要干"，由被动管理变成主动管理，使生产现场不仅出产品，还要出人才。

"损之又损，以至于无为。"多年来，一汽集团始终以现场改善为中心，以培养人才为核心，以提高绩效为目标，以深入学习和推进精益生产为载体，以狠抓质量提升和成本降低为手段，使精益生产的理念和方法逐步向集团的各层面、各领域延伸，建立起不断系统提升企业效率的无间断流程，建立能持续解决根本问题的企业文化，形成符合精益思想、涵盖管理与工艺的工作流程。

（资料来源：王家尧. 创新管理思路坚持走中国精益生产之路———一汽集团推行精益生产纪实［J］. 中国质量，2008（4）.）

第 3 章

精益生产工具与信息化

精益生产方式是对生产活动的科学管理，它对生产系统各环节及时、准确的信息具有极强的依赖性。近年来，信息化技术作为管理的有效工具正在企业管理中发挥着越来越重要的作用，生产数据分析及处理、生产系统的监控等已经成为企业管理信息系统必不可少的功能。对于实施精益管理的企业来说，建立基于信息化的精益生产管理体系，将精益思想与企业的信息化建设进行有机融合是必然的发展趋势。

3.1　看板管理信息化

3.1.1　手工看板的局限性

在精益生产中，一个重要应用是看板管理，即通过看板在生产过程中各工序之间的周转，将与取料和生产的时间、数量、品种等有关的信息从生产过程的下游传递到上游，并将相对独立的工序个体联结为一个有机的整体。然而，传统的手工看板在使用中面临着诸多问题：

1. 手工看板适应变化的能力较弱

看板的有效执行基于标准化、稳定的生产节拍，而随着市场竞争的加剧，企业生产需要经常做出调整，当物料预测变化、BOM 变化、物料移动路径变化、包装数变化等情况发生时，看板就需要随之调整，但是手工看板很难快速做出反应。

2. 手工看板工作量较大

无论是采用单卡还是双卡系统，都需要人工收集，尤其是双卡系统，还需要用取货卡交换生产卡，通过物流工来协调，提高了现场管理的复杂性。

3. 手工看板无法与其他信息系统数据集成

因为每个单元的料、工、费等成本信息需要在信息系统中进行成本核算，生产人员下班之前，需要把收集到的取货看板信息手工录入信息系统；同时，因为手工看板是循环使用的，无法记录序列号和质量追踪数据。

4. 看板卡容易磨损、丢失、损坏

实践中，经常会看到看板卡磨损，已经看不清楚了，会造成信息传递的失真。看板卡的尺寸设计也应避免丢失和防止被放进口袋或被掩藏。

5. 看板信息不透明，与供应商沟通困难

车间的内部看板流转时，看板容易丢失，难以实现执行层的透明化管理；与供应商采购沟通困难，无法有效地进行供应商绩效评估。

6. 手工看板会产生较多的浪费

手工看板在减少浪费方面也存在局限性。例如，内、外部沟通成本高，供应商考核不及时、不真实；由于手工看板缺乏灵活性，库存浪费不能保持在最低水平；看板本身的定义、投放、管理和维护也存在浪费。

7. 手工看板难以适应多品种生产环境

应用看板的条件是产品或零件必须可以重复使用。所以，看板难以适应多品种生产环境，如多品种、小批量，按单设计、项目制造等模式。

图 3-1 所示为多种传统的手工看板。

前工序 绑扎承台钢筋	看板编号：基础工程 8#/13张	施工工序浇筑承台混凝土
结束位置 (No.8-10)		起始位置 (No.9-1)

a)

（零部件示意图）	工序	前工序 —— 本工序	
		热处理	机加1#
	名称	A233-3670B(联接机芯辅助芯)	
管理号	M—3	箱内数 20	发行张数 2/5

b)

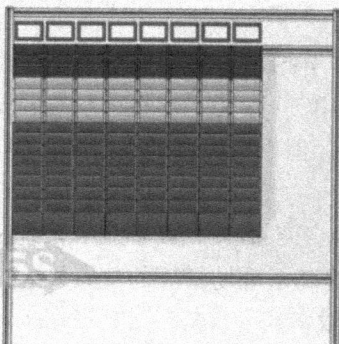

c)

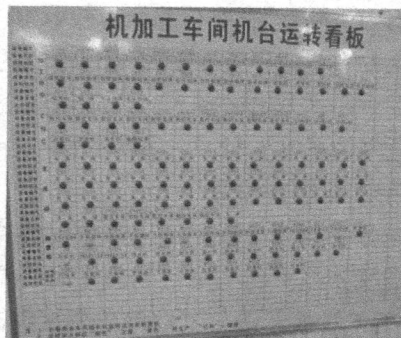

d)

图 3-1　手工看板

看板只是精益生产的一个工具，随着信息技术的快速发展，传统的手工看板逐渐被计算机时代的电子看板取代，用动态的电子看板来应对变化。信息技术可以使精益生产更加柔性，精益生产信息化则将看板融入其中，形成电子看板系统。此系统在企业中发挥的作用可以突破传统生产看板和传送看板的局限，在避免手工看板容易产生错误的同时，也使得信息流动更加准确、畅通。

3.1.2　电子看板的优势

信息化能有效利用图形技术改善看板流程，可以支持包括各种电子看板和动态看板（自动优化看板数量）在内的一系列看板形式，提供自动、可视和人工图形交互等物料补充触发手段，以此改善传统的拉动式制造环境；在进一步降低库存量的同时，尽可能缓解需求波动的影响。信息化可以消除人工看板卡的数量调整、现有库存优化及物料短缺补救等非增值活动。

信息化平台能够保证所有数据实时上线，生产管理人员可以直接通过系统进行查询与沟通，生产进度和生产过程一目了然，解决了生产过程和生产动态掌握滞后、决策缓慢、沟通不畅、沟通成本高等一系列问题，满足了拉式生产的要求，使精益生产成为可能。信息化通过技术的有效利用，保证了流水线、工作单元、供应商和其他工厂及整条供应链的连续通信，从而提高了整个企业的透明度。图 3-2 所示为实用的电子看板。

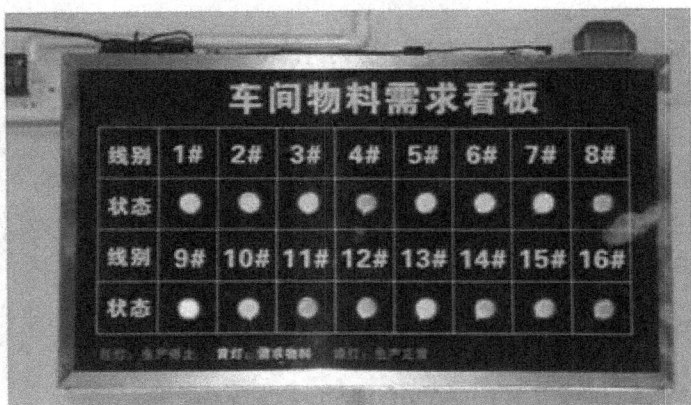

a)

图 3-2　电子看板

b)

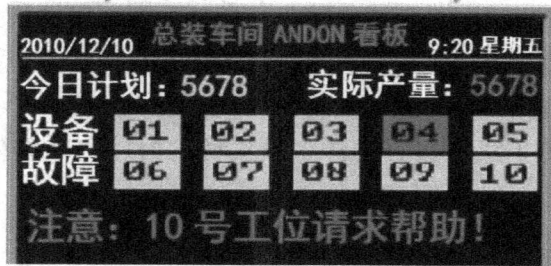

c)

图 3-2　电子看板（续）

3.2　现场管理信息化

现场管理是指用科学的标准和方法对生产现场的各生产要素，包括人（作业人员和管理人员）、机（设备、工具、工位器具）、料（原材料）、法（加工、检测方法）、环（环境）、信（信息）等，进行合理、有效的计划、组织、协调、控制和检测，使其处于良好的工作状态，达到优质、高效、低耗、均衡、安全、文明生产的目的。现场管理是生产第一线的综合管理，是生产管理的重要内容，也是生产系统合理布置的补充和深入。

3.2.1　以往现场管理方式中存在的问题

以往的现场管理效率不高，存在着诸多不足之处：

（1）每台设备都是独立的个体，没有进行综合的、系统的、统一的管理；数据资料收集统计困难，管理人员难以及时得到完整的信息，如每台机器的开动率、排单情况、机台状态、现场实际操作情况等。

（2）车间现场生产与客户需求脱节，营销部门的销售计划不能得到车间的有效响应。车间往往按照自己的便利和绩效的有利程度安排生产,造成市场和客户所需要的产品不能及时供应,但是仓库却积压了大量的市场不需要的产品。

(3) 管理人员无法实时得到每个订单的实际进度信息,无法对车间的生产进度进行有效监控,超出原计划数量生产和现场材料挪用的情况严重。

(4) 车间无法记录和得知废品信息,而废品的产生使合格品数量少于市场需求的数量,需要进行小批量补充生产,降低了效率。

(5) 采用手工工艺卡管理方法,在生产过程中,由人工按工艺卡调整工艺,因而存在工艺随意调整的情况。一旦出现机器实际作业参数同标准工艺存在严重偏差的情况,无法及时发现,产品品质无法保证。

(6) 车间统计资料靠人工收集,往往是事后的统计,同时有发生错误和被人为删改的可能,降低信息反馈速度和可靠性。

(7) 由于所有资料都依靠人工统计,各机台又没有联网,没有统一的信息平台,因而信息不能共享,没有足够的生产数据供管理人员分析。

(8) 通过手工方式管理,企业生产现场的信息,如生产状态、质量状况、设备状况等无法及时传递。往往只有在出报表的特定时间点才能查询到最新的生产信息,信息的滞后使管理层无法实时了解生产车间的状况并及时做出管理决策。

图 3-3 展示了这种手工方式下企业现场管理的工具。

通过上述分析可以看出,由于没有建立统一的、系统的控制平台,没有建立统一的、实时的信息平台,才造成上述现场管理上的问题。要解决这个问题,就必须建立一个高效、统一的信息管理平台。通过这个平台,对现场数据进行实时、准确的处理和分析,实时查看、跟踪和监控整个生产现场的机器运行状况、工夹具状态、工艺参数、订单生产进度等信息,从而实现生产车间现场的透明化管理。

3.2.2　现场管理信息化的优势

现场管理信息化就是通过信息化技术和手段实现对生产车间现场的数字化全程监控与管理,是实现信息化管理系统建设的重要步骤。通过应用现场管理系统,可以对生产状况、产品质量、车间现场进行实时监控,最终达到提高车间现场管理水平、提高车间生产效率和产品质量、降低车间生产与管理成本的目的。

现场管理信息化能够完成对整个车间现场的各个要素、环节的数据采集,如车间生产流程、设备、产品质量、人员、安全等信息,从而及时调整车间现场生产状况,解决车间现场隐患;能够对采集的数据进行统计分析,形成各种报告表单,对车间生产总体及各部分的状况进行评估与核算,让管理者实时了解车间生产的完成情况,并及时调整工作计划;通过显示屏为车间现场管理人员提供整个

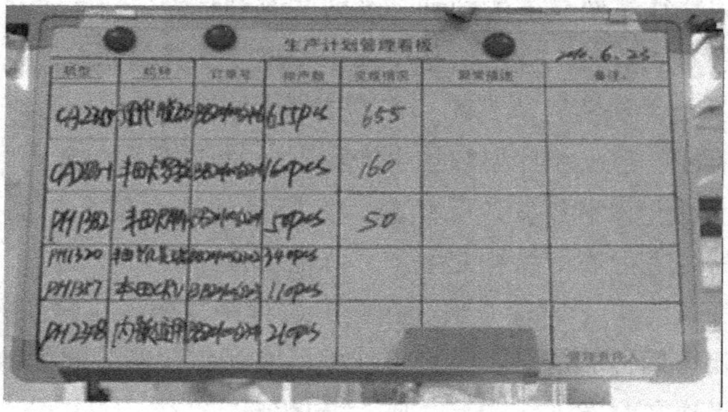

a)

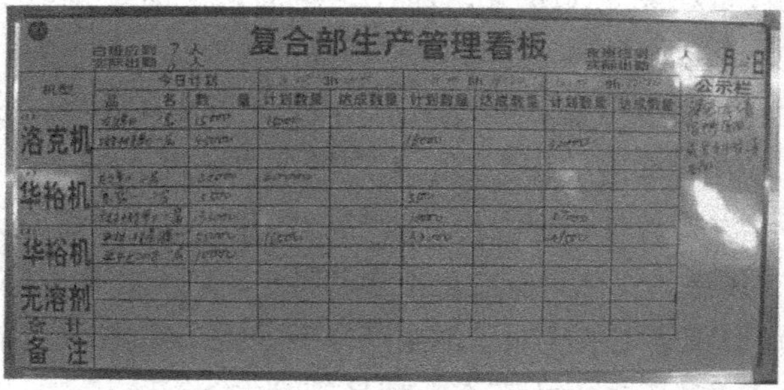

b)

图3-3 手工现场管理工具

车间现场的信息统计分析结果，为生产现场工作人员提供现场的信息，让生产管理人员和企业管理者真正实现对生产车间现场的可视化、智能化管理。

生产现场管理信息化的核心特点是可视化、实时化、智能化，是生产管理系统与车间管理系统进一步深化精益生产的必然结果。

生产过程中存在着现场设备监测系统反馈的大量信息，对这些信息的及时分析和处理是生产的保证。信息系统可以对现场管理的监测系统进行有效整合，通过建立设备监测集成信息平台、物料监测集成信息平台，在各个工序设立监测点，可以精确监控生产现场。

例如，按灯报警功能电子化，能够实现现场异常问题及时报告，及时处理；对生产节拍实时监控，可以及时统计生产效率，并为标准作业时间提供现实依据；对车间异常状况进行实时分析，可以及时优化现场作业，消除七大浪费；对实际换模时间进行实时跟踪，能够分析换模效率，以进一步优化快速换模技术。

3.3　精益生产工具信息化的应用

3.3.1　生产线状态监控

实施信息化后，可以对生产线的生产状况、设备状况、品质状况进行实时的监控。

图 3-4 所示的看板可以迅速传递工厂内各生产线的实时信息，以通知相关人员及时进行处理。

生产线	P001	P002	P003	P004	P005	P006
生产状况					缺料	缺料
品质状况			67.3%			
设备状况	维修中					
计划停止						
非计划停止						
缺料					25 分钟	40 分钟

图 3-4　生产线状态监控看板（一）

图 3-5 所示的看板能够以标准的流程图的方式显示生产线各工序的状况，其中包含工序的品质监控、生产状态的监控、各储存位置的产品数量等。

线别	工单	型号	目标	实际	总目标	总实际	产线状态	班次	合格品率
L01	0932	P7832	2000	1500	5000	3500	●	A	99.5%
L02	无工单	—	—	—	—	—	●	—	—
L03	无工单	—	—	—	—	—	●	—	—
L04	0933	P7835	1000	500	5000	2500	●	A	98.5%
L05	无工单	—	—	—	—	—	●	—	—
L06	0934	P9821					●		
L07	无工单	—	—	—	—	—	●	—	—
L08	无工单	—	—	—	—	—	●	—	—
L09	无工单	—	—	—	—	—	●	—	—
L10	无工单	—	—	—	—	—	●	—	—
L11	无工单	—	—	—	—	—	●	—	—
L12	无工单	—	—	—	—	—	●	—	—

图 3-5　生产线状态监控看板（二）

3.3.2 生产线预警

生产线预警系统可以及时发现生产中存在的问题，通过多种方式，根据故障的等级程度进行逐层报警，并通知相关人员。

图 3-6 所示的看板可以显示每条生产线各工序的实时产量信息及缺陷信息，当废品率超过警戒水平时，则以红色进行报警。

P001	工序 01	工序 02	工序 03	工序 04	工序 05	工序 06	工序 07	工序 08
产量	1000	999	998	990	997	980	970	960
不合格品	2	0	0	0	0	2	1	8
废品率								
生产状态								

图 3-6　生产线预警看板（一）

图 3-7 所示的看板可以通过进度条的方式对生产线各工序状态进行监控，出现异常时用不同颜色发出警示。

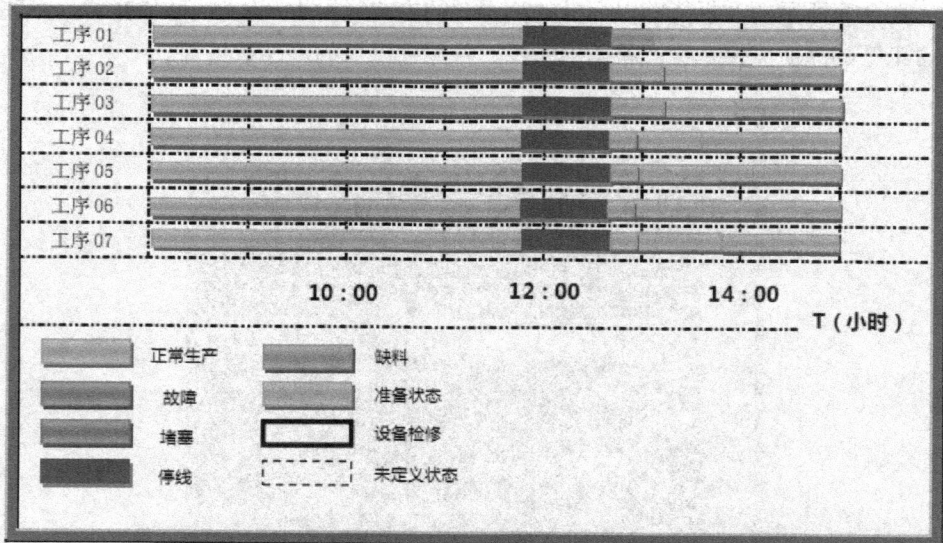

图 3-7　生产线状态监控看板预警看板（二）

3.3.3　生产进度监控及信息分析

通过生产进度监控，可以显示计划、预订、实际产量及产量差额，可以查看来自各生产线的所有看板汇总信息，并以图形化的方式进行显示，以便相关人员实时掌握车间中的生产状况、设备状况、物料状况等。

图 3-8 所示的看板可以显示订单编号、生产目标、生产进度及当前的工作时间，使管理人员随时掌握生产进度。

生产计数系统

2009 年 3 月 2 时 1 分

订单编号	PT566632
生产目标	6000
生产进度	5000
工作计时	7 时 15 分

图 3-8　生产进度监控及信息分析看板（一）

图 3-9 所示的系统可以显示计划产量与实际产量比较报告及报表，为生产控制提供依据。

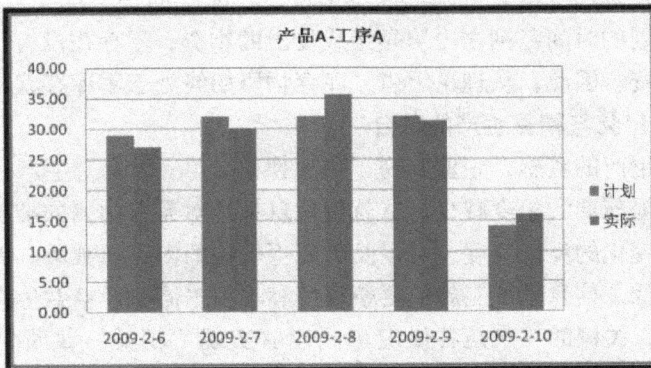

a)

b)

图 3-9　生产进度监控及信息分析看板（二）

3.4　精益生产工具信息化取得的效果

精益生产通过拉式生产方式，减少在制品和成品库存等不必要的资金占用，但这需要生产的均衡化作为支持。通过信息系统的精确计算，提前计算出生产需求数量、提前期等，各相关部门（包括原材料供应商）按单生产、按需供应，从而提高了生产的均衡性。归纳起来，信息化对精益生产的助推作用主要体现在以下几个方面：

1. 减少各生产环节在制品的资金占用

精益生产通过拉式生产方式，结合多种同步化的应用手段，目的是满足市场需求，减少流通环节的浪费。信息系统通过准确地估算潜在需求，不仅可以更精确地平衡生产、技术、质量能力，并且可以将每个环节的需求传递给上一级供应部门，乃至外部原材料供应商，各环节按需为下一环节提供保障，从而可以达到减少各生产环节在制品资金占用的目的。

2. 实现真正的柔性生产

通过精益生产的实施，车间生产现场能力大幅度提高；通过信息系统，生产计划人员对排产和产能有了精确的掌控，从接收到订单，到生成排产指令，再到生产线加工、产成品入库，实时按要求拉动上一级供应单元。这一系列工作都由信息系统有条不紊地按照预先计算好的顺序进行，即使客户订单发生了变化，只需修改一下相关参数，其他环节可以自动完成。这样就减少了新产品试制时间，增强了常规产品市场应变能力。

3. 真正实现零库存

通过信息系统的实施，对于每一批进入仓库的物资，均有订单与其对应，订单号就是仓库物资的身份证号码。也就是说，仓库中的每一批物资均是活库存，均是应该在计划的时间范围之内被领走或发出的物资，不存在没有计划而被闲置下来的库存物资。因此，从理论上讲，库存物资始终处于零库存状态。

4. 实现信息化与精益生产的融合

通过精益生产的实施，企业实现了快速换模、"一个流"生产，从而使制造提前期和采购提前期大幅度减少，这就使信息系统对需求预测的准确性更高，提高对客户订单变化的反应速度，可以及时变更采购的内容与数量。因此，精益生产协助企业降低了信息系统实施的复杂程度和难度。同时，精益生产按需拉动生产的运作方式，关键的一点是各供应单元能够实现"精益"供货，即通过信息系统来进行物料需求计划的制订，确定合理的生产、采购提前期和数量，使整个供应链实现整体"精益化"，从而保证生产活动的高效运行。由此可见，信息化与精益生产相辅相成，实现了融合。

案例：电子看板提升精益生产水平

1. 项目背景

某公司认为，由于推行精益管理，8 天的库存周转时间还有较大改善空间，于是将下一步的目标定为 6 天。该公司此前在生产现场通过手工看板来驱动生产，不过发现手工看板在循环的过程中，要靠物流工等作业员到各 U 形生产线的各工位收集看板，存在信息更新速度慢，不能查阅领料、库存以及生产历史记录等缺点。该公司的精益管理团队认识到，传统的精益生产现场管理看板存在一定的局限性。本着持续改善的精益原则，该公司考虑采用基于电子技术的手段和看板管理进行改善。

2. 项目实施

遵循持续改善的理念，该公司逐步利用电子看板全面替换原有在生产现场使用的手工看板。在看板管理的帮助下，该公司用电子看板环路记录价值流的状态，用电子的生产、取货、采购看板替代原来的手工看板，并在生产现场设置多个大屏幕显示器。通过看板管理系统，生产信息无一疏漏地展现在大屏幕上，生产现场和办公室都能一目了然，实现了可视化生产现场管理。

在明确客户需求后，作业员可以用生产看板触发生产，用取货看板向上游工序取货，与上游工序的生产看板进行换板处理；如果是外购的材料，则产生采购看板进行采购。产品完成后，扫描生产看板进行出货。用精益系统产生的生产、取货、采购等电子看板，完美地取代了原来的传统手工看板。

当生产看板、取货看板、采购看板完成或发生业务后，作业员用条码设备进行扫描，系统中的看板状态发生变化，通过悬挂在车间的大屏幕，生产现场的每一位员工都可以清楚地了解实际生产进度；通过布置在生产现场的精益系统，作业员对生产进行可视化的生产排产，调整生产节奏。同时，采购电子看板经互联网与供应商、客户互动，为该公司的精益供应链管理打下了良好的基础。

3. 系统的精益性分析

通过看板管理系统的全面应用，该公司强化了生产现场的执行力。信息系统中看板信息的变化及时在大屏幕上自动切换，并能严格控制看板的数量，实现了生产现场和供应链的透明化，逐步将精益管理推向更高水平。

精益系统把看板的执行过程可视化，集中信息资源。现在，员工可以通过计算机监控精益生产单元，不仅提高了客户满意度，交货数量也快速提高。在电子看板的支持下，该公司的精益生产初见成效。目前客户要求交货期大多为 2 天，而在生产线通过节拍平衡改进后，该公司实现了全面看板拉式生产，响应周期仅为 1 天，准时交货率达到 100%；同时，公司库存水平显著降低，在制品库存减少为 1 天，成品库存仅为 2 天。

（资料来源：根据蔡颖，《精益制造和精益信息化结合的典范》改编。）

第 4 章

面向精益管理的信息化体系

精益管理已经由最初在生产系统管理领域中的应用逐步延伸到企业的各项管理业务，也由最初的具体业务管理方法，上升为战略管理理念。它能够通过提高客户满意度、降低成本、提高质量、加快流程速度和改善资本投入，实现企业利益的最大化。

精益管理为企业发展提供了一条新路，而信息化与企业管理的有机结合无疑是最直接、有效的工具。"工欲善其事，必先利其器。"信息化在解决企业管理难题、提高企业经营活动运行质量、促进管理模式改革中发挥着不可或缺的作用，已经成为提升企业核心竞争力、实现精益管理的基础性支撑。企业信息化建设的水平也已成为企业能否实现一流管理水平的重要标志。

随着中国经济快速发展，许多企业规模持续扩张，管理粗放的问题也日益凸显出来，传统的管理方式已经不能满足企业发展的需要。在这种背景下，许多企业提出了信息化发展战略，即通过信息化建设，实现工业化和信息化的深度融合，构建业务横向协同、管理纵向贯通、信息互联互通、资源高度共享的一体化"数字工厂"。

企业在信息化建设过程中，应遵循精益管理的思想。首先，在认真分析企业现状的基础上，做好企业信息化建设的全面规划；其次，不能好大喜功，盲目追求卓越和先进，而应切合实际地制订符合企业发展需要的信息化解决方案；在建设过程中，应避免出现孤立的系统、孤立的信息、孤立的应用，而要力求建设一个符合全局规划、符合发展要求的信息系统；最后，应负责任地选好供应商，采购合格的产品和服务。要确保每一项信息化投资都选准了方向、形成了必要的资源和能力，确保信息化的投入是精益的。

4.1　面向信息化的精益管控体系

4.1.1　管控体系建设的理论基础

1. 运用系统理论进行合理规划

基于信息化的精益管控体系，应体现系统理论的思想。在企业管理中，系统理论是指将企业作为一个有机整体，把各项管理业务看成相互联系的网络的一种管理理论。该理论重视对组织结构和模式的分析，应用系统理论的思想和原理，全面分析企业的管理活动和管理过程，并建立系统模型以便于分析。

信息化建设不是对每一个部门进行独立的信息化建设，而应该将精益思想融入其中，站在系统的角度，通过信息共享和信息的及时传递，提高企业部门之间的相互合作，打破传统的信息孤岛局面，在提高工作效率的同时降低成本。

2. 用流程重组的思想优化业务

在信息化建设中，应运用业务流程重组的思想。业务流程重组是对企业的业务流程进行根本性的再思考和彻底重建。其目的是在成本、质量、服务和速度等方面取得显著改善，使企业能最大限度地适应以客户（Customer）、竞争（Competition）、变化（Change）为特征的现代企业经营环境。

企业系统中存在物流、资金流、信息流等，信息系统是对信息流进行集中控制的平台。如果一个企业在信息系统的开发过程中不进行流程重组，仅仅是用计算机模拟原有的企业流程，势必会将原来的一些低效、冗余的业务处理过程带入到新开发的信息系统中去，从而影响该信息系统的功能和效率。

企业在信息化建设中，应采用价值链分析法对原有业务流程进行分析，按照整体流程最优化的目标重新设计业务流程中的各项活动，强调流程中每个环节的活动尽可能地实现增值能力最大化，尽可能地减少无效的或非增值的活动。在设计和优化企业业务流程时，强调尽可能地利用信息技术实现信息的快速处理和共享机制，将串行工作流程改造成为并行工作流程。要协调信息分散与集中之间的矛盾，从而实现信息化与业务流程的对接，使信息化直接应用于企业的业务过程，保证信息化有的放矢，更好地发挥信息化的作用，实现精益管理提高效率、减少差错、消除浪费的要求。

3. 组织结构调整，合理分工授权

精益管理的思想是消除一切浪费，追求精益求精和不断改善，去掉各环节中一切无用的要素，每个员工及其岗位的安排原则是必须创造价值。企业在实施信

息化的过程中，应对组织结构进行优化，实施扁平化组织改革，减少非直接生产人员，撤销一切不创造效益的岗位。在此基础上，对企业的各业务中心科学分工，对各部门合理授权。使企业能够对市场需求做出迅速、准确的响应，从而适应不断变化的市场需求，抓住市场机遇，建立企业的竞争优势。

4. 精益价值链体系

精益价值链是通过在全体员工中建立价值识别和以客户为中心的服务理念，将研发、采购、制造、营销等创造价值的主要环节，与人力资源、财务金融、质量、安全、设备、能源、企业文化建设等创造价值的辅助环节，连接成一条价值链，并围绕每个环节，灵活运用精益管理的思想、理论、方法，对全部生产流程和管理进行系统性的改善。与此同时，将整个推进过程上升为重塑企业文化的战略高度，在所有管理领域和生产经营过程实施，实现企业价值链各环节价值创造能力和基础管理水平的显著提升。

企业构建的精益管控体系，应使得所有经营管理活动都以精益思想和理念为统领；精益管理思想和工作要沿价值链全面覆盖企业各管理领域，贯穿经营管理全过程；以精确设计、精准生产、精品制造、精心管理、精打细算、精干高效为支撑，全面、深入推进精益管理。

4.1.2 管控体系的内容

1. 企业各业务中心协同

生产企业面向信息化的精益管控体系如图 4-1 所示。

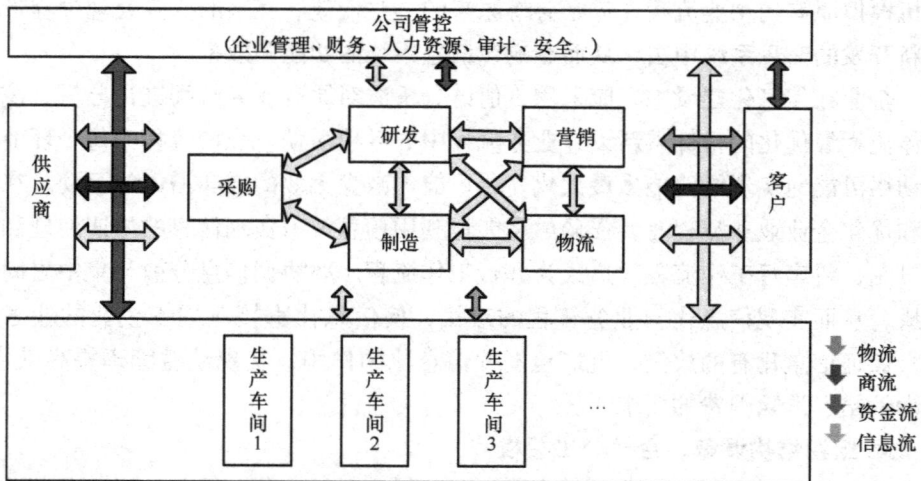

图 4-1 生产企业面向信息化的精益管控体系

在财务管理方面，对内通过全面预算管理、财务业务一体化管理，实现企业财务费用和成本管理集中管控；对外通过掌控资金流，实现财务的集中管理。

在业务管理方面，按照专业化分工协作原则，在实现五大中心由上至下专业化管理的同时，实现五大中心（采购、研发、制造、营销和物流）之间的敏捷协同工作。在生产方面，生产制造中心统一协调各生产车间，统筹生产任务分配和执行情况监督；以保质量、控成本为目标，直接参与生产过程管理。

2. 企业与生产车间的协同

企业下属车间作为企业的生产制造单元，生产主体业务受控于企业生产制造中心。车间以生产调度中心为核心，横向协同原料需求管理、物资采购管理、生产标准管理、生产质量管理、设备管理、仓储物流管理等制造业务活动，纵向指挥生产班组，共同完成企业的生产任务。同时，以生产制造活动纵向支持企业生产制造中心、技术中心、营销中心、原辅料采购中心、物流中心的管理控制一体化，实现企业要求的业务管理专业化分工协作。

3. 精益管控与信息化

做好精益管控，需要在营销、采购、研发、物流和制造五个方面实现精益化。信息化能够有力地支持精益管理方法在企业内的实施，帮助企业改善流程，实现精益管理。信息化对精益管控的支持如图 4-2 所示。

目标	精益管控				
分目标	营销精益	采购精益	研发精益	物流精益	制造精益
信息化支持—精益管理系统	精益营销系统	精益采购系统	精益研发系统	精益物流系统	精益制造系统
效果	优化企业经营管理，提高效率，降低成本，增强企业核心竞争力，形成精益文化				

图 4-2　信息化对精益管控的支持

企业通过精益管控体系的构建，在基于信息化的条件下对经营业务进行系统整合和流程再造，优化了企业经营管理活动中的各个环节，提高了效率，降低了成本，提高了精益管理的执行力；将精益意识和理念贯穿、融入企业生产经营的所有过程和环节，增强了企业核心竞争力，为企业可持续发展赢得了新的动力和支持。

4.2 面向精益管理的营销体系

4.2.1 精益营销的理论基础

精益营销又称精益化营销，是以占有有效市场为目标，采用细分市场、聚焦、速度等策略建立根据地市场和战略性区域市场，提升营销的战略管理能力，对战略性市场进行有效规划，依据市场规划进行营销资源的合理配置与安排，对战略性区域市场进行精耕细作。精益营销是精益思想在市场营销领域的拓展和创新性应用，在秉承精益思想的基础上，结合营销理论中的4C、4P和4R等理论，以独特的视角丰富了营销理论和精益思想。

精益营销包含三个发展层次，即精细化营销、精确化营销和精准化营销。精细化营销要求对市场进行细致区分，采取精耕细作式的营销操作方式（如一对一营销），将市场做深、做透，进而获得预期效益。精确化营销则是在精细化营销的基础上，强调通过营销信息的充分量化和及时掌握来提高营销水平。其主要手段是建立度量和保证体系，特别是发展基于计算机网络的营销数据库，并以数据挖掘和数据分析的结果为依据，使营销过程标准化、高效化。精准化营销是一个更高的层次，它强调系统思考和把握重点，是以市场需求为导向，以企业整体营销效率最优进行目标的准确设定，以精确化为手段进行准确的资源配置，即要求营销和营销决策不仅要做到精细、精确，而且要做到科学、准确，从而实现真正的低成本、高效率和高效益。

精益营销是精益管理的一个组成部分，是把"精益"的思想和工作贯穿于营销工作实践中，力争达到更精细的信息采集、更科学的品牌管理、更稳定的市场状态、更精细的客户服务、更前瞻的消费营销和更高效的基础管理，通过信息化的支持，使企业全面整合各种营销要素，提高有效市场占有率，真正实现以客户为导向。

4.2.2 精益营销与信息化

1. 传统营销与信息化营销的区别

（1）内部导向与市场导向。在传统方式下，企业对营销体系的作用和职能并没有真正认识和重视，也没有建立市场导向的经营模式。其中一个重要的表现就是，企业以前的营销体系不完善，营销理念落后，整体营销能力较弱，实际的生产经营以内部导向为主。在信息化环境下，企业对营销体系进行重新规划，构建一个以市场为导向、拥有强大营销能力的营销体系。因此，在企业信息化建设中，营销体系的作用和使命也正在发生重大变化，由原来与其他部门平行，演变成为企业中的核心部门。企业高效集成的管理信息平台主导生产运行，根据市场销售需求制订生产计划，实现销售订单与生产计划的有机衔接。

（2）营销信息的时效性。市场营销活动与市场紧密联系在一起，信息的有效性具有极强的时间要求。加强信息的收集能力，提高信息的加工效率，尽可能地缩短从收集到投入使用的时间，对于最大限度地利用营销信息的价值是十分重要的。在手工操作状态下，企业收集、查询营销信息十分困难，无法对市场上的信息做出及时反应，导致机会丧失。而在信息化环境下，管理者可以通过系统中的生产制造系统、生产管理系统（包括质量、计量、工厂/设备维护）、综合查询系统、财务系统、销售系统等，实时了解和分析市场需求状态以及企业生产经营业务运作的状态，将企业的生产能力转化为市场竞争优势。

（3）对企业战略的贡献。企业领导者在做战略决策时，必须对市场发展趋势有清晰的认识，并且有充足、准确、及时的市场信息支持。在传统方式下，企业只能获取一些简单的数据，无法进一步分析数据所包含的更深层次的意义，更不能对企业发展战略做出指导。而运用信息化手段，营销体系可以成为企业了解外部环境，特别是市场环境的重要窗口，信息化营销体系中的客户关系管理、电子商务、数据挖掘、大数据分析、销售智能分析系统等，可为企业高层提供包括环境分析、市场需求分析、企业能力分析、竞争对手分析等在内的重要决策信息。

（4）客户关系管理。在传统方式下，客户关系管理主要是依靠销售人员与客户的交流沟通，更多地依靠销售人员的个人能力。客户资料、交易信息等资料在手工方式下只能以纸质形式存储，无法从中发掘出客户偏好、市场需求等信息。而在信息化环境下，信息技术改善了企业的销售流程，为销售活动的成功提供了保障。它缩短了销售周期，加强了潜在客户的机会管理，杜绝了以往由于潜在客户管理不当而造成的损失，信息更加集中，销售人员也更加有的放矢。通过分析这些客户交易信息，未来的交易成功率将得到大幅度提高。它能帮助企业更加简捷地预测销售业绩，测量企业绩效；能更深入地挖掘横向与纵向销售机会，创造一个评估销售流程的平台，识别现有问题、最新趋势及潜在机会，直接或间接地增强企业的盈利能力。

（5）营销理念。传统方式下，企业对市场研究不透彻。企业将产品生产出来后，会通过传统的营销渠道（制造商→批发商→零售商→消费者）对外销售产品。冗长的流通环节大幅度增加了产品的成本，同时还降低了产品的时效性。市场营销应当从市场调研开始，然后进行市场细分，选择目标市场，再根据企业的实际情况制定相应的营销策略。

而在信息化环境下，企业可以创新和应用营销理念。营销系统融会贯通了4P（产品 Product、价格 Price、渠道 Place、促销 Promotion）、4C（客户的需求和期望 Customer、客户的费用 Cost、客户购买的方便性 Convenience、客户与企业的沟通 Communication）、4R（客户关联 Relativity、快速反应 Reaction、和谐关系 Relation、效益回报 Retribution）等各种营销理论要素，构建了依靠信息平台、以协同关系为基础的、着眼于系统全局的营销思想。将营销理念的重心和关注点从企业延伸到客户核心利益的深度，以追求客户价值实现为出发点，企业清楚地了解每个客户的个性化4C需求后，以4R的营销模式为指导，再做出相应的使企业利润最大化的4P营销决策，形成以竞争为导向、以客户需求为导向，以在新的层次上整合企业各种资源为特点的企业营销理论。

（6）大数据时代的精准营销。随着互联网技术、多媒体技术以及大数据管理的迅速发展，受众对信息的需求趋于碎片化和个性化，传统的广告投放模式已经不能完全适应环境变化。以通信和信息技术为手段基础的、基于互动模式的精准营销体系，必将取代原有营销方式，逐步成为现代企业营销发展的新趋势。

大数据时代的精准营销首先要求占有来自市场的数据，但仅有数据是不够的，还需要在每一个节点（如广告发布、评估、优化、监测管理等）上都有相应的产品，并利用先进的技术进行分析，才能得到想要的效果。例如，企业门户网站通过创新的技术平台和产品布局积累了大量数据，通过数据分析对网民兴趣进行定向，然后对单个目标受众进行定价。这种方式即通过对受众的数据浏览习惯进行收集分析，帮助企业有效判断客户的信息需求和消费需求，然后通过对数据进行定向选择，将目标人群分离出来，最后确定广告投放的位置和时段。这样就做到了最大化的资源整合利用，体现了精准营销理念。

购物中心通过铺设无线网络、在商场不同位置安装客流监测设备，来获知顾客的到店频率、消费喜好、消费金额、年龄层次等信息。购物中心可以通过会员中心建立起与顾客的联系，通过其自建的网站、应用软件和微信公众号，对会员消费信息的数据进行收集。在大数据基础上，通过建立相应模型，对数据进行分析和处理，定期对会员进行精准的营销，为实现精准营销提供依据。

因此，随着精益营销理论和信息技术，尤其是互联网的飞速发展，企业纷纷开始利用信息技术为客户提供服务，并且在世界范围内拓展业务。在这种形势下，传统的营销模式已经越来越不能适应企业生存的需要，企业开始按照精益营销理论和信息化的特点积极探索新的营销模式。

2. 精益营销系统

面对日趋激烈的市场竞争和营销环境的复杂变化，企业对营销信息的即时需要比过去任何时候都更为迫切，营销信息越来越凸显其重要地位。营销信息是市场营销决策的基础，针对营销信息的重要性和获取营销信息方面存在的问题，以计算机及网络技术为手段，建立产、供、销数据交流与信息传递的基础信息平台——营销信息系统，实现相关的市场信息、采购信息、销售信息、生产信息和财务信息的共享，是现代企业的必由之路。

精益营销系统包含四个功能模块：

（1）销售业务管理模块。销售业务管理模块的主要功能有销售业务管理、合同管理、产销衔接查询、成品物流管理、货款结算、销售业务数据查询与分析等。

（2）市场管理模块。市场管理模块的主要功能有营销策略、营销渠道建设与管理、品牌促销管理、品牌培育数据查询与分析、市场信息采集、市场信息数据查询与分析、成品物流数据查询与分析等。

（3）营销工作管理模块。营销工作管理模块的主要功能有销售指标管理、考核指标管理、费用指标管理、物料指标管理、流程指标管理、品牌培育指标管理、营销指标管理等。

（4）客户及服务模块。客户及服务模块的主要功能有客户关系管理、消费者俱乐部管理、呼叫中心管理、投诉举报管理、数据库营销管理、营销服务管理等。

3. 营销系统对精益营销的支持

如前所述，精益营销的内涵是精细的信息采集、科学的品牌管理、稳定的市场状态、精细的客户服务、前瞻的消费营销和高效的基础管理。借助信息化手段，精益营销系统的四个模块可以分别对这六个分目标提供有力支持，从而实现精益营销。企业能够系统地整合各种营销要素，实现以客户为导向的管理，有效地占有市场。其关系如图 4-3 所示。

4.2.3　精益营销体系的特点

精益营销是在进行营销活动的过程中，消除不给产品或服务增加价值的活动，并对营销资源进行合理、有效的配置，把重要、关键的资源集中到主要客户上。将精益思想应用到营销过程中，这使得精益营销与一般的营销活动相比，有

目标	精益营销					
分目标	精细的信息采集	科学的品牌管理	稳定的市场状态	精细的客户服务	前瞻的消费营销	高效的基础管理
信息化支持——精益营销系统	市场管理模块	市场管理模块	市场管理模块	客户及服务管理模块	营销工作管理模块	销售业务管理模块
效果	有效市场占有率高，实现以客户为导向的管理，营销要素的系统性整合					

图 4-3　营销系统对精益营销的支持

了自己独特的思维方式。

1. 以占有有效市场为目标

企业要想谋求长期发展，就不能单纯地追求市场占有率，而应该强调对有效市场的占有。纵观我国企业的发展历程，三株、飞龙等企业都曾无限风光地辉煌过，但由于没有注意对有效市场的占有，只是进行密集的广告"轰炸"，最终还是避免不了失败的命运。而精益营销正是充分强调了"占有"这一点，以期企业长期的可持续发展。有效的市场占有包括三个方面的含义：企业致力于建立长久优势，保持长期的有效竞争力；企业致力于培养相当数量的忠诚客户，以增加重复购买；企业的最终目的还是利润最大化，这样才能实现企业的长期发展。

营销系统借助现有的信息系统，不断优化销售经理的工作流程，提高一线员工的工作效率。通过对市场营销数据的分析，提高对潜在客户、特殊需求客户的拜访率，让客户经理有更多的时间为客户提供更具个性化的服务，避免由于盲目工作而导致的效率不高、资源浪费等问题。此外，在网上开展一些相对成熟的服务项目既能提高解决问题的效率，又能减轻销售部门的负担，体现了精益服务的新突破。

大数据应用使现代企业的管理模式和商业运行模式发生了深刻变化。精益营销系统不再局限于纯工具化的模式，开始围绕数据集成应用进行不断探索和实践，为推动信息化与行业的深度融合、打造一体化数字工厂奠定了基础。信息化环境下企业的决策更科学、更精准，从而实现精益营销。

营销系统借助数据分析手段和方法，可以深入挖掘客户基本数据背后隐藏的非结构性信息，科学预测客户需求。销售人员在日常工作中会收集客户某一阶段的营销数据，包括品种、进货数量、进货周期等。但是，很多数据只能作为日常营销决策的参考，数据背后的真正价值得不到体现，其价值也得不到充分发挥。营销系统利用计算机信息分析技术，对现有消费数据进行分析梳理，将消费者分为不同类型，通过对消费数据和消费者类型的关联，把看似不相关、相互分割的数据借助信息化手段加以集成，通过图表、曲线等清晰地呈现出来。企业能从中发现一些新的消费动态和趋势，识别消费者购买行为的模式，为制定营销策略提供更为详细、精准的数据支持，实现更大范围的精益营销。

2. 以客户为基础

精益营销强调企业的一切活动都要围绕为客户创造价值进行。客户是决定企业发展的重要力量。企业应以客户需求为导向，以双向沟通为手段，以满足客户需求为目的，将客户看成是产品生产过程中的组成部分，以深厚的情感和优质的服务维持与客户的长期合作关系。精益营销系统注重客户满意度调查，收集服务信息，尽可能满足客户需求，提高客户满意度。

营销系统通过提高品牌与终端的匹配度，加强销售终端管理；通过对终端营销历史数据的分析，找出规律性的东西，为终端找到适合自身特点的品牌，解决产品"谁来卖"的问题；此外，通过加强商户拜访，提高服务水平，加强与客户交流互动，开展促销支援和客户指导，进行信息收集和问题处理等，不断提高客户的满意度和忠诚度。

营销系统建立了与客户和消费者直接沟通的平台。实施信息化之前，企业更多的是通过客户经理的拜访或根据以往的营销数据完成对市场、品种需求的分析，与消费者和零售客户的沟通方式比较单一。随着营销系统的实施，企业建立了更多与客户和消费者直接沟通的渠道，了解消费者和客户所在区域市场整体变化情况，及时帮助客户调整营销策略。

3. 对营销要素进行整合

精益营销认为营销过程从产品概念设计阶段就已经开始，一直到售后服务结束。在这个过程中，要对各个要素进行整合，以集约营销资源，提高市场差异化运作能力，提高营销策划与推行能力。在概念设计阶段，营销的目的是进行市场调研，以使产品准确定位；而在售后服务阶段，除了解决产品给客户带来的不便外，更应该注意寻求顾客的新需求。

营销系统运用信息技术，与企业库存系统集成，进一步完善了货源分配制度，提高了物流水平，减少了库存过高造成的浪费；与研发系统集成，通过市场调研的数据，不断研发出符合客户需求的新产品；与制造系统集成，按照需求拉动生产，达到产销平衡，消除无效生产。

4.3 面向精益管理的采购体系

4.3.1 精益采购的理论基础

精益采购运用精益思想，以采购成本管理为切入点，通过规范企业的采购行动，实施科学决策和有效控制，以质量、价格、技术和服务为依据，在需要的时候按需要的数量采购需要的物资，杜绝采购中的高价格和一切浪费。精益采购使采购的每一环节、每一过程的成本实现精益化控制的目标。

精益采购管理是指利用精益管理理念和方法，建立精益组织结构，健全企业采购体系，使采购工作规范化、制度化。精益采购业务流程，采用价值流分析方法消除采购过程中的浪费，通过与供应商建立长期合作伙伴关系，保证采购物料的低成本、高质量和供应渠道的稳定。基于信息化的精益采购管理通过精益采购的数字化，量化采购管理对象和管理行为，实现信息共享，实现采购系统的计划、组织、监督、控制、服务、评估等职能，实现采购价值链运作的高效率、低成本。

精益采购管理根据用户需求，定义采购价值，按照采购价值流组织全部采购活动，使采购价值流流动起来，让客户需求拉动采购价值流，通过不断完善，达到不断降低采购成本、提高采购能力的目的。基于信息化的精益采购管理采用信息化管理的手段，将精益采购思想融入信息化管理系统中，以克服传统采购的弊病，及时为企业采购的基础业务层（战术层）、中间管理层（战略层）和高级经理层（决策层）提供准确、有效的采购数据信息，以便对客户需求做出迅速反应，同时降低企业价值链的运作成本。

对于流程型企业来说，物资采购的成本占生产成本的比例较高，可以说它是影响企业生产成本的关键因素；而影响直接材料成本的因素，除了生产经营管理费用等外，最主要的就是各种物资的采购成本。因此，物资采购已经不仅仅是单纯保障供应的手段，而且已成为提高企业经济效益的不可忽视的重要因素。在这种背景下，企业实施采购系统，可以极大地提高采购效率，降低采购成本，实现精益采购的要求。

4.3.2　精益采购与信息化

1. 传统采购与信息化采购的区别

（1）满足生产需求方面。在传统采购方式下，生产单位自行申报物资采购需求，采购部门收集信息加以汇总，逐级报批。由于需求单位行政隶属关系不同，管理分散，造成物资采购信息缺乏共享，信息反馈渠道不畅，使得物资难以调剂平衡。落后的信息反馈机制既浪费时间又浪费资金，还会造成同一物资在一个单位积压，在另一个单位短缺的情况。这不仅造成了经济损失，还增加了物资市场动态跟踪和决策的困难。

在信息化条件下，采购需求均来自生产计划、生产技术标准、材料库存等，通过系统自动计算所需采购的物资种类和数量，不仅提高了效率，而且避免了盲目采购。

（2）库存管理方面。在传统库存管理方式下，由于企业各部门之间缺乏必要的交流，物资采购部门缺乏与生产单位的必要沟通，一定程度上导致了盲目采购。为了保证生产，往往层层设置库存、多级储备、盲目进料，以大量库存保证生产，导致了大量物资积压，从而造成流动资金的过度占用，使库存成本居高不下。

在信息化库存管理方式下，企业可以更加精准地对订单进行生产任务分解和任务安排，可以更加有效地使用和调度库存，从而更精确地确定采购周期内的目标库存量。这样就可以减少采购量，降低库存。

（3）供应商管理方面。对于传统的供应商管理，因为有时同一物资来源于不同的供应商，导致对供应信息缺乏整合分析，供应商管理水平低。由于没有完善的供应商档案管理，供应商选择的随意性大，使得信息的不确定性大，不利于与供应商建立长期稳定的合作伙伴关系。采购过程中，为了能从多个竞争性供应商中选择一个最佳供应商，企业往往会保留很多采购信息；与此同时，供应商在与其他供应商的竞争中也会隐瞒信息。因此，采购、供应双方都不能进行有效的沟通。

在信息化环境下，采购平台丰富了采购方企业的供应商资源和情报，有利于进一步了解相关物资和产品的市场供需情况。采购方企业通过信息化采购交易平台的专业数据库的帮助，整合供应商资源，可以跳出地域、行业的限制，找到更多、更合适的供应商。信息化采购使不同企业，包括各个供应商，都可以共享信息，不仅可以了解当时采购、竞标的详细信息，还可以查询以往交易活动的记录，使供需双方之间的信息更加透明，从而确保供应商之间的公平竞争。

（4）采购成本方面。以往的采购采取的是询价采购方式，不仅需要企业采购部门耗费大量的时间和精力与供应商进行沟通、谈判，而且谈判过程中的竞争压力靠买方转达，供应商之间并无直接竞争，难以形成有效的竞争压力。企业采购招投标过程中的许多环节需要通过人为因素确定，这种"面对面"的方式容易产生卖方价格同盟、买卖双方人为的权力或利益干扰等情况，损害供需双方的利益。

信息化采购中，采购方企业通过电子采购交易平台进行竞价采购，可以使竞争更完全、更充分，从而使采购方企业获得更高质量的供货，并且节省采购成本。信息化采购系统除了保障公平竞争之外，还可以监控供应商的履约情况，这为采购企业选择战略供应伙伴提供了可靠的数据支持。

（5）准时化采购。与传统采购模式相比，精益采购可以实现准时化，对于实现精益生产有着非同寻常的意义。准时生产环境下的采购模式和传统的采购模式相比，最大的区别就是采用订单式生产。订单的驱动使供需双方都围绕订单运作，实现准时化、同步化运作。采购部门在编制详细采购计划的同时，制造部门也在进行生产准备。当采购部门把详细的采购订单提供给供应商时，供应商就能在很短的时间内将物资提供给用户。若此时需求发生变动，采购订单也随之改变，没有实施准时化的采购企业很难适应这种多变的市场需求。准时化采购提高了企业生产的柔性和敏捷性，消灭了原材料和外购件的缓冲库存。

采购是生产顺利进行的保证。在整个供应链中，采购处于前端，对整个供应链上的需求信息最难把握，因此，采购部门要获得及时、准确的信息，就需要与销售、生产等部门做好信息的实时沟通。只有保证了供需信息的准确性与及时性，实现供应链各环节信息的高度共享，才能更好地实施准时化采购。利用互联网信息技术，既提高了信息处理的效率，也保证了数据处理的准确性，为企业的采购和生产提供支持。通过建立完整的选择标准和考核指标体系，企业才能够与每个供应商建立紧密的联系，形成一个严密的网络。供应商能从网络上得到及时、准确的需求信息，并按要求保质保量地完成供货。通过这样的准时化采购，整个供应链上各节点上的工作都能及时、顺利地完成，从而实现精益采购。

2. 精益采购系统

采购系统与研发、制造等系统密切衔接，与供应商及时沟通，使物资管理工作达到"集中统一、规范运作、科学管理、降低成本、提高效率"的目的，满足生产对物资供应的需求。对多地域、多点分布的物资进行统一调度，优化资源配置，提高采购业务对生产制造的供应保障能力。精益采购系统功能框架如图4-4所示。

精益采购系统通常包括物资需求计算、采购计划、采购合同、材料采购、收购、供应商管理等模块。

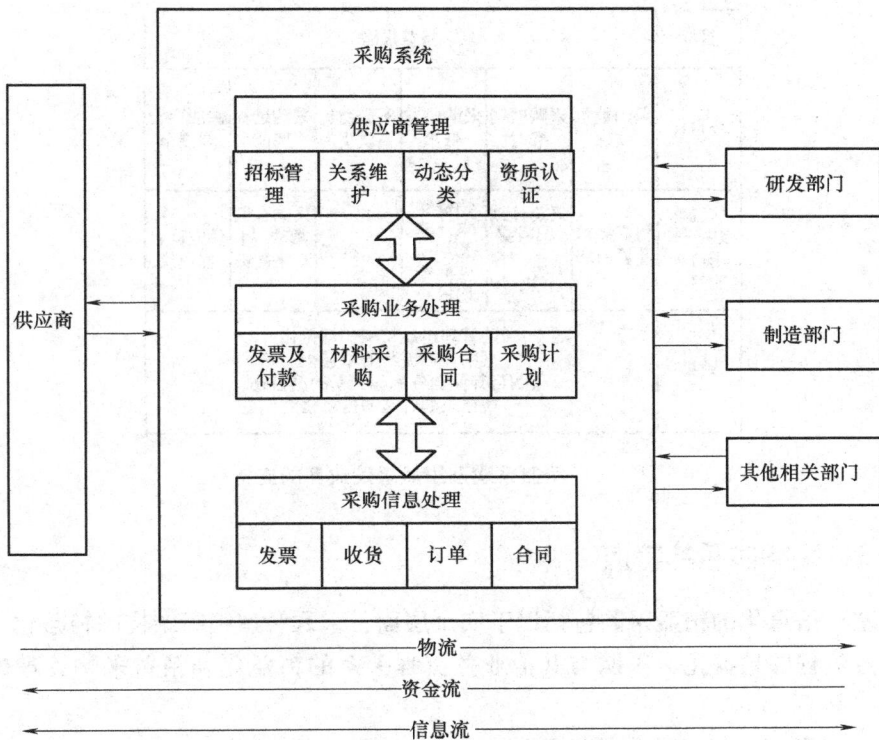

图 4-4　精益采购系统功能框架

（1）物资需求计算模块。根据生产计划，结合库存情况，计算需要的各种物料。

（2）采购计划模块。根据物资需求，制订采购计划。

（3）采购合同模块。根据采购计划，与供应商签订采购合同。

（4）材料采购模块。向供应商发出采购订单，并检查订单执行情况。

（5）收货模块。与仓库、财务、技术部门等验收货物并入库。

（6）供应商管理模块。对供应商的资质、信用、供货情况等进行管理。

3. 采购系统对精益采购的支持

如前所述，精益采购的目标就是实现采购数量准确、采购时间准时、采购成本低廉、采购物资质优、采购过程规范和供应商管理规范。而精益采购系统的六个模块可以有效地对这六个目标提供支持，从而实现精益采购，即采购管理组织结构的精益化、采购业务流程的精益化、采购与其他业务流程关系的精益化、精益采购管理的信息化。其关系如图 4-5 所示。

目标	精益采购					
分目标	采购数量准确	采购时间准时	采购成本低廉	采购物资质优	采购过程规范	供应商管理规范
信息化支持——精益采购系统	物资需求计算模块	采购计划模块+采购合同模块	物资需求计算模块+供应商管理模块	收货模块	采购合同模块+材料采购模块	供应商管理模块
效果	采购管理组织结构的精益化 采购业务流程的精益化 采购与其他业务流程关系的精益化 精益采购管理的信息化					

图 4-5　精益采购系统对采购业务的支持

4.3.3　采购体系的特点

基于信息化的精益采购包括以下四个层面：采购管理组织结构的精益化、采购业务流程的精益化、采购与其他业务流程关系的精益化和精益采购管理的信息化。

1. 采购管理组织结构的精益化

现代企业都具有层次结构，也就是存在着严格的上下级关系。各职能部门优化本部门运作的同时，有时会损害组织的总体利益；同时，指令需要多层传递，导致管理成本增加，影响管理效果。但是，为顾客提供增值的产品与服务，需要不同职能部门的通力合作和指令的迅速传递。根据精益管理的思想和精益采购信息化管理的内涵，精益采购数字化管理是扁平形组织形式，指令迅速传递，并且采购管理者与采购员工以及采购相关部门通过采购数字化管理平台直接交流和沟通，职责明确，信息共享。

2. 采购业务流程的精益化

采购业务流程的精益化是指对企业的采购业务流程，包括询价、比价，供应商开发、选择与评估，采购计划的制订，采购订单的生成、执行与跟踪，采购质量检验，采购收货、退货等，以精益采购管理思想为指导进行精益化，以达到采购业务流程本身的精益和高效。

企业在制订采购计划时，由各生产车间根据生产计划、生产技术标准、材料库存制订物资需求计划，避免了采购无用的物资，降低了库存水平，实现了采购计划精益化，如图 4-6 所示。

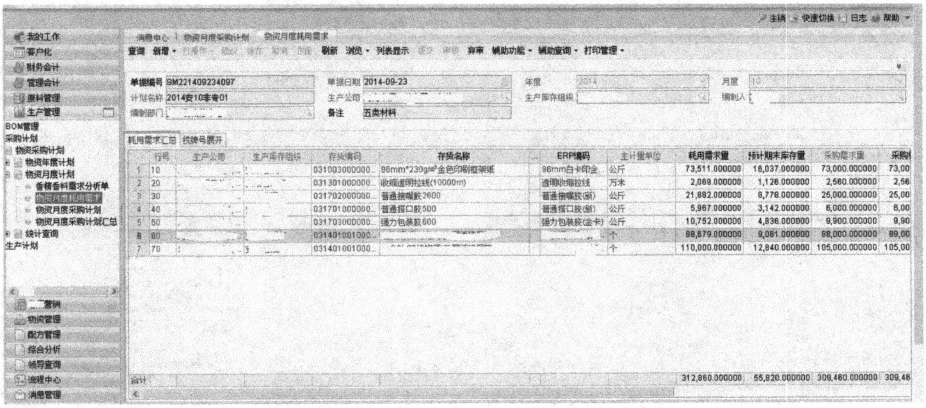

图 4-6　物资月度需求计划⊖

在供货方面，精益采购系统可以实现供应链协同效应和物流效应的最大化。企业可以实施材料直接供货方式，由供应商直接将所需的材料配送到生产车间，使供需双方都能够进一步降低库存资金，减少重复搬运所造成的资源浪费，从而优化物流、降低成本，提高供货对市场的应急响应能力；采取供应商联合管理库存，直接送货到生产车间甚至机台，真正实现精益管理快速响应和零库存的要求。

3. 采购与其他业务流程关系的精益化

精益采购系统使得采购与生产、库存、工艺和销售等其他业务流程之间的协作与协调关系简明，将过去往往需要通过各职能部门来实现的各项业务，用价值流程的观点进行精益化，实现组织间的合作与协同。精益采购将供应商作为价值流的起点和整个价值流过程中的一员，使供应商能够了解企业经营状况，并且允许供应商参与企业的产品研发、生产加工等流程；有效地鼓励供应商，奖励他们对共同价值的改进。通过这些方式，使得企业与供应商的关系成为协同与合作的新型伙伴关系，共同为减少整个价值流的浪费而努力。与供应商的新型伙伴关系成为用最低成本、百分之百及时得到所需配件和原材料的保证。图 4-7 为企业物资月度采购计划的实例。

物资质量始终是采购管理的核心，精益采购系统的实施为保障物资质量提供了坚实的基础。企业通过完善供应质量管理体系，实施材料质量全过程、全要素、全方位管理，努力追求卓越质量。企业实施质量内控指标的过程管理，即将

⊖　书中部分系统截图为某些企业的真实数据，编者对截图做了处理，下同。

图4-7 物资月度采购计划

主要材料质量指标、关键质量指标纳入内控指标范围，每季度进行跟踪统计和数据分析，作为供应商业绩评价的重要内容。采购人员主动了解、及时收集供应商质量管控信息，准确把握材料质量情况，定期对供应商的材料质量情况进行分析研究，协助供应商做好质量问题的协调解决，保证质量问题能够得到及时处理，如图4-8所示。

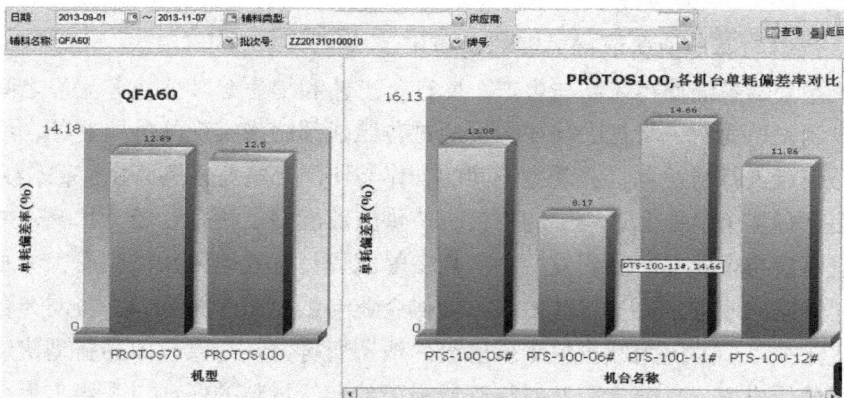

图4-8 不同批次原材料质量的对比分析

在供应商管理方面，对供应商实施分层分类管理。依据采购原辅料的重要程度、供应商的实力、采购数量等对其进行科学定位，采用 ABC 分类法，对不同类型的供应商采取不同的合作策略。对重要物资的 A 类供应商，侧重于长期战略合作；对较重要物资的 B 类供应商，有选择性地实施合作伙伴策略；对一般物资的 C 类供应商，着眼于运营层次的管理，一般采取合同管理策略。

在供应商评价方面，企业建立完善的供应商绩效评价体系，主要是以资质认证管理为方法，对供应商的产品质量、价格、交货期、售后服务、信誉、业绩等进行综合考核评审。对供应商的其他方面，如综合运营能力、物流仓储能力、成本控制能力、过程控制能力、客户服务能力、合作发展潜力等进行综合测评，规范供应商合作策略、合作模式、考核方式、进退奖惩机制，如图 4-9 所示。

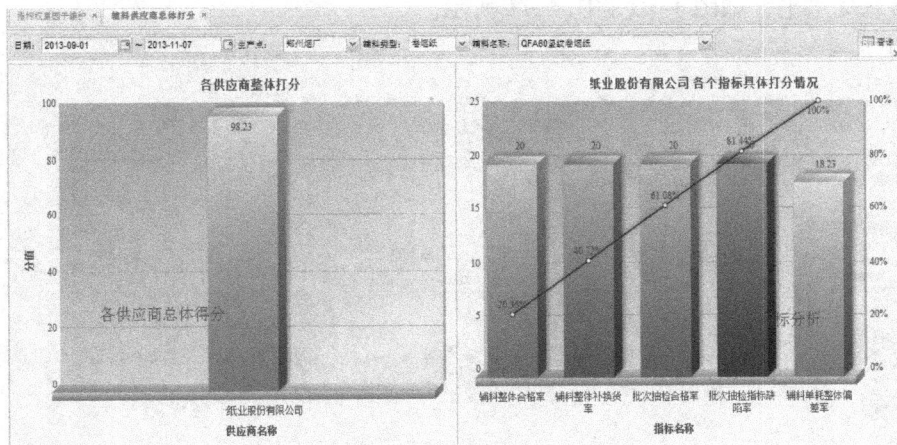

图 4-9　供应商评价

在供应商合作方面，企业可以建立供需资源互补的战略联盟体系。企业与部分经营管理规范、产品质量水平高、价格有市场竞争力的供应商建立战略合作伙伴关系，双方共享资源、知识和信息，旨在提升物资采购以及企业对市场的快速响应能力。

4. 精益采购管理的信息化

精益采购信息化管理实现了组织扁平化，采购管理者与采购员工以及采购相关部门通过采购信息化管理平台直接交流和沟通，职责明确、信息共享。传统方式的采购管理者是监督者、控制者，而自己却无人监督；而基于信息化的精益采购要求采购管理者是服务者、创新者。通过应用量化管理技术等先进的管理工具，为供应商的选择和评价、采购的绩效考核等采购管理对象建立全面、科学的量化模型。根据企业的采购供应计划和采购策略以及企业外部的环境信息、供应商的产品信息等，帮助决策人员分析供应商的产品指标参数及其变动对决策方案的影响，为决策人员提供多个可行备选方案，并帮助决策者从不同角度比较和评价各备选方案，优化选择方案，协助决策人员确定最合适的供应商，实现对供应商和采购业务人员的绩效考核的量化管理。同时，通过信息化管理平台，实现采购各环节的相互监督和对采购过程的控制。

在采购执行方面，企业采购部门根据采购计划，与相应的供应商签订采购订单。在订单执行过程中，采购系统对订单下达、订单执行、仓库收货、质量检测以及结算的全程进行跟踪管理。供需双方都可以通过该系统进行订单管理、质量管理等操作，以达到供应链企业信息的实时、对等交流的目的，提高供应链管理的信息化水平，如图 4-10 和图 4-11 所示。

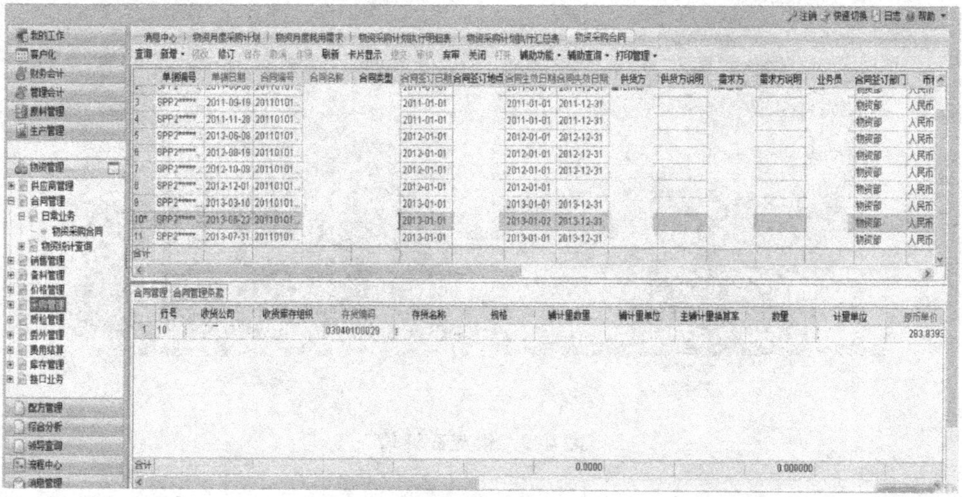

图 4-10　物资采购合同

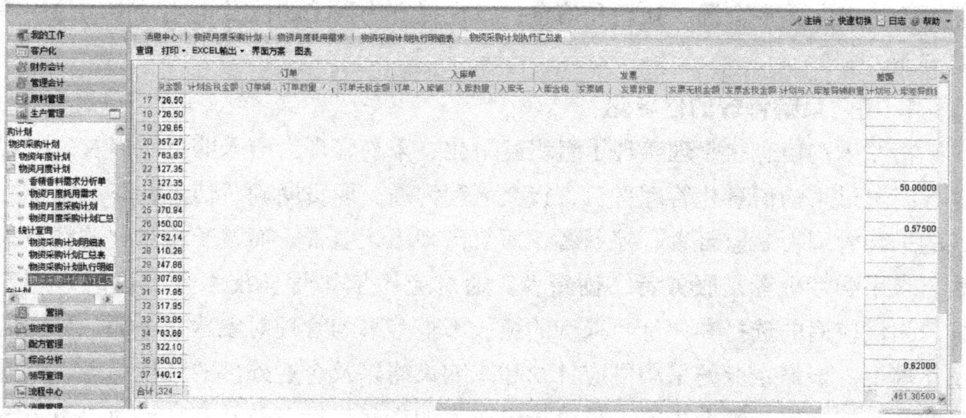

图 4-11　采购执行情况

在采购物资质量控制方面，企业使用质量信息追溯技术，使供方材料生产、仓储运输、生产制造等信息实现共享；运用 RFID 和条形码技术，实现过程质量信息的可追溯。要求供应商建立企业内部质量追溯管理系统，通过 RFID 和条形码技术，实现从供方生产过程、材料物流过程到制造过程质量信息的可追溯，更好地体现质量管理一体化的要求，以达到"质量缺陷判断最准、供应反应最快、生产现场损失最小"的目标，将物资质量过程的控制水平提升到更高层次。

4.4　面向精益管理的研发体系

4.4.1　精益研发的理论基础

精益研发是指将精益生产中消除七大浪费、持续改进的理念引入产品开发过程中，实现对产品开发过程的精益管理。它是以提高产品差异性和技术含量、提高产品开发品质、提升产品附加值、降低产品成本为目标的产品研发活动。精益研发的使命是帮助企业获得卓越的市场竞争力，关注的焦点是改善、创新、质量、开发周期和知识管理。

精益生产的原则、理念、方法等同样适用于研发过程的管理。精益的视角是全系统的视角，将研发环节看作生产过程的源头和市场销售过程的延续；精益研发管理的理念是将研发过程与生产过程整合为一个整体，而不是割裂开的。研发过程作为生产过程的前导过程，要时刻考虑所设计的产品如何实现生产，强调顾客声音与生产过程的和谐，因此更加重视生产过程相关人员的参与。

4.4.2　精益研发与信息化

1. 传统研发方式的局限性

传统的研发方式由于缺乏信息化的支持，产品研发往往面临许多问题，具体如下：

（1）未形成系统、正确的研发理念。市场导向、客户意识、技术创新等是企业经常强调的观念，但是，传统的研发由于缺乏信息化的支持，不能及时了解顾客需求，存在很多不正确的观点。例如，许多企业还停留在从功能及性能实现的角度来定义产品研发，而没有从客户的角度，即从呈现给客户的产品整体（包括功能、性能、体验、包装、服务、品牌、资料等）的角度去定义产品研发。

（2）缺乏具有前瞻性的、有效的产品规划。许多企业通常都会提出一个远大的产品发展规划，但是一般过于笼统，也没有明确的竞争定位；通常也会制订年度产品研发计划，但是在传统方式下，由于销售数据不能充分得到分析和利用，所以很难做出产品平台战略和产品线规划。产品开发计划和实际的产品立项，往往是被动响应市场需求和竞争的结果，缺乏主动的、基于充分市场研究的、前瞻性的产品线规划。

（3）不规范的产品研发流程。传统的研发方式由于没有系统化的流程平台，整个研发流程比较粗放，层次不清、不够规范、不具体、操作性不强等结构化不足的问题在许多企业中比较普遍。流程执行方面缺乏纪律性，比较随意，各自按自己的理解行事，没有一致的流程。即使有些企业制定了产品开发流程，但其流程只是一些零散的功能性流程（如硬件开发流程、测试流程），缺乏系统性，没有一个联合了所有的职能部门的集成的总体流程。

（4）项目管理薄弱。在源头上，产品需求的定义不准确、不清晰（如客户需求）、不完整（如可靠性需求、可维护性需求）；在保证质量的过程控制上，流程本身不规范、不科学，执行不力；在质量控制活动上，缺乏完整、明确的测试计划和技术评审计划，测试方法和手段落后，测试走过场，技术评审流于形式。

（5）缺乏有效的研发考核与激励机制。由于研发工作的创造性和不确定性，目标难以量化，对研发工作和研发人员的评价比较困难。企业对研发人员的考核在定量和定性之间、在结果和过程之间、在短期和长期之间摇摆，找不到一个行之有效的考核办法。绩效考核的不科学也造成了报酬激励缺乏依据，带来不公平感，影响研发人员的积极性。

因此，传统研发管理的问题阻碍企业研发能力的提升。要解决这些问题，除了需要企业的决心和努力外，通过研发管理变革，引进和实施业界先进、成熟的基于信息化的精益研发管理体系是必由之路。基于信息化的精益研发以系统工程为框架，以知识工程为基础，以质量管理为牵引，通过打造新的研发管理体系，实现产品研发以全程化、并行化和综合化为特征的精益管理；以信息技术为手段，集成仿真、优化、创新、质量、试验等相关的综合设计手段，建立精益研发平台，开展以差异性、高性能、高品质和高效率为特征的产品精益设计；通过平台实施知识工程，从根源上解决企业人才、知识与经验断层等问题。

2. 精益研发系统

精益研发系统包括技术研究、科技标准、质量监督和综合管理等模块，对产品研发核心业务形成技术、创新、质量和基础管理四项支撑；通过信息化集成，实现与营销、制造、原料、对外合作相关的四类业务协同；围绕搭建的核心业务子系统，整合数据、过程和资源等要素，将业务过程积累的经验有效转化为知识进行管理，完善优化规则和数据应用模型，加强数据深度应用分析，搭建产品研发、科技创新的决策支持平台，为企业的发展战略提供有力支撑。

精益研发平台与数据中心、精益营销平台、精益制造平台、精益采购平台、协同办公及集成平台等系统集成，构建完整的业务体系，以指导生产和响应消费市场为目的，实现市场引导研发、研发指导并保障生产、市场检验研发的闭环管控，对从市场需求、产品研发设计到生产制造全过程进行监管，提高产品研发和质量控制水平，如图 4-12 所示。

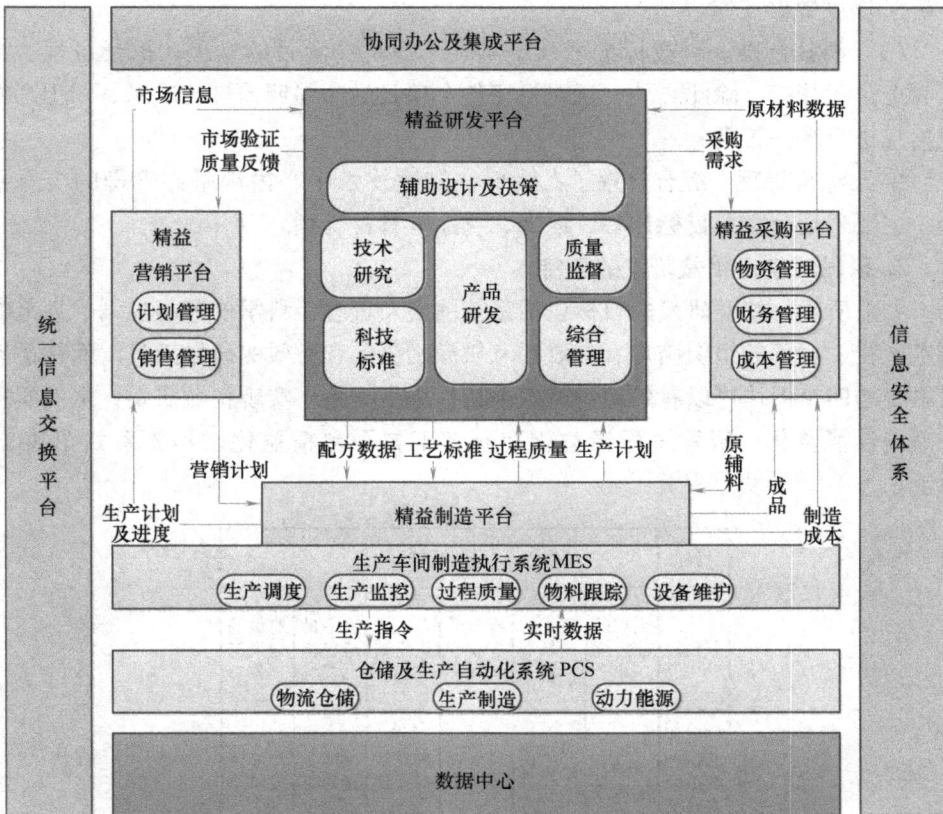

图 4-12　精益研发平台的框架结构

在研发功能方面，该系统主要包括产品研发、质量监督、科技标准、综合管理四个部分。

（1）产品研发。它包括以下五个环节的业务：

1）研发任务管理：包括新品开发、已投产产品维护以及技术研究，体现项目驱动的管理要求。

2）产品设计管理：主要是针对功能、工艺、材料设计过程的管理。

3）设计验证管理：主要是对试验及设计评审的管理。

4）试生产管理：通过试生产管理进一步验证产品研发的质量。

5）技术标准管理：对产生的所有技术标准进行统一规范的管理。

这个核心业务流程同时与综合管理、质量监督、科技管理进行数据共享。

（2）质量监督。质量监督子系统包括产品、原料质量监督，通过实验室仪器、实验室用品等检测资源的基础管理，为产品生产全生命周期的"集成质量分析"提供数据支撑。

（3）科技标准。科技标准子系统实现了对科技项目的立项、执行过程、结题等全过程管理，除此之外，还对贯穿整个项目生命周期的科技成果、知识产权等信息进行统一管理。

（4）综合管理。综合管理子系统旨在搭建技术中心内部基础管理的支撑平台，主要包括公文、目标计划、培训、物品等日常管理。

3. 研发系统对精益研发的支持

如前所述，精益研发的目标包括系统的研发理念、科学的产品规划、规范的研发流程、合理的组织结构、有效的考核激励机制和有效的研发工具。而精益研发系统的四个模块可以有效地对这六个目标提供支持，实现精益研发，从而实现产品设计精益化、研发过程精益化和研发工具平台精益化。其关系如图 4-13 所示。

目标	精益研发					
分目标	系统的研发理念	科学的产品规划	规范的研发流程	合理的组织结构	有效的考核激励机制	有效的研发工具
信息化支持—精益研发系统	与精益营销系统集成	与企业战略集成	科技标准模块	科技标准模块	综合管理+质量监督模块	产品研发模块
效果	产品设计精益化 研发过程精益化 研发工具平台精益化					

图 4-13 研发系统对精益研发的支持

4.4.3 精益研发体系的特点

1. 产品设计精益化

精益管理的出发点是产品价值结构。价值结构只能由最终顾客来确定，而价值结构也只有通过具有特定价格、能在特定时间内满足顾客需求的特定产品进行表达时才有意义。

企业将产品设计的来源定位于顾客需求，将消费者作为研发队伍的成员，通过营销系统收集整体市场的消费者需求，在研发系统中剖析不同区域顾客的消费习惯，明确消费者对产品设计的真实要求，从而对产品进行精准定位，确定研发方向，提高研发的针对性和有效性，以全新理念引领产品设计，打造卓越产品。

精益研发系统基于闭环管控思想，通过集成市场信息、生产过程等数据，结合业务流程、标准等信息，实现研发相关要素的全面融合，将营销、研发、制造有机地统一起来，建立数字化研发设计体系，提高产品研发能力，推动精益研发的实现。

以工艺标准为例，通过工艺标准以及工艺过程数据两个接口功能，形成"从技术中心制定、下达，到各个生产车间的接收、执行，最后各个生产车间将过程信息反馈给技术中心"这样一个闭环管控，实现了研发制造一体化，如图 4-14 所示。

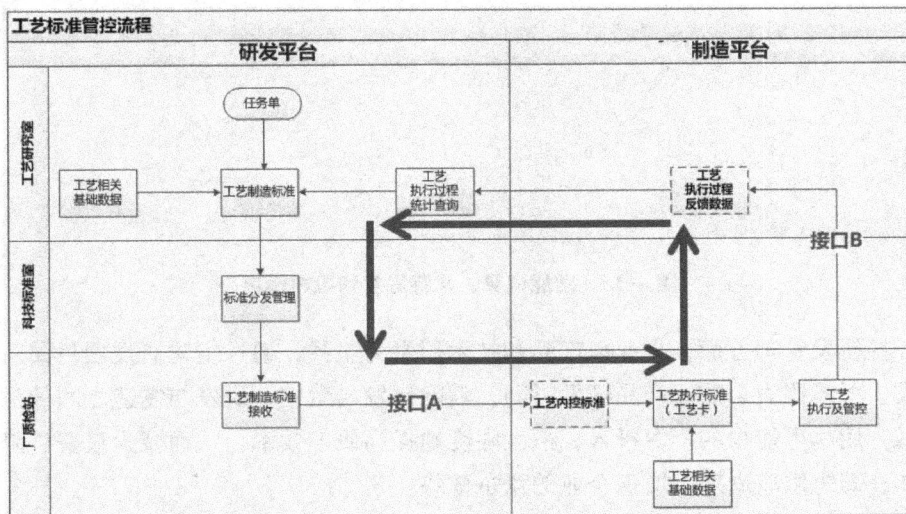

图 4-14 工艺管控流程

2. 研发过程精益化

精益管理要求企业的各项活动都必须运用"精益思维"（Lean Thinking）。"精益思维"的核心就是以最小的资源投入，包括人力、设备、资金、材料、时间和空间，创造出尽可能多的价值，为顾客提供满意的产品和及时的服务。提高研发过程效率，能大幅度缩短生产准备时间，从而将新产品尽早投放市场，以获取更高的价值。

精益研发系统以整体的观点合理配置和利用企业资源，消除设计过程中一切不产生价值的劳动和资源，从而降低设计和生产成本，缩短设计开发的周期，提高产品研发的针对性，提高企业的竞争能力，获得更高的经济效益。

例如，研发系统平台在功能设计中引入了试算功能，并将试算结果与所需使用的库存进行匹配，以实现资源的有效、合理使用，减少标准维护或变更的频率及工作量，支撑产品的均衡生产。图4-15展示了功能试算结果，以及执行进度、投料情况。

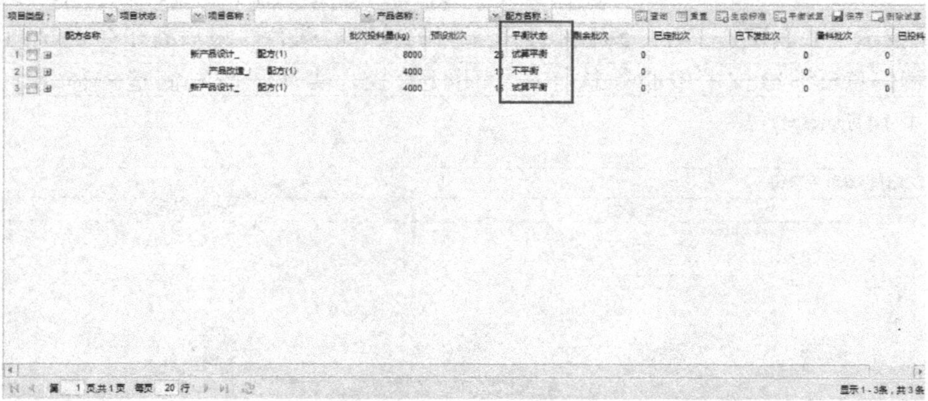

图4-15　功能试算、执行进度和投料情况

在研发管理方面，企业以产品和技术研发为主线，通过组建研发项目团队的方式，群策群力，缩短产品开发时间，消除研发与营销、研发与制造之间的沟通不畅，用尽可能少的资源投入，最大限度地提高研发效率，从而减少浪费、降低成本、缩短供应周期，增强企业的竞争优势。

精益研发系统以项目管理为驱动，建立包括项目执行进度、费用预算执行、成果统计在内的项目信息库，加强过程管控和绩效评估，提高科技创新能力，如图4-16和图4-17所示。

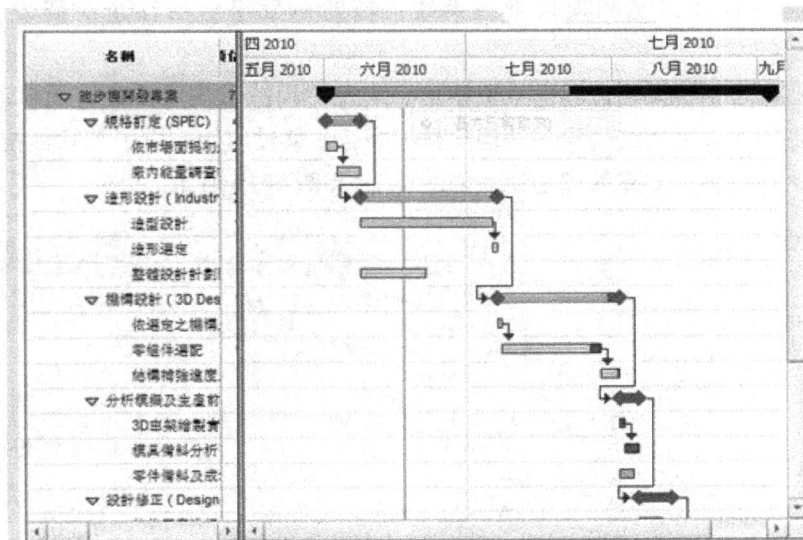

图 4-16　研发项目管理——项目进度

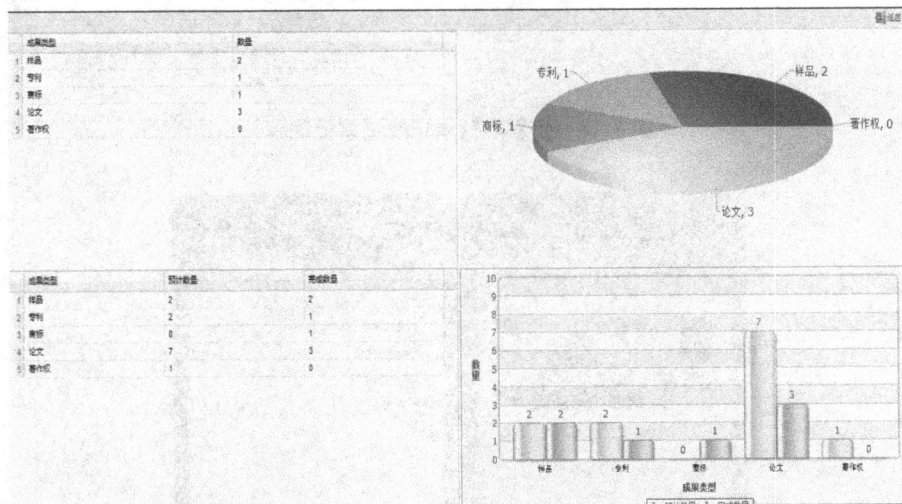

图 4-17　研发项目管理——成果类型

3. 研发工具平台精益化

精益管理要求尽可能地减少浪费，提高效率。精益研发工具平台提供构建企业研发平台的柔性和开放性顶层集成框架，可以融合企业现有的各种研发系统和工具，从而传承企业信息化和数字化建设的所有资金投入和应用成果。相对于传统的数据管理系统和项目管理系统，精益研发平台更注重对研发过程的管理。

精益研发系统采用流程虚拟机技术，实现流程图形化灵活配置及自动流转，支撑研发活动；采用结构化和文档化数据融合、移动应用、电子签章等技术，提升流程执行效率，支撑管理活动，如图 4-18 和图 4-19 所示。

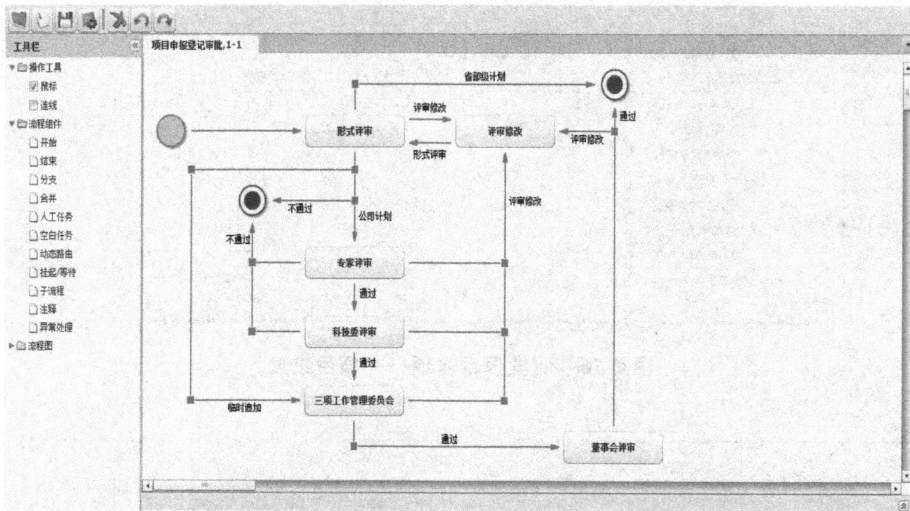

图 4-18　研发项目申报登记审批流程

图 4-19　研发移动办公平台

4.5 面向精益管理的物流体系

4.5.1 精益物流的理论基础

物流管理的核心在于创造价值。良好的物流管理要求供应链上的每一项活动都能实现增值，在为客户创造价值的同时，也为企业自身及其供应商创造价值。物流管理所创造的价值体现在商品的时间和地点、效用上，即保证客户在需要的时候能方便地获取商品。

精益物流是从精益生产中演变而来的管理理念，是精益思想在物流管理中的应用。"精"是指追求更好的品质；"益"是指更低的成本。精益物流的核心是根据客户需求，提供顾客满意的物流服务，同时追求把提供物流服务过程中的浪费和延迟降至最低，不断提高物流服务过程的增值效益。精益物流要做好以下几方面：

（1）精到服务。明确上下游客户服务需求和服务标准，规范服务流程、明确服务目标、细化服务内容、比较服务质量和满足服务需求。

（2）精化作业流程。按照流程最短、效率最高原则，重新审视和反复论证企业现有物流业务流程、员工岗位作业流程的科学性和合理性，消除其中不必要、不增值的多余环节，改善其中不合理、不顺畅的迂回作业，通过不断的简化、优化、固化过程，达到精化流程的目的。

（3）精确核算。细化物流费用科目，精确物流费用控制，努力实现费用核算精确到人、车、机台、班组，切实做到各项物流费用精算、严管、细抠。

（4）精准运营。通过流程化、标准化、信息化过程和手段，做到准确感知物流状态，精确分配物流任务，精准掌控物流作业。

（5）精细管理。建立健全物流工作制度、管理规范和评价体系，在精化物流流程的基础上，细化岗位标准、过程控制和绩效评估，形成诊断、改进、优化、提升的先进机制。

4.5.2 精益物流与信息化

1. 传统物流管理与基于信息化的物流管理的区别

在缺乏信息系统支撑的环境中，物理管理存在着很多弊端：首先是业务流程的局限性，表现为低效率的流程造成断层和滞后，买卖双方关系紧张，信息交流不畅通，缺乏跨企业的合作流程等；其次是信息管理的局限性，表现为不同企业的信息管理系统缺乏有机的联系，信息不能有效、及时传递，制造商与经销商、物流中心之间不能共享预测和补货计划信息，制造商与供应商之间不能共享零件需求预测信息，整个供应链中不能共享实时库存信息，制造商与供应商的生产线不能动态排程，不能实时查询可供货信息等。

在精益物流系统中，客户需求是驱动生产活动的原动力，是价值流的出发点。价值流流动要靠下游客户来拉动，当客户没有发出需求指令时，上游任何环节都不提供服务，而当客户需求指令发出后，则快速提供服务。通过信息化手段，保证准确的信息传递、准确的库存、准确的客户需求预测、准确的送货数量，使得物品在流动中的各个环节，包括交货、运输、中转、分拣、配送等均按计划、按时完成。精益物流还能够对客户个性需求做出反应。当客户提出需求时，系统应能对客户的需求进行快速识别和分类，并制订出与客户需求相适应的物流方案。

精益物流系统通过合理配置基本资源，以需定产，充分合理地运用优势和物流能力进行快速反应、准时化生产，从而消除诸如设施设备闲置、人员冗余、操作延迟和资源浪费等，使得货物停留的节点最少、流通所经路径最短和仓储时间最合理，并达到物流整体的最优，保证了物流系统的低成本运行。

随着信息技术的不断发展，信息化在物流运用活动中发挥着越来越重要的作用，基于信息化的精益物流是现代物流的发展趋势。精益物流系统的建立需要数字化的信息系统支持。物流服务是一个复杂的系统，涉及大量、繁杂的信息。数字化的信息流保证了信息流动的迅速、准确无误，可以有效减少冗余信息传递，减少作业环节，消除操作延迟，这使得物流服务准时、准确、快速，具备高质量的特性；数字化信息便于存储和统计，有利于提高物流系统的效率和响应速度。

2. 精益物流系统

物流管理系统与财务系统、营销系统、仓储视频监控系统、车辆 GPS、生产执行系统（Manufacturing Execution System，MES）、设备系统、仓库系统等均有信息联系，如图 4-20 所示。

物流系统承担的主要功能如下：

（1）供应链管理。供应链管理主要包含物流能力规划、物流策略、物流年度计划、供应链计划协同、供应商管理、标准化管理。其中，物流能力规划主要是物流能力调研、分析、规划；物流策略主要是物流策略和物流方案的编制、下达和监控；物流年度计划的功能是以年度采购、销售、生产计划为基础制订年度物流计划；供应链计划协同主要是管理企业同外部原材料供应商和顾客的物流协同；供应商管理是对原材料供应商、第三方物流、车队等进行管理；标准化管

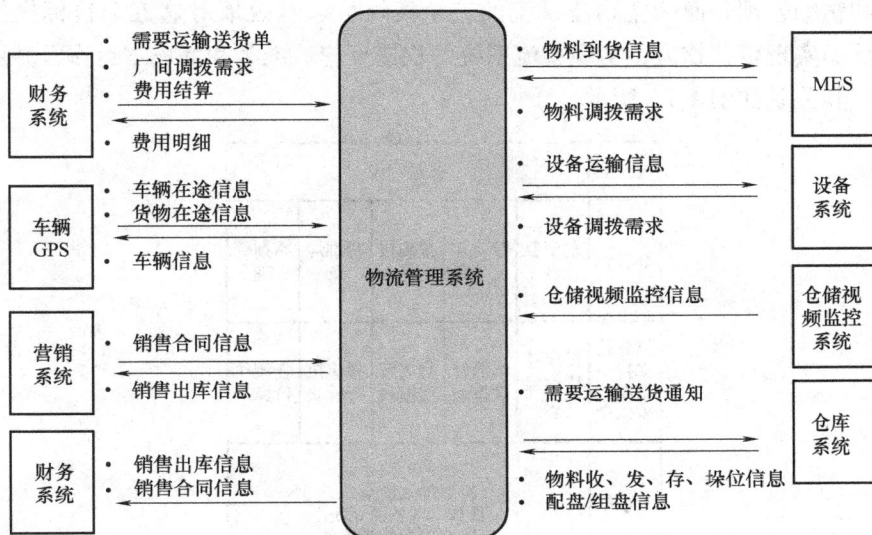

图 4-20　物流系统与其他系统的联系

理包括标准体系建立、贯彻及评价改进。

（2）物流管理。物流管理包含运输计划与调度、仓储管理、辅料仓储管理、成品仓储管理、备品备件仓储管理、费用与财务核算管理、视频监控等。其中，运输计划与调度主要是厂内/厂外运输计划制订，车辆申请、审批；仓储管理是对原料的仓库存货、出入库进行组织管理、指导考核；辅料仓储管理是对生产原辅料的仓库存货、出入库进行组织管理、指导考核；成品仓储管理是对成品的仓库存货、出入库进行组织管理、指导考核；备品备件仓储管理是对生产所需的机电设备、备品备件的仓库存货、出入库进行组织管理、指导考核；费用与财务核算管理主要是物流业务单证的维护，费用的记录，以及成本费用的预算、核算、监控；视频监控是对物流配送中心及生产车间、流水线、仓库等其他重要区域进行必要的监控。

（3）物流执行。物流执行包括运输管理、物流作业调度、运输跟踪、物流设备管理。其中，运输管理主要是与运输相关的时间管理、运费结算、运输成本管理、运输线路选择和优化管理、车辆在途监控；物流作业调度是指企业内部各生产厂之间的原料、辅料、成品、机电设备及备品备件的调度管理；运输跟踪主要是通过车辆 GPS 传送运输车辆和货物的信息；物流设施管理是对物流基础设施，如运输车辆、人员的基础信息档案，以及对仓储基础设施进行管理。

3. 信息化对精益物流的支持

如前所述，精益物流的目标包括精到服务、精化作业流程、精确核算、精准运营和精细管理。而精益物流系统的三个模块可以有效地对这五个目标提供支持，从而实现精益物流，实现物流系统的快速反应、准时和低成本运作，并不断完善。其关系如图 4-21 所示。

目标	精益物流				
分目标	精到服务	精化作业流程	精确核算	精准运营	精细管理
信息化支持——精益物流系统	供应链管理模块	物流管理模块	物流管理模块	物流执行模块	物流执行模块
效果	快速的物流系统 准时的物流系统 低成本的物流系统 不断完善的物流系统				

图 4-21　信息化对精益物流的支持

4.5.3　精益物流体系的特点

精益物流系统具有如下四个特点：

1. 快速的物流系统

精益物流系统的快速包括两方面含义：一是物流系统对客户需求的反应速度；二是货品在流通过程中的速度。当客户提出需求时，系统能对客户的需求进行快速识别、分类，并制订出与客户需求相适应的物流解决方案；而客户历史信息的统计、积累也会帮助制订快速的物流服务方案。货物在物流系统中的快速性包括货物停留的节点最少、流通所经路径最短、仓储时间最合理并达到整体物流的快速反应。速度体现在产品和服务上是影响成本和价值的重要因素，快速的物流系统是实现货物在流通中增加价值的重要保证。

2. 准时的物流系统

货物在流通中能够顺畅、有节奏地流动是物流系统的目标，而保证货物顺畅流动的关键是准时供应。准时供应的概念包括货物在流动中的各个环节按计划、按时完成，包括交货、运输、中转、分拣、配送等各个环节。准时的物流服务是保证货物在流动中的各个环节以最低成本完成的必要条件，同时也是满足客户需求的重要方面之一，还是保证物流系统整体优化方案能得以实现的必要条件。

80

3. 低成本的物流系统

精益物流系统通过合理配置基本资源，以需定产，充分、合理地运用优势和物流能力；通过电子化的信息流，进行快速反应、准时化生产，从而消除设施设备闲置、人员冗余、操作延迟等浪费，保证物流服务的低成本。

4. 不断完善的物流系统

在精益物流系统中，全员理解并接受精益思想的精髓，领导者制定能够使系统实现"精益"管理的决策，全体员工贯彻执行，上下一心，各司其职，各尽其责，达到全面精益物流管理的境界，保证整个系统持续改进、不断完善。

4.6 面向精益管理的制造体系

4.6.1 精益制造的理论基础

精益生产是通过系统结构、人员组织、运行方式和市场需求管理等方面的变革，使生产系统能够快速适应市场需求的变化，并能使生产过程中一切无用、多余的东西被精简的一种生产方式。与传统的大量生产方式不同，其特色是多品种、小批量。精益生产方式的基本思想可以用一句话来概括，即"Just in Time"（JIT），翻译为中文就是"在需要的时候，按需要的量，生产所需的产品"。精益生产的相关理论在前面章节中已经做了系统介绍，此处不再赘述。

4.6.2 精益制造与信息化

在精益生产被企业普遍接受和实施的同时，管理信息化也在飞速发展，已成为企业管理必不可少的工具。在这种背景下，精益生产的信息化就是一个必然的发展方向。精益生产的信息化是将精益生产思想融入管理信息系统中，并通过通信触发和事件管理功能来缩短应变时间，实现对业务流程的实时和可视化管理。

精益生产信息化的实施过程需要以良好的管理为基础，始终坚持以人为本，使参与人员能够充分地相互沟通以及配合，以确保系统的顺利运行。精益生产信息化不只是单一业务的信息化，而是基于业务流程重组、约束理论、全面质量管理等现代管理思想的整体业务集成。这不仅可以使企业巩固已有的精益管理成果，还能够帮助企业进一步优化业务流程，更合理地配置企业的资源，更好地适应新的市场环境。

4.6.3 精益制造系统

精益制造系统与营销系统、研发系统、财务系统、生产执行系统（MES）、生产统计系统及视频监控系统都有密切的信息联系，如图4-22所示。

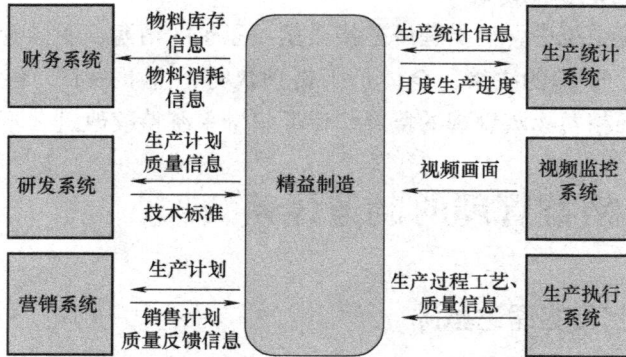

图4-22 精益制造系统与其他系统的信息传递

精益制造系统的功能架构如图4-23所示。

精益制造系统主要包括生产指挥系统、生产质量管理系统、生产成本管理系统、生产执行系统、设备管理系统和数据中心。

生产指挥管理系统主要负责供产销研各业务的协同，月/周/日进度计划的编制和管理、生产调度管理、订单管理、生产绩效管理、生产投入/消耗/产出的统计分析，收集各生产车间生产过程的实时信息，监视生产信息及现场情况。

生产质量管理系统包括生产过程质量检验标准管理、生产过程质量检测、在线工艺监控、统计过程控制（SPC）、生产质量问题处理和生产过程质量统计分析等功能。

生产成本管理系统包括原料消耗管理、辅料消耗管理、能源消耗管理和设备维修费用管理等，把生产成本核算到机台，实现成本的精细化、科学化管理，为提高生产效率、控制生产成本提供决策支持。

生产执行系统主要负责生产线/机台计划的下达，排产仿真、车间生产调度，生产计划的执行监控，生产投入/消耗/产出的统计、生产过程质量控制和生产现场管理等。

设备管理系统主要负责设备资产管理、设备运维计划、设备维修管理、设备运行考核及备件管理等。

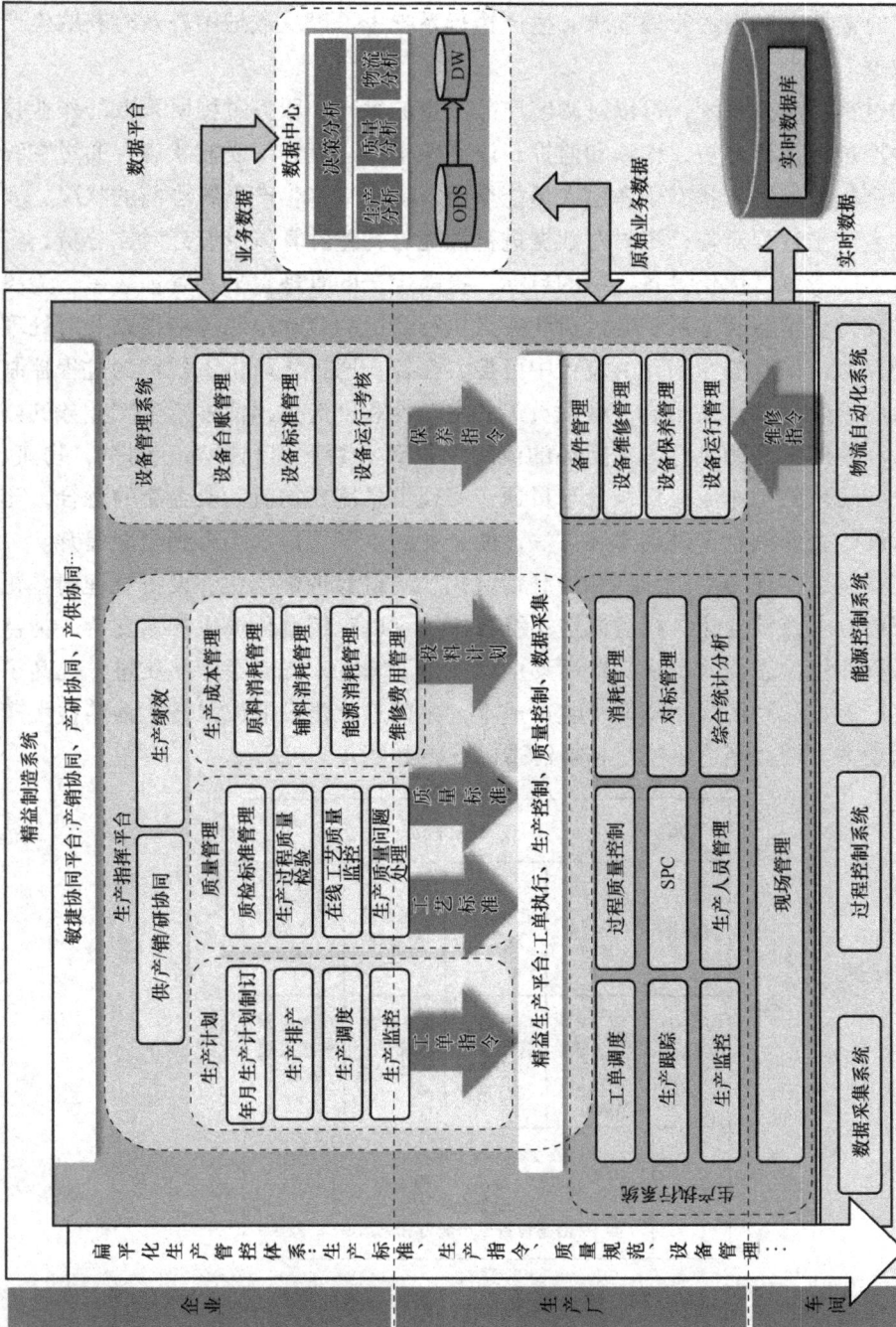

图 4-23　精益制造系统的功能架构

数据中心负责实时收集和分析生产执行系统产生的生产过程数据，满足生产过程实时监控和调度的管理要求。生产执行系统也可以从数据中心及时获取生产所需数据。

通过精益制造系统，可以对影响产品质量的生产和服务过程所采取的作业技术和生产过程进行分析、诊断和监控，以确保生产过程处于受控状态。通过在线展示生产相关的实时状态，各层人员能全面、实时掌握生产系统当前的状况，实现安全生产全过程监督；实时对数据进行性能与耗差计算以及统计对比分析，实现绩效实时考核，优化设备检修的目标，提高生产的管理水平和管理效率，为决策提供支持。精益制造系统通过对业务点执行情况的自动跟踪与考核以及对处理痕迹的保留，使业务在闭环的流程中可控、在控，通过将严格、规范的过程控制和有效的绩效考核体系结合，激发员工的主动性和创造力，使整个生产业务的处理能力和生产管理的执行力在闭环的流程中得到不断巩固和提高。同时，物流、资金流与闭环的工作流有机结合与贯通，实现信息流、物流、资金流的融合，充分体现现代企业信息管理理念和方法，使企业的生产管理水平得到全面提升。

精益制造体现为生产计划和控制精益化、质量管理精益化、设备管理精益化和生产绩效考核精益化。精益制造系统各模块可以对信息化提供有效支持，精益制造系统将精益思想体现在生产活动中，减少了库存，提高了产品质量，提高了设备生产能力和利用率，降低了生产成本，将信息化建设的成果转化为精益生产的强劲动力。精益制造系统对精益制造的支持如图 4-24 所示。

目标	精益制造			
分目标	生产计划和控制精益化	质量管理精益化	设备管理精益化	生产绩效考核精益化
信息化支持—精益制造系统	生产指挥系统+数据中心+生产执行系统	生产质量管理系统＋生产执行系统	设备管理系统＋生产执行系统	生产成本管理系统+数据中心
效果	减少库存 提高产品质量 降低生产成本 提高设备生产能力和利用率			

图 4-24　精益制造系统对精益制造的支持

关于精益制造系统，本书将在后续章节中，就生产计划和控制、质量管理、设备管理和生产绩效管理四个方面展开详细介绍。

案例：燕京啤酒集团信息化建设

一、企业基本情况

北京燕京啤酒集团于 1980 年建厂，1993 年组建集团，经过 30 余年快速、健康发展，已经成为全国最大的啤酒集团之一，并进入世界啤酒产销量前 10 名。燕京啤酒集团连续数年被评为全国 500 家最佳经济效益工业企业、中国行业百强企业。

二、"两化" 融合发展历程和总体规划

经历了 10 年的信息化建设，燕京啤酒集团的信息化程度在行业内已处于领先地位，2003 年、2004 年燕京啤酒集团连续被中国信息化评测中心评选为中国企业信息化 500 强企业。燕京啤酒集团也是我国首家采用计算机控制啤酒发酵、啤酒行业首家成功实施生产执行系统的企业。

燕京啤酒集团信息化的总体目标是以需求为导向，打造数字化企业，提高企业核心竞争力。其发展历程分为三个阶段：第一阶段，实现企业内外部管理数字化和最优化，实现产品设计手段与设计过程的数字化和智能化，从而提高企业的产品创新能力；第二阶段，实现制造装备、生产过程控制的数字化、自动化和智能化，从而提高企业生产过程的自动化水平及劳动生产率和产品质量；第三阶段，实现企业内外部资源的集成和有效利用，促进业务流程、组织结构与产品结构的调整，从而提高企业竞争力。

三、"两化" 融合发展情况

1. ERP 系统建设

燕京啤酒集团的 ERP 系统由销售管理系统、采购管理系统、库存管理系统、生产质量管理系统以及若干辅助管理系统组成，分三个层次满足燕京啤酒集团不同角色的应用需要，通过丰富的业务组件应用，提供对燕京啤酒集团所有业务过程的支持。借助这些应用，每个部门可以在整体优化的基础上提高工作效率，通过适当的管理工具，对计划进行控制，对业务进行考核，加强业务管理，为燕京啤酒集团的领导层提供计划、预算、决策工具，构建评价指标体系。

（1）财务管理系统。燕京啤酒集团从 1994 年开始使用用友公司财务管理系统，采用用友公司 U8 标准产品，应用的主要模块有总账、应收账款、应付账款、固定资产、行业报表、合并报表、UFO 报表、成本管理、财务分析等，基本上能与用友公司的产品同步升级。目前已在集团公司的 25 个分公司实施了财务管理系统。

（2）销售管理系统。用友公司为燕京啤酒集团定制开发了一套销售管理系

统，于 2000 年 6 月份正式使用。其主要应用的模块有合同管理、销售计划管理、订单管理、客户关系管理、费用管理、领导查询系统、业绩考核管理、批次管理、产品的新鲜度管理、结算管理、退货管理、库存管理以及包装材料周转管理等。目前，燕京啤酒集团已在集团公司所属的 17 个啤酒生产企业实施了销售管理系统。

（3）采购库存管理系统。用友公司为燕京啤酒集团定制开发了一套采购库存管理系统，于 2003 年 6 月份正式使用。其主要功能有采购计划管理、采购合同管理、订单管理、存货质量管理、采购价格管理、供应商管理、存货管理、存货核算、领导查询等。目前，燕京啤酒集团已在 10 余个子公司实施了库存管理系统。

（4）制造执行系统。中科院软件研究所为燕京啤酒集团定制开发了一套制造执行系统，以满足企业 ERP 系统"日平衡、旬结算"数据要求，并在燕京啤酒集团总部 30 万 t 精品工程试点取得成功。生产执行系统作为一种生产模式，是把制造系统的计划和进度安排、物料移动追踪、物料平衡、质量监控、设备的控制和计算机集成制造接口等用一体化的方式去考量，以最终实现制造执行系统自动化战略。燕京啤酒集团的生产执行系统总体功能以企业应用数据集成为核心，紧紧围绕作业计划调度和统计分析、物料监控及物流优化、质量监控、设备监控等企业的核心业务来实现。生产执行系统实现了制造执行系统与企业资源规划和过程控制的有效集成，全面提升企业现有自动化设备的利用率和制造过程的自动化水平，提高了企业的生产效率；构建工厂数据模型，开发具有知识产权的企业制造执行系统软件平台，加快了信息化带动工业化的进程。

（5）生产管理系统。生产管理系统旨在建立完善可行的生产计划，确保生产出市场最需要的产品，减少成品库存，降低资金占用。以计划为主导的生产体系，严格管理领料及入库等生产必需环节，减少浪费；建立完备的事后跟踪体系，对运行中的生产活动进行实时监控、随时纠错；提供可实时查询的物料消耗数据，跟踪生产各个环节对原料、辅料、能源、包材的消耗情况；通过消耗成本计算体系，提炼生产过程数据，得到实际的成本数据，有效控制了生产过程中的损耗，降低了生产成本。

2. 自控系统建设

（1）糖化车间实现计算机自动控制。糖化设备引进了德国 Huppmann 公司的工艺设计，全套自控系统；CIP 清洗系统采用了 Huppmann 公司的设计和制造工艺。啤酒生产的糖化过程可以分为糊化、糖化、煮沸、过滤、沉淀、冷却和 CIP 清洗等多个环节，需要对温度、压力、流量、液位、浊度、浓度等多个参数进行监视和调节，被控对象较多，控制过程相当复杂。如果采用手动控制方式，不仅需要大量的劳动力，而且控制精度差，工艺指标也得不到保证。因此，燕京啤酒集团总部的糖化过程采用了自动控制模式，控制系统采用微机控制方式，控制的工艺参数达到 100 多个，I/O 输入输出总点数达到 500 多个。系统的硬件施工、软件设计均由德国 Proleit 公司完成，采用了上位机、下位机控制模式。

（2）发酵车间实现计算机自动控制。发酵设备、过滤机引进了瑞士 Filtrox 公司 50t/h 烛式硅藻土过滤机，浊度在线测量，超标自动循环，硅藻土直排室外；管道系统元件、阀门、管板采用了德国凯赛曼公司的产品；麦汁充氧量和酵母添加系统引进了瑞典阿法拉伐公司的产品，全自动控制，能够在线测定接种酵母活细胞数量，实现了酵母活细胞的定量、准确添加，提高了啤酒发酵工艺的稳定性，保证了发酵质量。燕京啤酒集团总部三个发酵车间的温度控制全部采用微机控制系统。

（3）灌装生产系统实现计算机自动控制。灌装设备采用德国克朗斯公司和 KHS 公司的 3.6 万瓶/h 能力的灌装生产线。克朗斯公司的灌装线自控水平达到了世界先进水平，采用了多项最新技术，如激光照排验瓶，灌装采用电子阀二次抽真空、二次 CO_2 备压，输瓶链道无压力输送。纯生啤酒灌装设备为德国 KHS 公司的无菌灌装生产线，灌装采用电子阀控制，配备有工作状态检测和故障诊断系统，工作 2h 自动打开清洗，保证成品酒污染率为零。而从啤酒过滤道灌装出成品，能够保证啤酒溶解氧在 100 个 PPB 以下，达到了很高的控制水平。

（4）酵母扩配系统实现计算机自动控制。引进丹麦 Scandi-Brew 公司的产品，是最先进的罐体扩培系统。它的温度可以自动控制，这一点对酵母的扩培非常重要，而且具备自动充氧控制，充氧均匀，罐体内抛光光洁度极高，全系统均为无死角控制。

（5）纯生啤酒生产系统实现计算机自动控制。引进了德国赛茨申克公司 50t/h 烛式过滤机，浊度在线监测，超标自动循环；灌区管道系统采用阀阵形式，结构由计算机控制，由德国开赛曼公司制造、安装；无菌膜过滤系统为美国 PALL 公司提供，采用了集束式结构，每束可单独开关，系统中个别滤芯发生问题可关闭，生产继续进行；可储存大量数据，并能进行远程通信来解决故障诊断。

3. 能源计量管控系统（EMS）建设

EMS 基本应用主要实现对能源运行底层控制系统和计量表的实时数据采集，在实时/历史数据库中记录能源的运行过程信息，并全面、准确、及时地进行能源数据和指标的计算与分析。EMS 高级系统基本应用精确解析企业能源生产活动，充分挖掘各项生产数据所反映的运行内在本质，将简单而海量的过程数据加工成为有效、准确的管理信息，为高级管理人员提供决策依据。同时，具有可灵活部署的特点，包括调度控制与运行、能耗分析、能源平衡、计量表可靠性管理以及产能系统的设备管理等。

EMS 将会自动存储所有重要的历史生产数据，通过对数据进行挖掘、分析、加工和处理，寻找改善能源平衡的空间，结合当前或未来的能源特点以及公司自身的发展，更加合理地对能源需求计划和能源实际消耗量进行分析，切实有效地防止能源的浪费；加强对公司和能源系统的主要技术经济指标进行分析，为提高能源供需计划精度、评价公司能源利用水平和能源系统调度管理水平、支持公司能源决策提供依据；建立高质量的、可扩展的能源管理和需求预测系统，为企业应对发展挑战、环保挑战，建立数字化管理模式奠定良好基础。

4. 物流追溯系统建设

物流追溯系统为企业打造了透明化的生产管理和销售渠道管理，进而为最终消费者提供放心、安全的产品。

流通是商品的固有属性，而一旦其流通性脱离企业控制，商品就会由流通变成"流窜"，出现窜货现象。窜货可造成市场价格混乱、销售疲软、产品销售渠道受阻、市场无序等严重后果，因此是企业市场管理工作的重中之重。

物流追溯系统的应用可以改变现状，使市场销售可控。例如，燕京啤酒集团总部十三包、十五包产品通过装箱机后到达指定位置时触发传感器，传感器发送一个信号给现场工控机中的现场控制软件进行贴标，控制软件再发送一个信号给喷码机进行喷码。所有的生产数据统一上传到物流追溯系统数据服务器中进行关联，再在发货时用数据采集设备 PDA 直接扫描外箱上的二维码，并指定经销商。仓库管理员将出库扫描的箱码通过网络上传到服务器。客户通过短信查询方式，查询产品号码和合法经销商，从而判断产品的销售渠道是否正常。

查询系统是整个物流追溯系统的核心，其最重要的功能就是实现每一件产品的可追溯性。产品编码为十位随机码，自定义物流码对应关系；最新的短信平台支持全部手机（移动、电信、联通）。

5. 深度分销系统（DRP 系统）建设

公司自 2009 年以来，通过对各销售部门业务的重组与整合，进行了深度分销系统的建设。该软件系统的成功应用，使销售、包装等业务部门的管理水平和管理力度得到了进一步提升。

DRP（Distribution Resource Planning，分销资源计划）系统涵盖了所有销售环节的业务流程，着重加强了销售流程中的费用控制、政策执行追踪、市场销售预期、终端信息管理方面的业务控制。DRP 系统在抓住物流和信息流的同时，在资金流方面更是加强管理和监控。在预算销售费用方面，做到了所有销售费用严格按照计划执行，为各销售部门费用使用情况提供实时、准确的信息。其中，费用预算管理、政策活动审批模块通过 3 年多的使用，已收到了明显的效果。

DRP 系统应用 J2EE 组件技术和 XML 的系统封装技术，实现了多层结构的技术框架，同时结合了 Java Script、HTML 等先进技术；实现了客户层、表示层、逻辑层、集成层和资源层的多层体系结构，实现了基于互联网的 Web 应用，实现了跨地域的异地信息访问和数据共享；实现了与 Word、Excel 等软件的集成以及结构化数据和非结构化数据的转换。

在实际应用中，燕京啤酒集团推行以"计划管理、过程控制、结果考核、管理提升"为核心的绩效飞轮管理体系。这套管理软件实现了燕京啤酒集团管理的核心理念。

（1）计划管理。计划管理帮助燕京啤酒集团合理安排销售费用，有效控制费用，使其严格按年初计划执行。费用合理分配，包括按组织架构地区、各阶段的分配，保证公司业绩、利润平稳，并作为年终或阶段性考核的依据。其中，销售计划也发挥着很大的作用，安排、指导生产，保证生产均衡，保证年度销售任务完成，合理指导销售工作，保证和确定销售工作的重点，并且作为绩效考核的依据。

（2）过程控制。过程控制包括费用控制过程和销售计划的过程控制，保证按费用计划严格执行，根据销售情况进行调整，保证经费用到最需要的地方，保证执行过程的公正性、可控性，同时调动经销商的积极性。DRP 严格依据费用的申请（活动申请）——审批——执行——报账——业绩考核的流程进行费用控制。销售计划的过程控制用于督促销售计划的完成，一方面是销售量的完成，另一方面是利润的保证。如果只凭销售量考核，会导致低端产品销量大、高端产品销量少，影响公司利润指标的完成。这就要求各级部门的领导在年初做销售计划时，保证计划的准确性。

（3）结果考核。通过对以上各种分解方法的分类统计，通过计划值与实际发生值，也就是销量与费用执行情况的对比分析、综合盈利的分析，对员工的业绩、各级部门的业绩进行考评，逐渐推行绩效管理，并通过下一年度的计划调整，形成一个良性的循环。这就是燕京啤酒集团推行的绩效飞轮。

（4）管理提升。通过系统的综合分析与决策支持功能，对计划的准确性、过程控制、考核方法等进行改进，管理水平由此得到提升。

四、系统的精益性分析及取得的效果

信息管理系统的实施，使企业能够准确掌握生产状况，提高交货准确度，实现产销配合；准确掌握生产状况及不合格产品的追踪，降低生产成本；对产品生产、销售数据进行管理，方便进行品质追踪，提高产品服务质量；有效避免不良操作，提高生产效率；有效利用生产设备，充分利用产能；能正确、快速制定生产决策，提升企业竞争力。

（1）保证产品新鲜度，缩短产品库存时间 0.5 天，年节约成本 600 万元。

（2）减少物流损失，降低酒损率 0.02%，降低综合能耗，年节约成本 300 万元。

（3）保障产品质量，降低质量成本，提高客户满意度。

（4）优化物流，提高满罐率 3% 以上，提高产量和设备利用率。

（5）生产计划与调度集成，提高计划准确性，实现动态计划管理，计划兑现率提高 5% 以上。

（6）建立了以财务管理为中心的企业管理新机制，加强了公司对生产管理过程中资金使用及生产成本的监管力度。

（7）建立了销售费用控制体系和客户信用管理机制，回款率有较大提高。

（8）生产部门间实现了资金流、物流、信息流的一体化管理，实现了生产计划的科学化、规范化管理，计划靠数据，调研论证有依据，减少了计划的简单化、盲目化和失误。

（9）准确控制物料采购、有效控制库存、降低运行和储存成本、提高业绩考核准确度，备件类物资减少库存资金占用 30%。

（10）销售部门可对市场上的产品进行实时监控，各个区域的销售情况清晰明了，数据无滞后，可及时调整市场策略；打击了窜货市场，使经销商、消费者对燕京啤酒集团产品的信赖度大大提高；短信查询率在 90% 以上。

（11）通过条码实现了货物跟踪与管理控制，实现了促销与资信的统一管理，订单的处理效率提高，客户响应时间缩短。

（12）能源管控系统提供了准确、有效的能源消耗数据，为节能工作做出了巨大贡献。运行以来，同比节约原煤 11982.96t，节约用电 3240000kW·h，节约用水 159915t，以上三项共节约资金 1131 万元。

（13）燕京啤酒集团通过技术改造工程、节能降耗工程、企业信息化建设，销售费用得到了良好的控制，资金周转率提高了 5%，物流、资金流、信息流集成率达到 95%。

（资料来源：节选自工信部"两化"融合案例《企业典型案例五：燕京啤酒集团》。）

第 5 章

基于信息化的精益生产计划和控制

5.1 精益生产计划和控制的理论基础

生产计划和控制是对企业生产系统设置和运行进行的各项管理工作的总称。其内容包括生产组织工作、生产计划工作和生产控制工作。生产计划和控制的任务主要是通过生产组织工作，按照企业目标的要求，设置技术上可行、经济上合算、物质技术条件和环境条件允许的生产系统；通过生产计划工作，制订生产系统的优化运行方案；通过生产控制工作，及时、有效地调节企业生产过程内外的各种关系，使生产系统的运行符合生产计划的要求，实现预期生产的品种、质量、产量、出产期限和生产成本目标。生产计划和控制的目的就在于投入少、产出多，取得最佳经济效益。

5.1.1 传统生产计划和控制的局限性

20 世纪 20 年代开始出现了"第一次生产方式革命"，即单一品种（少品种）大批量生产方式替代手工制造单件生产方式；随后是多品种、小批量生产方式，即"第二次生产方式革命"。传统的生产计划和控制模式是与单一品种（少品种）大批量生产方式相适应的，以产品为中心组织生产，以生产调度为中心控制整个生产过程，使社会经济处于投入多、产出少、消耗高、效益低的粗放型发展状态，形成生产单一产品的"大而全""小而全"的工业生产体系，这种生产计划和控制模式存在着许多弊端。

1. 企业生产缺乏柔性，对市场反应能力差

所谓"柔性"，就是加工制造的灵活性、可变性和可调节性。现代企业的生产组织必须适应市场需求多变的特点，要求能在短时间内，以最少的资源消耗，从一种产品的生产转换为另一种产品的生产。但传统生产管理模式是以产品为单位编制生产计划的。调整产品对整个计划的执行影响很大，再加上企业生产的信息反馈比较慢，下月初才有上月末的生产统计资料，无法实现动态调整，生产严

重滞后，导致生产系统调节速度慢。

2. 企业的"多动力源的推动方式"，使库存量增加

所谓"多动力源的推进方式"，是指各个零部件在生产阶段，各自都以自己的生产能力、生产速度生产，而后推到下一个阶段，由此逐级下推形成"串联"，平行下推形成"并联"，直到最后的总装配，构成了多级驱动的推动方式。由于生产是"多动力源"的多级驱动，加上没有严格、有效的计划控制和全厂的同步化均衡生产的协调，各生产阶段的产量必然会形成"长线"和"短线"。长线零部件流通不畅而进入库存，增加库存量；而短线零部件影响配套装配，形成短缺件。然后，当"长线"越长，"短线"越短时，各种库存不但不能起到协调生产、保证生产连续性的作用，反而适得其反，造成在制品积压、流动资金周转慢、生产周期长，给产品的质量管理、成本管理、劳动生产率，以及对市场的反应能力等方面带来极其不利的影响。

3. 单一产品的"大而全""小而全"的生产结构

现代化大生产的特点是充分利用发达的社会分工和协作，组成专业化和多样化相结合的整机厂和专业化的零部件厂。然而，随着时代的变迁、科学技术的不断进步和人们生活条件的不断改善，消费者的价值取向发生了变化，消费需求逐渐多样化，从而使产品的生命周期相应缩短。为适应市场环境的变化，多品种、中小批量的混合生产方式成为企业生产方式的主流。而传统的"大而全""小而全"的单一产品生产方式，只是片面追求规模经济效益，而不能满足现代市场多样化的需求。仅依靠提高生产批量降低生产成本，也非常不利于企业分散风险、提高效益。

4. 企业生产计划与作业计划脱节，计划控制力弱

传统生产管理模式在生产计划的编制过程中，是以产品为单位进行的，但各生产阶段内部的"物流"和"信息流"却是以零件为单位的，因此，作为厂一级的生产计划只能以产品为单位下达到各生产阶段，即生产车间，而不能下达到生产车间内部。生产车间内部则根据厂级生产计划，以零件为单位自行编制本车间的生产作业计划。由于各生产车间的生产工艺、生产对象和生产作业计划的独立性，导致各生产车间的产量进度不尽相同。而厂级计划是以产品为单位编制的，对各车间以零件为单位的生产作业计划不能起到控制作用。

5. 依赖经验管理

在过去，企业主要依靠计划人员的经验来管理生产。计划人员的经验具有强烈的行业特征，符合企业的实际情况。同时，计划人员又要应对各类复杂问题，容易忽略对生产现场的监控。但由于现实世界的复杂性，计划人员无法考虑到所有可能的因素，通常只能采取折中方案；而且做出的决策容易受人员情绪等因素

的影响，不可避免地出现人为误差或波动，再加上沟通障碍，必然造成生产管理效率低下的结果。

5.1.2　精益生产计划和控制的相关理论

精益生产计划和控制是依靠客户需求拉动，以消除浪费和不断改善为核心，使企业以最少的投入获取运作效益显著改善的一种全新的生产计划和控制模式。它的特点是强调客户对时间和价值的要求，以科学、合理的制造体系为客户带来增值，缩短生产周期，从而显著提高企业适应市场需求变化的能力。精益生产计划和控制的相关理论有以下几个方面：

1. 计划的协调

在生产管理的过程中，生产计划人员要及时做好销售计划、生产计划、出货计划的协调工作。由于流程型生产的连续性较强，任何一条生产线的停工都可能造成库存的波动，因此，避免机组长时间停机也是消除无效库存的需要。生产计划人员要与设备管理、生产操作人员多沟通，及时了解生产现场设备情况。计划停机要以保证物流顺畅、保证后续机组生产正常为前提；非计划停机要及时平衡物流。尽量安排可以避开故障机组的产品先生产，将停机造成的产能损失降到最低。另外，要做好各种停机及事故预案，组织各部门的相关人员反复演练，以便在突发情况下能够快速联系相关人员及时处理问题。

2. 合理的库存量

精益生产是一种追求无库存生产，或使库存达到极小的生产系统。但激烈的市场竞争使企业的订单呈现出多种少量、交货期紧迫的特点。如果以低库存状态运行，很容易因为缺乏科学管理而导致物料短缺或者大量积压，出现停工待料、加班加点、交货期延误等生产混乱的情况。但若以高位库存运行，就与精益生产的理念相悖，而且会造成产品等待加工的浪费，在制品库存时间的增加势必导致产品制造周期变长。做到既能合理运用库存又能满足生产对物料的需求，是生产计划和控制的重中之重。

在具体的生产管理实践中，计划编制的目的就是合理安排生产，保持物流顺畅。在各个生产线缓冲区内建立有利于生产组织的库存结构和库存量，所有的库存都应该是有效的、必需的。无效库存在生产中将造成在制品的占用及仓储费用的增加，且在生产组织中造成的直接后果就是倒垛频繁、无效劳动增加。精益生产的目标就是消除一切不产生价值的作业。为此，在计划编制的实践中，应该按照合同交货期的远近、后续机组的产能等情况，在每个生产环节合理安排计划，严格按照下游工序的要求编制生产计划并组织生产，实现产品"无多余库存"

甚至"零库存",最大限度地提高生产过程的有效性。

3. 合理的库存结构

精益生产理论主张的是及时生产。一方面，这样可以将库存量降到最低，以期减少浪费；另一方面，在制品在生产过程中的任何环节要准确（适量）、无误（及时）地提供给下游工序，这样可以有效杜绝制造过程中的责任推诿，加强生产计划对现场生产的有效控制，确保合同按期交货。

根据企业的生产运行情况，在各个缓冲库保持合理的库存，可以有效实现上述管理目标。精益生产理论的看板生产方式是保证合理库存结构的技术手段。从某种意义上来说，实现了看板生产方式，也就保证了合理的库存结构和库存量，从而体现了精益生产的理论精髓。这对于提高企业生产管理水平的作用是不言而喻的。这种以物料需求为中心的拉式生产正是精益生产理论所倡导的。在计划编制中，必须遵循这种以物料需求为中心的生产管理方式，把按时、按量供应作为计划编制的目标。

在安排生产时先确定重点，对瓶颈环节重点考虑，确保其满负荷工作。对于需要成批生产的产品，要克服各种困难，保证其原料供应。在产品制造过程中，要坚持以物流需求为中心的信息反馈体制，保证信息流与实际物流的完全一致。及时跟踪订单生产状况，一旦发生废品，要根据下游工序的生产时间要求及时安排补货。确保库存结构合理，以有利于下游工序的生产组织并按期交货。

4. 快速反应，及时改进

为了快速应对产品生产过程中的各种变化，精益生产方式开发了单元生产、固定生产、变动生产等生产布局及生产计划方法。传统的生产技术设定的目标是有限的。例如，在传统的生产方式下，管理者接受有少量缺陷的产品，也接受安全库存量（即最低库存）。而精益生产方式则着眼于完美，目标是无不合格品，没有无效库存，排除一切不产生价值的工作（作业）。通过提高产品质量、消除无效库存、注重团队合作和沟通、扩展员工的技术范围、培养员工的改善技能，使他们不断自我提高，从而实现"零"浪费的目标。在追求精益生产的过程中，精益生产方式不断完善其生产体系，允许员工迎接更富有挑战性的工作，允许他们更加迅速地对各类突发情况做出反应。计划编制正是以这样一种方式，用实时、动态的计划去应对形形色色的变化，体现有效的生产管理。

5.1.3 信息化技术在精益生产计划和控制中的应用

随着信息化技术的发展及管理水平的不断提升，信息化成为制造业企业生产计划和控制的重要手段。通过信息化技术，可以及时了解生产系统运行的状态，掌握生产进度、质量及生产工人的工作绩效；对生产过程进行监视、控制和诊断、模拟和优化；并进行物料平衡、生产计划、调度等操作管理，不仅提升制造业企业的生产管理水平，而且还可以优化企业的核心业务流程。

1. 精益制造平台

精益制造平台生产指挥管理系统全面支撑企业的生产计划和控制工作。其内容包括生产计划管理、生产过程控制和生产统计分析。

生产计划管理包括生产计划和生产作业计划。其内容包括供产销研各业务的协同，各生产车间的年/月生产计划、设备的月/周/日进度计划的编制和管理，生产调度管理。

生产过程控制包括生产实时监控和视频监控。其内容包括收集各生产车间生产过程的实时信息，监视生产设备、动力设备、现场视频等生产信息及现场情况。

生产统计分析包括生产进度统计分析和物料消耗统计分析。其内容包括生产进度和完工情况，原料消耗管理、辅料消耗管理、能源消耗管理和设备维修费用管理等，把生产成本核算到设备，实现成本的精细化、科学化管理，为提高生产效率、控制生产成本提供决策支持。

2. 信息化技术对精益生产计划和控制的支持

如前所述，精益生产计划和控制的目标包括消除浪费、最有效地满足客户需求、消除停滞、消除过早过量生产、增值活动按需求连续流动和持续改善等。而精益生产计划与控制系统的三个模块可以有效地对这六个目标提供支持。企业运用生产管理平台，导入"准时化生产"理念，变推式为拉式生产方式，实现生产环节的设备、人员、物流、信息等要素的科学配置，确保按要求完成企业生产计划，最终实现企业从传统生产模式向现代精益生产模式转变，如图 5-1 所示。

目标	精益生产计划和控制					
分目标	消除浪费	最有效地满足客户需求	消除停滞	消除过早过量生产	增值活动按需求连续流动	持续改善
信息化支持	消耗统计分析	生产计划管理	生产实时监控+视频监控	生产进度统计分析+生产作业计划管理	生产计划管理	消耗统计分析
效果	拉式生产方式 生产环节的设备、人员、物流、信息等要素科学配置 按要求完成企业生产计划					

图 5-1　信息化技术对精益生产计划和控制的支持

5.2 精益生产计划管理

生产计划管理是指以产品的基本生产过程为对象所进行的管理，是企业对生产活动的计划、组织和控制工作。它包括生产过程组织、生产能力核定、生产计划与生产作业计划的制订以及生产调度工作。

精益生产计划管理体系，以订单组织生产，以稳定质量、提高效率、杜绝浪费为基本原则，对生产过程中的人、机、料、法、环等要素进行有效控制，实现高效、精益和柔性的生产组织与管理。其主要功能包括生产计划管理和生产作业计划管理。

5.2.1 生产计划管理

生产计划是关于企业生产运作系统的总体计划，是企业在计划期应达到的产品品种、质量、产量和产值等生产任务的计划和对产品生产进度的安排。

精益生产要求需求拉动生产，而需求拉动就是按客户的需求投入和产出，使客户能精确地在需要的时间得到需要的产品。随着社会经济的发展，多样化、个性化的市场格局已经形成，企业面临着市场导向的严峻挑战。企业在计划编制、生产组织方面，应建立"市场需求——生产计划——生产组织"快速响应机制，紧跟市场需求变化，优化产销衔接流程，做到产前协调到位、生产安排到位、进度控制到位，合理调整作业节奏，消除多余库存，从而适应订单式生产的需要，全面提升企业生产制造能力。

1. 产销存平衡管理

产销存平衡主要依据市场需求情况，包括营销中心的需求计划、试制产品生产计划等，结合成品库存、库存计划等因素计算出次月净需求量，再参考年度生产计划、安全库存量、经济批量等进行产销存平衡，最终得出每个月的生产订单，如图5-2所示。

这种按照"订单生产"的运营模式，能够快速响应市场变化，提高生产的柔性化水平。根据动态的产销存平衡计算，能够减少库存、实现利润最大化、提高生产效益。

2. 生产排产管理

现代企业生产规模大，加工点多，产品规格复杂，市场需求变化频繁，原料、材料供应、产销矛盾等问题突出。在实施信息化之前，企业对各生产厂的机台排产不能实时监控，难以准确预估剩余生产能力。由于生产工艺复杂，各生产

图 5-2 每个月的生产订单

单元之间的相互制约关系复杂，生产状况多变，各生产车间只能依靠生产调度人员的经验进行排产，生产资源是否有效利用无法实时反映，不能做出快速调整，不能有效协同生产单元，无法保证集时、集约生产。

针对这种情况，精益制造平台采取了两步生产排产模式：

（1）总量生产计划分配。把产销存平衡后确定的企业成品生产订单（月度生产计划），按各生产车间的产能、设备运行计划、设备品种关系、经济批量/生产批量等因素进行总量分解，形成生产品种的总量分配表。

（2）企业模拟排产。主要有两方面功能：一是确保企业下达到各生产车间的周/日进度计划科学、合理；二是通过模拟排产，准确掌握各车间生产情况，减少企业计划与车间实际执行计划的差异，使企业能够科学、合理地调配整个企业的资源，做到集中生产、准时生产、实时生产，实现资源集约化管理，最大限度地提高生产效率和劳动生产率。

该排产模式是一种管理创新：一是由企业统一调配资源，最大限度地实现资源集约化管理；二是及时响应营销滚动需求计划，做到及时、准确、科学地安排生产。该排产模式的过程如下：

（1）各车间年进度汇总。根据产能以及生产进度，合理安排生产任务，保证每个车间在计划期内均衡生产，防止超负荷或能力限制的情况出现，如图 5-3 所示。

（2）分车间按月汇总。将每个车间的月计划分解到产品品种和上中下旬，保证月计划的精度和月内的均衡生产，如图 5-4 所示。

（3）分车间共享牌号分配。当某个品种生产任务较紧时，可以根据共享牌号，在不同生产车间之间合理分配生产任务，体现了计划的严谨性和灵活性，如图 5-5 所示。

生产 统计汇总

	生产车间	年计划量	累计生产量	月计划量	年进度	在制品	计划量	剩余产能	计划量	剩余产能
1	1车间	1240000	0	286209	23.08%	0	137505	-137504	137805	-137804
2	2车间	600000	0	141600	23.6%	0	70400	-70400	70800	-70800
3	3车间	440000	0	10820	2.46%		5410	-5410	0	0
4		310000	0	36400	11.74%	0	18200	-18200	0	0
5		220000	0	23971	10.9%	0	11985	-11984	1600	-1600
6		300000	0	33000	11%	0	16500	-16500	1000	-1000
7		260000	0	22000	8.46%	0	10109	-10108		

图5-3 各车间年进度汇总

生产计划编制

Σ 刷新汇总

	牌号	成品计划量	在制品量	上旬	中旬	下旬	标注	备注
491	小计	5410	0	2150	3260	0		
	⊟ 1车间							
51	A产品	1300	0	220	510	570		
52	B产品	240.2	0	0	240.2	0		
53	C产品	1700	0	1420	280	0		
54	D产品	67159.8	0	20282	21579	25298.8	共享牌号	
55	E产品	400	0	400		0	共享牌号	
551	小计	70800	0	22322	22609.20	25868.80		
	⊟ 2车间							
57	A产品	0	0	0	0	0	共享牌号	
58	B产品	10000	0	3000	7000	0	共享牌号	
59	C产品	0	0	0	0	0	共享牌号	
	合计	277000	0	95902	95066	85942		

图5-4 分车间按月汇总

共享牌号

	牌号（规格）	总计划量	已排计划	剩余计划
1	✛ A产品	46004.6	46004.6	0
2	✛ B产品	10000	10000	0
3	✛ C产品	0	0	0
4	✛ D产品	67159.8	67159.8	0
5	✛ E产品	71170	71170	0
6	⊟ F产品	41845.4	41845.4	0

	车间	合计	上旬	中旬	下旬
1	1	3000	1200	1800	0
2	2	0	0	0	0
3	3	15500	7950	7550	0
4	4	9885.4	3620	3620	2645.4
5	5	5260	2000	3260	0
6	6	8200	7000	1200	0

图5-5 分车间共享牌号分配

（4）正式计划编制完成。根据上述几个步骤，最终完成每月的生产计划，如图 5-6 所示。

		货号（规格）		价类	加工方式	生产计划量	成品量	在制品	上周	中周	下周
33	1车间	A		1	A	500	0	0	0	0	500
34	1车间	B		2	C	700	0	0	0	0	700
35	1车间	C		1	D	100	0	0	0	0	100
36	1车间	D		3	A	63300	0	0	0	0	63300
37	1车间	E		2	B		0	0	0	0	
371	1车间		小计			64600	0	0	0	0	64600
39						23550					23550
40											
41						100	0	0			100
			合计			229300	0	0	0		229300

图 5-6　月生产计划

最终生产计划编制完成后，下发到各生产车间，各车间根据生产计划，编制生产进度计划，满足市场和生产的要求。

精益制造平台建立了一个具有前瞻性的、动态的生产计划管理体系，从而加强了生产计划的调控能力和对需求变化的快速反应能力，协调了生产部门和其他部门的生产组织工作，保证了生产正常连续的进行和产品质量的稳定。该平台有效地解决了临时计划过多、生产忙闲不均等诸多问题，从而有效地控制库存和采购活动，使物料和成品的库存数量合理，既能保证对生产的供应，又能减少资金的占用，最大限度地创造效益。

精益生产强调"在需要的时候，按需要的量，生产所需的产品"。生产部门通过销售系统，能够及时、准确地了解客户需求，并据此进行产品结构和数量调整。通过精益制造系统的信息流，企业可以快速反应，通过合理地配置企业制造资源，充分、合理地运用生产能力，消除诸如设施设备闲置、人员冗余、操作延迟和资源等浪费，保证以需定产，达到精益生产的效果。

5.2.2　生产作业计划管理

生产作业计划是企业生产计划的具体执行计划。它把企业的年度、季度、月度生产计划具体分解为各个车间、工段、班组、每个工作地和个人的以月、周、班甚至小时为时间单位的计划。它是组织日常生产活动、建立正常生产秩序的重要手段。生产作业计划的作用是通过一系列的计划安排和生产调度工作，充分利用企业的人力、物力，保证企业的每个生产环节在品种、数量和时间上相互协调和衔接，组织有节奏的均衡生产，取得良好的经济效果。

　　各车间以生产执行系统为核心的生产组织信息平台接收公司的生产计划、产品技术要求等信息，将生产计划进一步分解到每个班组，并产生包含生产工序、动力能源供应、原辅配送等信息的工单。工单与生产标准绑定后直接下达到生产车间的每个班组，进而完成生产计划接收——生产计划分解——工单生成——工单下达——工单反馈等生产全过程的信息化管理，突出了排产调度的核心职能，实现了操作层、业务层和管理层的数据链接，达到精益生产的要求。

1. 生产作业计划编制

　　车间根据拉式生产方法，当生产需求出现时，依次先后安排各工序的生产进度计划。

　　车间生产进度计划是在生产计划确定的周/日生产计划量的基础上，根据各设备的状态确定各个生产设备的生产时间和任务。计划指定每个设备生产何种产品，以及开始时间和结束时间，如图5-7所示。

年 月份生产计划进度分解表

部门：生产管理部　　　　　　　　　　　　　　编号：JL/GYGS LH(SC)015

日期	日计划	累计计划产量	车　　间				
			A	B	C	D	E
本月	0	0	0组	5-3组	1组	2-5组	0组
4月30日	0	0					
5月1日	0	0					
5月2日	0	0					
5月3日	0	0					
周日	200	200		200			
5月5日	870	1070		870			
5月6日	850	1920		820	30		
5月7日	920	2840		820	100		
5月8日	920	3760		820	100		
5月9日	940	4700		820	120		
5月10日	940	5640		820	120		
上旬预安排			0	5170	470	0	0
周日	700	6340		600	100		
5月12日	1000	7340		870	130		
5月13日	970	8310		820	150		
5月14日	970	9280		820	150		

图5-7　车间生产进度计划

　　每个工序的生产进度计划是根据后续工序的生产进度计划倒推而来的。结合下游工序计划进度，依据各产品各工段标准生产用时，从最后一道工序开始倒推，依次生成各工艺阶段的进度计划（包括生产开始时间与结束时间），保证前后加工工艺过程紧密衔接。计划中指定任务的具体加工单元，如图5-8所示。

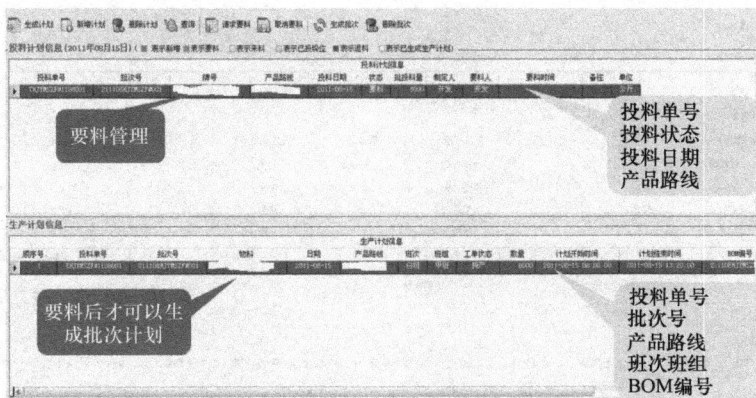

图 5-8　车间投料计划

2. 工单下达

根据生产进度计划，生产管理系统根据量化的排产约束条件，按照精益生产要求，向最基本生产单元和生产辅助单元下发工单，要求这些生产单元必须按工单协调有序执行，并利用系统的监控功能，对这些单元的执行情况和效果进行全过程跟踪、监控和评价。各班组仅需根据各自的生产状况执行生产指令，从而形成管理重计划，车间重生产，职责分工明确，各司其职、各尽其力的局面。企业生产资源配置合理、管理协调统一，各项工作得以执行到位，如图 5-9 和图 5-10 所示。

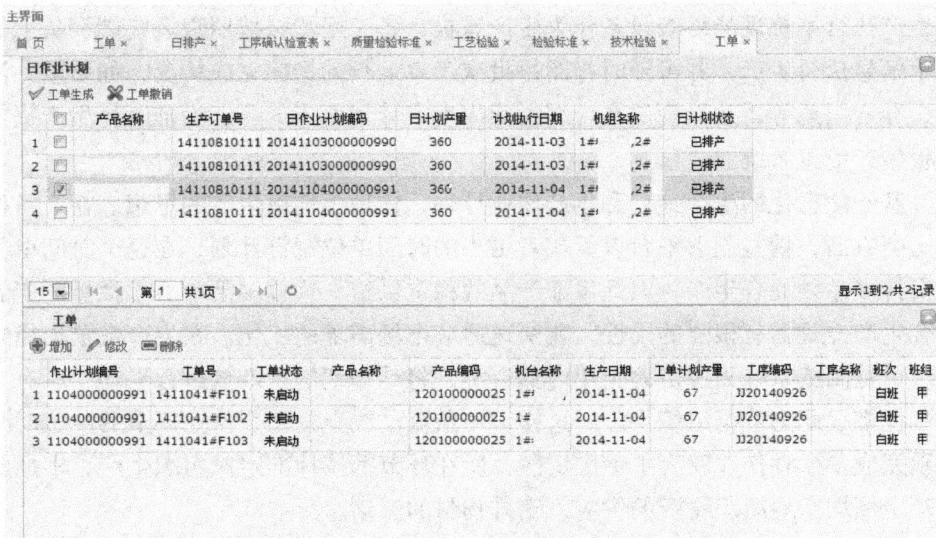

图 5-9　工单

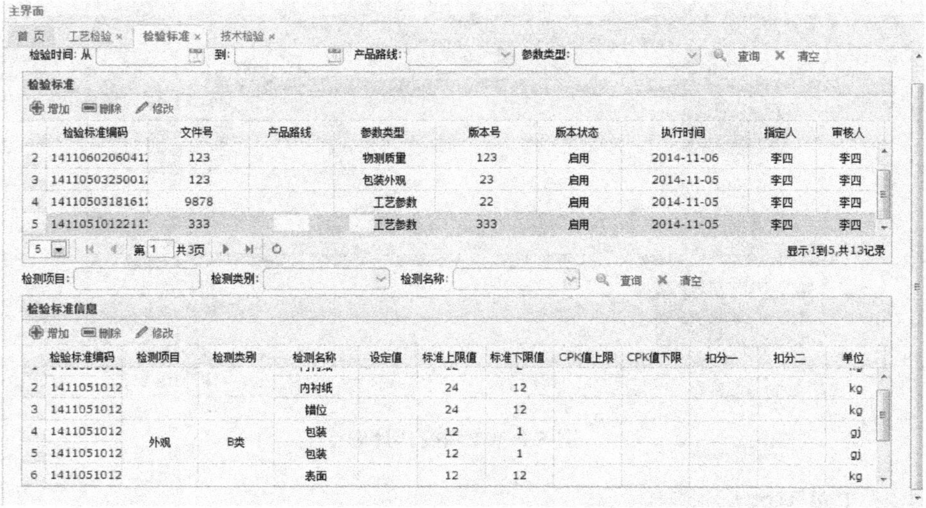

图 5-10　生产标准

根据生产作业计划生成各生产工段的工单，并绑定生产标准下发到生产中控室，由中控系统分发到各工段的现场操作终端。各工段操作人员可以实时查询其工单任务，并将生产情况及时反馈。

在生产工单启动时，生产管理系统根据相应规程，同步给工艺检查人员下达当前工艺检查任务，给质量检验人员下达质量检验任务。在工单执行过程中，借助生产执行系统现场终端设备作为生产看板，各工序严格按照现场终端设备上的工单信息执行生产，并可随时查阅每批次工单运行的指标完成情况，如质量、消耗、异常信息等，从而确保在计划时间内生产计划所需产品，为准时化生产提供看板生产信息系统。

基于信息化的生产计划和生产作业计划，体现了均衡生产的思想。在产品种类均衡方面，精益制造平台以天或者更小的时间单位制订计划，在这个时间单位内安排多品种混合生产，以此保证产品的稳定供给。这种多品种、小批量的产品组合生产方式具有很强的柔性，能快速适应市场需求的变化。在生产数量均衡方面，精益制造系统通过协调企业内部资源，将计划期的生产量进行平均，所有生产流程都以此为依据组织生产。这样，一条流水线上的每个作业环节的单位时间必须完成多少种作业就有了标准定额，所在环节都按标准定额组织生产，根据此生产定额均衡地组织物资的供应，安排物料的流动。

通过产品种类均衡和生产数量均衡，精益制造系统实现了"适时适量"生产，可以及时地交付给客户所需要的产品种类和数量，从而满足市场需求。

5.3　精益生产过程控制

生产过程控制是为确保生产过程处于受控状态，对直接或间接影响生产效率和产品质量的生产、安装和服务过程所采取的作业技术和生产过程的分析、诊断和监控，使其按计划和定额运行，以便控制产品质量和生产成本，保证企业生产的各个环节都在管理者的掌控中进行。

精益制造平台的生产过程控制系统以实时数据采集为基础，通过对生产过程中实时产生的各种关键数据进行动态监控，从而实时掌握生产的动态情况，并结合生产计划与设备、工艺质量、物料、能源等信息，为生产管理部门提供实时信息查询；通过设置报警条件对异常情况进行报警提示，以便及早控制与处理生产过程中的异常事件。

5.3.1　生产实时监控

精益制造平台生产实时监控系统能够实现底层生产过程实时信息的采集，通过信息集成形成优化控制、优化调度和优化决策等判断或指令，实现企业生产过程的安全、稳定、均衡、优质、高产、低耗的目标。企业内部物流的控制与管理、生产过程成本的控制与管理等生产管理活动都在实时数据平台上完成，使生产过程数据和企业管理数据在实时数据平台中融会贯通。

通过设备实时监视系统，能够实时监控每个车间全部生产线上全部生产设备的运行情况，如图 5-11 所示。

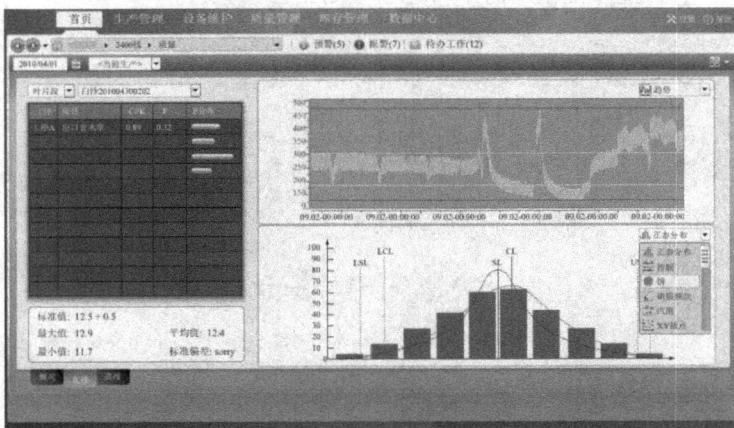

图 5-11　某工序工艺参数的实时变动趋势

此外，该系统还可以实现设备关键参数监控，通过采集实时数据，显示生产线的关键设备、工艺、质量参数等信息。

图 5-12 为某设备实时数据分析，采用趋势对比图进行展示，使得企业能够随时掌握生产情况，做出正确决策。

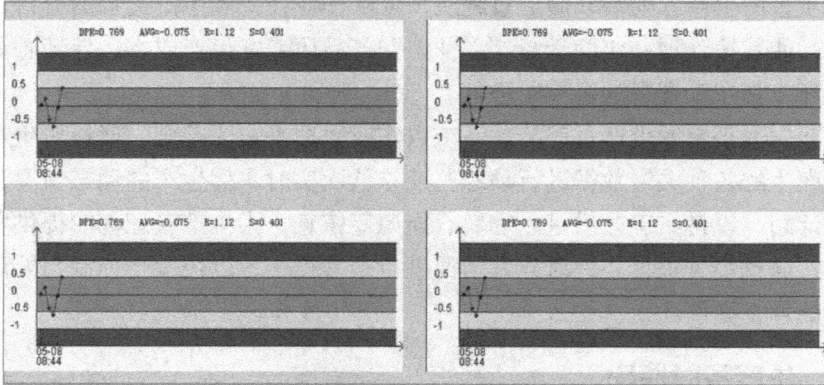

图 5-12　某设备实时数据分析

通过现场设备实时监视，能够实时监控每个车间的设备运行情况。该系统可以进行设备状态监视、设备关键参数控制和生产实时数据分析。

（1）设备状态监视。采用不同颜色区分生产设备运行状态，区分关机、正常运行、故障停机、非故障停机、维修等各类状态，如图 5-13 所示。

图 5-13　设备状态监视

（2）设备关键参数监控。采集实时数据，显示设备的工艺参数、消耗、单耗、质量、设备效率数据，如图 5-14 所示。

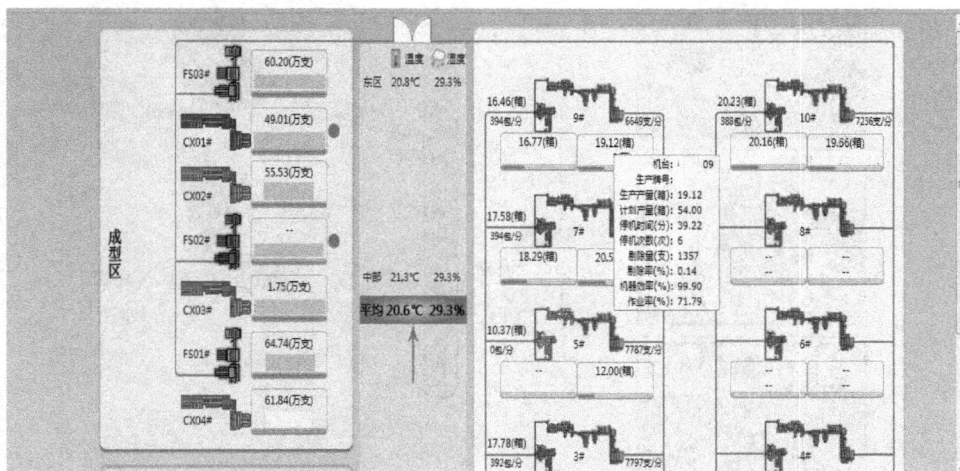

图 5-14　设备关键参数监控

（3）生产实时数据分析。显示设备运转和产品质量变动情况，如图 5-15 所示。

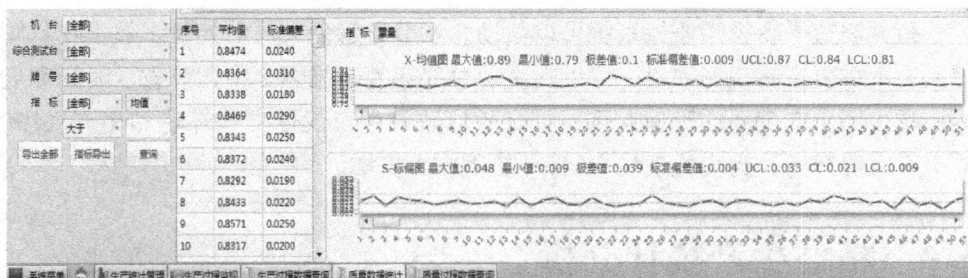

图 5-15　生产实时数据分析

5.3.2　视频监控

精益制造平台视频监控系统通过架设在生产现场的摄像机，将现场的视频集中传送到监控室。管理人员不用亲临现场，在监控室中或通过上网就能同时对多处生产现场进行实时监督和管理，大幅度提高了监控效率。通过视频监控能及时发现生产过程中存在的问题和隐患，并及时纠正，从而降低重大生产事故发生的可能性。

视频监控系统可以同时对多个车间进行总体浏览，也可以显示每个区域的视频信息，包括生产车间、物流仓储等现场视频，如图 5-16 所示。

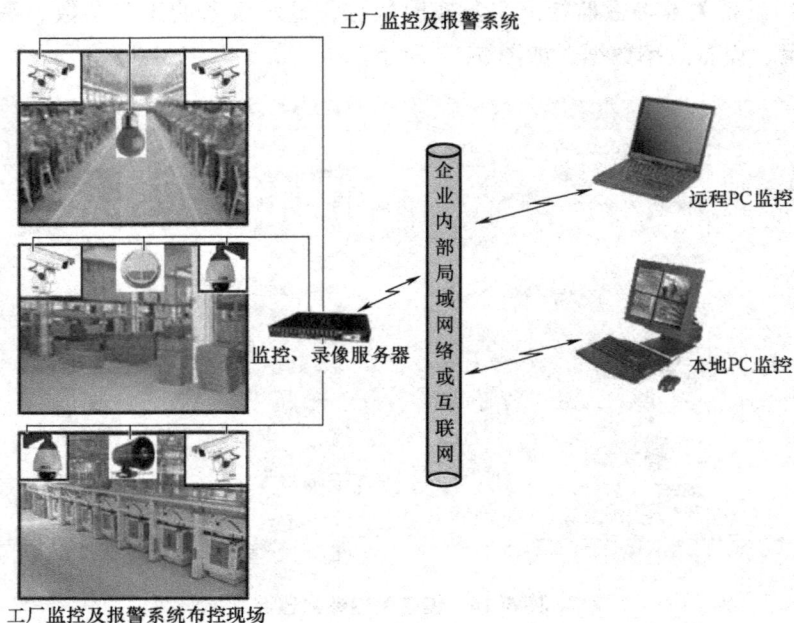

图 5-16　视频监视系统

　　精益制造平台视频监控系统可以帮助企业节省管理人员的大量无效工作。管理人员不需要亲临现场视察，可以在企业总部运筹于帷幄之中，节省了时间和成本；减少了生产现场的管理人员；更有效地监督生产现场工作环境和生产秩序，减少不文明行为，为实施现场 6S 管理提供有力支撑。

5.4　精益生产统计分析

　　生产统计是对生产过程各阶段原材料投入、流转、产品产出以及作业完工情况等生产活动的动态数据进行收集、整理、汇总和分析。生产统计能够促进企业提高生产经营效率，帮助企业的员工和管理人员更准确、更及时地掌握企业的第一手资料，从而更快、更好地提供有价值的信息，有利于管理层做出正确、科学的决策。

　　精益制造平台生产统计分析功能针对各生产车间的生产数据，范围涉及生产进度统计、消耗统计、质量统计、设备统计等业务。企业及时、准确地对生产状况进行数据统计与数据分析，为生产管理的统一协调提供及时、可靠的依据，使得企业能尽快发现问题、分析问题并解决问题。这里主要介绍生产统计和消耗统计分析，关于设备统计和质量统计分析，将在后续章节中详细介绍。

5.4.1　生产进度统计分析

企业通过精益制造平台对车间生产进度情况进行监控，了解车间月、周生产计划完成情况。车间可以采集实时数据，了解生产作业计划的完成进度。

通过图 5-17 可以看出在统计期间各产品的计划产量、完成情况和进度状况。

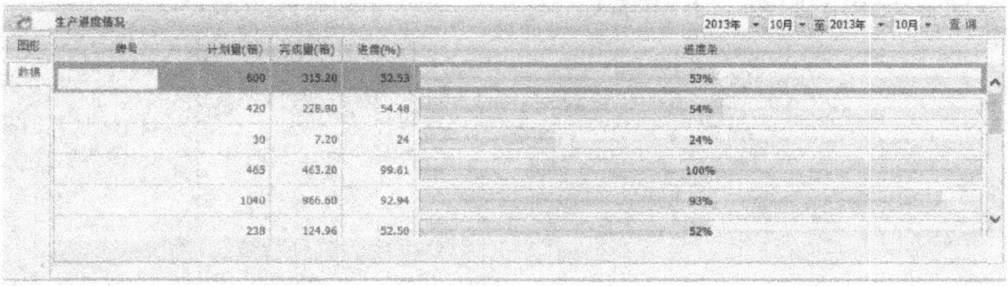

牌号	计划量(箱)	完成量(箱)	进度(%)	进度条
	600	315.20	52.53	53%
	420	228.80	54.48	54%
	30	7.20	24	24%
	465	463.20	99.61	100%
	1040	966.60	92.94	93%
	238	124.96	52.50	52%

图 5-17　生产计划的完成进度

通过图 5-18 可以看出每个班组的工单完成情况，并可以查询设备运转和物料消耗情况。

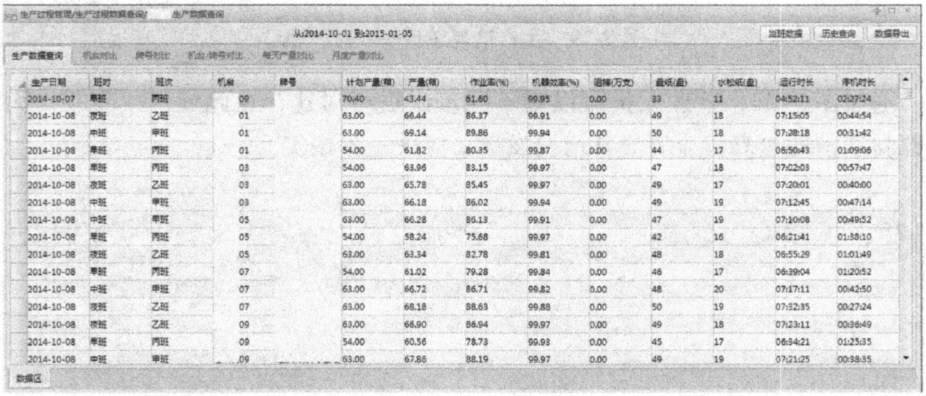

生产日期	班时	班次	机台	牌号	计划产量(箱)	产量(箱)	作业率(%)	机器效率(%)	咀棒(万支)	盘纸(盘)	水松纸(盘)	运行时长	停机时长
2014-10-07	早班	丙班	09		70.40	43.44	61.60	99.95	0.00	33	11	04:52:11	02:27:24
2014-10-08	夜班	乙班	01		63.00	66.44	86.37	99.91	0.00	49	18	07:15:05	00:44:54
2014-10-08	中班	甲班	01		63.00	69.14	89.86	99.94	0.00	50	18	07:28:18	00:31:42
2014-10-08	早班	丙班	01		54.00	61.82	80.35	99.87	0.00	44	17	06:50:43	01:09:06
2014-10-08	早班	丙班	03		54.00	63.96	83.15	99.97	0.00	47	18	07:02:03	00:57:47
2014-10-08	夜班	乙班	03		63.00	65.78	85.45	99.97	0.00	49	17	07:20:01	00:40:00
2014-10-08	中班	甲班	03		63.00	66.18	86.02	99.94	0.00	49	19	07:12:45	00:47:14
2014-10-08	中班	甲班	05		63.00	66.28	86.13	99.91	0.00	47	19	07:10:08	00:49:52
2014-10-08	早班	丙班	05		54.00	58.24	75.68	99.97	0.00	42	16	06:21:41	01:38:10
2014-10-08	夜班	乙班	05		63.00	63.34	82.78	99.81	0.00	48	18	06:55:29	01:01:49
2014-10-08	早班	丙班	07		54.00	61.02	79.28	99.84	0.00	46	17	06:39:04	01:20:52
2014-10-08	中班	甲班	07		63.00	66.72	86.71	99.82	0.00	48	20	07:17:11	00:42:50
2014-10-08	夜班	乙班	07		63.00	68.18	88.63	99.88	0.00	50	19	07:32:35	00:27:24
2014-10-08	夜班	乙班	09		63.00	66.90	86.94	99.97	0.00	49	18	07:23:11	00:36:49
2014-10-08	早班	丙班	09		54.00	60.56	78.73	99.93	0.00	45	17	06:34:21	01:25:35
2014-10-08	中班	甲班	09		63.00	67.86	88.19	99.97	0.00	49	19	07:21:25	00:38:35

图 5-18　生产进度计划（工单）的完成情况

通过精益制造平台的生产进度统计分析，可以提前发现管理和生产过程中的问题，对管理者提出预警，便于做出生产决策，从时间和量上对生产进行控制，防止不足和浪费，是实现精益生产的重要保障。

5.4.2　消耗统计分析

企业依靠成本控制平台，以生产工序为单位，实时采集工序消耗数据，从而获得生产批次、工艺阶段的成本数据，产品批号、设备的成本数据，车间能耗的成本数据等，消耗数据准确、可追溯。通过对比分析，可以确定造成消耗的主要环节、影响因素，进而采取控制措施，消除浪费，达到实时成本控制的目的，为降低过程消耗提供支持。

例如，通过图 5-19 可以查询各产品的辅料消耗情况，并对不同日期进行对比，帮助管理人员发现异常情况。在图中可以发现，1 月 3 日和 4 日消耗辅料较多，应进一步找出原因，予以解决。

图 5-19　生产消耗统计——按产品

通过图 5-20，管理人员可以对不同班次进行对比，在此处可以发现，丙班的原材料消耗过高，应有异常情况发生，应进一步核实。

图 5-20　生产消耗统计——按班组

通过图 5-21，对 2013 年前 10 个月的原材料投入产出比进行分析，可以发现数据基本在正常范围内波动，但 5 月数据过高，应进一步核实。

企业运用精益制造平台的统计分析系统，可以通过对比统计数据，及时找出

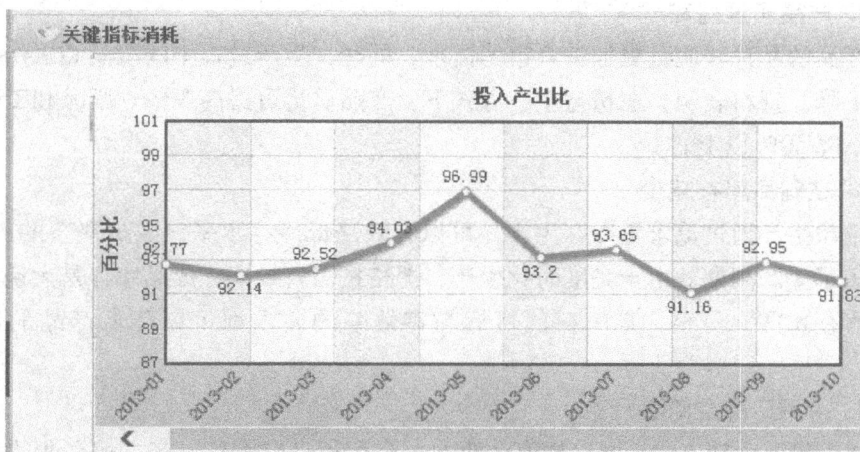

图 5-21　生产消耗统计——按时期

企业生产经营过程中存在的问题。在企业生产过程中，各种数据之间均存在一定的相互联系，如产量与质量、产量与成本、质量与设备、设备与材料单耗等。企业可以通过统计分析系统对产品的质量进行检查与监督，及时发现和纠正各种生产经营数据中出现的差错。通过这种对比和环比，可以验证生产经营中的各种成品消耗核算是否有误查，明确生产经营中的薄弱环节并加强管理。而且，通过统计分析系统进行的数据对比，还可以发现生产经营中隐藏的各类问题。例如，材料单耗出现上升过快的问题。通过对材料单耗上升幅度的统计分析，可以发现企业生产经营中，生产部门存在设备故障率高的情况，应及时对设备进行保养，避免出现突发性停机的情况，进而要求加强对生产设备的检测工作，以确保企业生产经营的正常进行。

因此，通过统计分析系统，企业能够正确地认识各个部门存在的急需解决的问题，通过分析总结找出真正影响生产经营的问题，从而及时纠正，并采取措施，节约成本与消耗，从根本上解决问题，减少企业生产经营中不必要的经济损失，降低生产经营成本。

5.5　实施精益生产计划和控制的效果

通过实施信息化的精益生产计划和控制，企业能够获得如下显著效果：

1. 劳动生产率提高

通过用户的有效拉动，把"成批与排队"的生产系统转化为连续流动的生产系统，可以使整个系统中的劳动生产率大幅度提高，生产时间大幅度缩短。

2. 产品质量提高

产品的品种和质量更加符合市场需求，同时，生产过程中的废品和工伤事故都会下降。资料表明，在精益生产方式下，产品质量可提高3倍，废品和工伤事故会下降50%以上。

3. 在制品库存减少

精益生产通过追求零库存生产，可以有效降低库存水平，减少资金的占用，也缩短了生产周期。由于是准时化生产，严格按需要投产，成品库存是大量生产方式库存水平的1/4。零库存的目标与零缺陷的要求都可以降低产品的制造成本。

4. 占用厂房空间小

采用精益生产方式，同等规模企业的生产面积只有大量生产方式企业的1/2，投资也只有1/2。

案例：京博石化的生产执行系统建设

一、项目背景

近年来，随着国际、国内形势变化，特别是原材料价格的飞涨，企业的制造成本大幅增加，导致企业成本急剧增加，利润空间日益被压缩，企业发展压力加大。在这种环境下，企业需要通过管理手段提高产品质量，并将生产成本降到最低。山东京博石油化工有限公司（简称京博石化）就是以此为目的进行信息化建设的。京博石化生产管理粗放，存在一些突出问题：生产数据采集不准确、不及时，难以对生产关键环节和过程进行动态监控，公用工程缺乏现代化管理，无法有效跟踪管理物料移动。这些都导致生产成本计算困难，精细化生产缺乏充分、及时的数据支撑。因此，京博石化要建设的信息化系统，必须采用先进、成熟的技术，充分集成现有系统，并充分考虑企业发展的需要，从根本上解决数据采集、跟踪等问题。

二、项目实施

京博石化力求建立一套信息系统，该系统可以大幅度提高企业的管理水平，达到降低成本和增加效益的目的。因此，它需要以DCS自动化控制为基础，以实时数据库为核心，以生产计划优化、调度管理、物料平衡为关键应用，高度集成并信息共享，实现生产过程的集约化和生产管理的精细化，增强公司核心竞争力。

京博石化的生产执行系统建设的实施范围包括催化裂化、常减压、焦化等装置，包含实时监控、物料平衡、罐区管理、进出厂管理、统计报表、领导查询以及系统管理等模块。

三、项目的效果分析

项目实施后，京博石化的生产管理水平较之前有了极大提高。主要表现在：

（1）生产执行系统规范了京博石化的业务流程，提升了管理效率。它既规范、统一了灌区、装置的计量单位，也规范了车间与车间之间、车间与生产管理部门之间的业务数据处理流程。

（2）生产执行系统为京博石化各个层面人员提供了综合展示平台。例如，它提供了丰富的报表，各级领导、车间均可按不同权限查询产品产量、产品单耗或公用工程消耗等信息。

（3）生产执行系统实现了生产控制系统数据及时采集与集中管理，使生产管理各层面人员均能通过生产流程图实时信息及时了解现场生产情况，并针对实际情况采取相应措施。

（4）生产执行系统通过编码标准化与数据集中管理，将京博石化原来零散的业务部门管理集中到统一的平台上，使各业务部门在统一数据源基础上实现业务交互成为可能。

（5）生产执行系统的可视化检查也实现了京博石化物流的有效跟踪和管理，为精细化生产及成本计算等工作奠定了基础。

（资料来源：李波. 打通信息屏障，实现精细管理——京博石化 MES 实施手记［J］. 数字石油和化工，2009（z1）.）

第 6 章

基于信息化的精益质量管理

6.1 精益质量管理的理论基础

在市场经济快速发展，企业间竞争日益激烈的今天，质量对于企业的重要性日益明显。产品质量是企业核心竞争力的重要因素，提高产品质量是保证企业赢得市场竞争，从而能够持续发展的重要手段。企业要想做大做强，就必须在增强创新能力的基础上，努力提高产品质量和服务水平。纵观国内外，每一个长盛不衰的知名企业，其产品或服务都离不开过硬的质量。所以，质量是企业的生命，是企业的灵魂，任何一个企业要生存和发展，就必须千方百计致力于提高产品质量，不断创新和超越，追求更新、更高的目标。一个企业唯有不懈追求、精益求精，才有希望立足于时代的领先行列。

6.1.1 精益质量管理的概念

精益质量以高质量为目标，强调在产品质量形成过程中，以最少的质量管理成本获得最高的质量产出。为了实现精益质量目标，需要有针对性地实施有效的管理活动，即精益质量管理。精益质量管理是在生产系统中，针对质量要素，综合运用多种质量保证、控制工具和方法，监控关键质量指标并持续改进，同时不断减少系统质量损失，使企业质量绩效不断提高的管理活动。精益质量管理围绕生产作业系统质量、效率、成本综合改善的目标，吸收借鉴了 TPS、六西格玛等优秀管理成果，是从生产的系统改进、工序的标准化、员工的专业化等方面实施管理和持续改进的活动。精益质量管理是企业提高经营绩效的重要战略。

6.1.2 精益质量管理的内涵

随着各种先进管理思想的发展和应用，精益思想也在质量管理方面获得发展，并逐渐形成了精益质量管理。精益质量管理是综合了精益思想、全面质量管理、ISO 9001 质量管理体系及六西格玛管理等优秀管理理念而形成的，其内涵包括以下几个方面：

1. 流程标准化

标准化的工作流程是企业实施精益质量管理的基础。一切工作都应按照流程标准来完成，不清晰的流程更容易导致问题的出现，只有在任何情况下都坚持流程的标准化操作，才能更好地提高企业的效率，增强质量管理能力。

2. 生产系统化

精益质量管理重视对生产系统的管理，从产品的生产过程中发现并解决影响产品质量的问题。精益质量管理利用精益生产中的 6S 管理、可视化等工具保证了生产系统有条不紊的运行，并利用各种方法对产品质量信息进行分析，找到并解决影响产品质量的各种问题。

3. 产品质量零缺陷

精益质量管理借鉴了精益生产中对产品质量零缺陷的要求，这就要求全体员工始终将"零缺陷"作为工作标准，对任何一道工序都精益求精，在第一次操作的时候就将事情做好，不放过任何一点小问题，以保证产品品质的零缺陷。

4. 质量持续改进

持续的质量改进是 ISO 9001：2008 标准给出的八项质量管理基本原则之一，也是精益思想、全面质量管理及六西格玛管理重点关注的管理原则。精益质量管理中的质量持续改进强调以客户的需求为中心、全员参与，并结合全面质量管理的理念，对生产过程中的质量进行持续改进。

6.1.3 精益质量管理的原则

精益质量管理借鉴了精益生产和 ISO 质量管理体系的理念，形成了"三不"和持续改进的原则。

1. 不制造不合格产品

每一位员工的标准化意识和每一道工序的标准化操作是保证不制造不合格产品的关键，这是"三不"理念中的重点。只要每位员工都不制造不合格产品，就能保证"不输送不合格产品"和"不接受不合格产品"。

2. 不输送不合格产品

操作者或者质检人员发现不合格产品后，应立即暂停本工序的生产，以防不合格产品被输送到下游工序。为了保证及时发现不合格产品，员工的自检和质检人员的全检或抽检非常重要。操作者应熟练掌握产品的各项属性及其检验方法，对自己生产的产品进行自检；质检员依具体情况而定，对每道工序的产品分别进行全检或抽检，保证不合格产品不被输送到下游工序。

3. 不接受不合格产品

操作人员在发现前导工序输送来的产品不合格时，应立即通知前导工序及质检人员，要求前导工序立即停工分析产生问题的原因，在彻底解决问题后再开工。

4. 质量持续改进

精益求精是精益思想的精髓所在。在产品的质量方面，通过不断地对产品质量信息进行整理和分析，找到和消除影响产品质量的各种问题，从而使产品质量得到持续改进。

6.1.4 精益质量管理组织结构

依据"公司、车间、班组"的组织结构，质量组织体系分为"决策层、执行层、操作层"三层。决策层集中精力抓好质量规划、监督、评审和市场质量反馈及协调服务，努力打造前瞻研究、统筹规划、引领质量发展的决策中心；执行层着力抓好质量策划、监督检验、评价和质量分析与改进，努力打造持续改进、精益卓越、优质低耗的质量保障中心；操作层着力抓好质量执行、质量预防、过程自检控制、质量改进，努力打造精细管理、精准控制和精美产品的加工中心，如图6-1所示。

	质量策划管理	质量过程控制管理	质量监督检验管理	质量评审评价管理	质量分析与改进管理	
公司职能	质量目标管理 质量管控体系规划 质量标准体系管理 先进质量管理技术指导 过程质量评审规划 质量考核策划 质量培训策划	过程质量控制状况监视 过程质量问题监督	生产过程质量抽检管理 市场产品质量抽检管理 质量问题监督 市场质量反馈管理	质量目标完成情况评价 材料质量综合评价 制造过程控制能力抽查评价 质量保障能力评审	新工艺、新技术推广 工艺质量改进指导	规划 指导 监督 评价
车间职能	公司质量目标落实 生产过程质量管理策划 质量检验监督策划 质量评审和改进策划 质量管理技术策划和实施 质量考核制定 质量培训计划	质量控制技术推进 产品过程质量状况监控 质量标准执行情况监控 生产现场监控 工艺质量巡查 不合格品控制与管理 过程质量问题处置	材料质量检验 在制品质量检验 成品质量处置 市场质量反馈处置 质量考核落实	质量保障能力自评 制造过程控制能力自评 烟用材料质量评价 特殊过程评价 质量目标评价 质量一致性评价	工艺质量改进管理 QC小组活动管理 六西格玛项目管理 质量缺陷库建设推广 改进成果评审和推广	策划 管理 控制
班组职能	车间质量目标落实 质量预防计划 标准化作业体系建立	质量标准执行 生产过程质量实时监控 标准化作业程序执行 关键工艺点和质量风险控制 不合格品纠正与预防	质量自检 质量互检 工艺质量巡检 工序质量控制水平分析 质量考核落实	质量管理保障能力自评 制造过程控制能力自评 质量目标评价	工艺质量改进 现场质量改善 QC小组活动 六西格玛项目 质量缺陷库建设 合理化建议 质量改进成果推广应用	执行 改进

图 6-1 质量管理业务矩阵图

质量管理业务从纵向上分为质量策划管理、质量过程控制管理、质量监督检验管理、质量评审评价管理以及质量分析与改进管理；从横向看，根据质量管理业务的职责，可划分为公司、车间和班组。图中业务点的细分归属，体现了质量管理各项业务的工作重点和职责。

1. 质量策划管理职责

（1）公司职能定位。确定质量方针和目标，并为实现目标所必需的各种活动进行规划和部署；策划、建立企业质量管控体系；策划、建立企业（质量）标准体系；编制产品质量相关过程的评审计划；制订质量培训计划；建立质量考核和激励机制；推广先进的质量控制技术和方法。

（2）车间职能定位。分解落实公司质量目标；生产过程质量管理策划；质量检验策划；质量评审和改进策划；质量技术策划；质量考核和激励机制策划。

2. 质量过程控制管理职责

（1）公司职能定位。通过信息化监控系统等渠道进行质量监督，掌握过程质量状态，及时获得生产过程中与产品质量相关的异常信息，督促和协调处理生产过程中的异常问题。

（2）车间职能定位。对生产过程进行实时监控，及时发现、分析和处理过程异常情况，维护过程稳定运行；建立标准化作业程序，完善自检自控模式；建立和规范质量巡检制度，贯彻预防与结果控制相结合的质量管理思想，保证工艺纪律的执行；建立在线检测装置的点检、校准、比对、分级等管理制度，以确保在线质量检测装置完好、运行灵敏有效；开展过程质量统计分析，系统地发现过程控制的薄弱环节，为过程改进提供支持。

3. 质量监督检验管理职责

（1）公司职能定位。对生产过程关键质量指标、产品外观质量等进行抽检，并根据抽检结果出具统计分析报告；对产品外观质量、感官质量等指标进行市场抽检，形成统计分析报告；对关键质量指标和工厂的质量控制水平进行质量综合分析，使工厂明确差距，制定改善措施；针对国家有关部门、技术中心和生产制造部等质量检测中发现的问题，及时提出改进建议；统计市场质量反馈信息，督促相关责任部门及时整改。

（2）车间职能定位。物资质量检验；过程质量检验；工艺质量巡查；检测数据统计分析；不合格产品评审和处置；及时处置市场质量反馈信息，制定并落实纠正预防措施。

4. 质量评审评价管理职责

（1）公司职能定位。定期开展质量保障能力评审；对制造过程控制能力（过程六西格玛水平）进行抽查测评；对原材料质量保障情况进行统计评价。

（2）车间职能定位。及时对材料的进货、使用质量和服务质量进行评价；定期开展质量保障能力和制造过程控制能力自我评价；定期开展特殊工序确认。

5. 质量分析与改进管理职能

（1）公司职能定位。建立健全质量改进管理制度，明确项目立项、过程检查、成果评审、推广应用及标准化等要求。

（2）车间职能定位。对质量控制中存在的问题，开展研究攻关；组织开展QC小组活动；组织开展六西格玛项目改进活动；不断推进质量缺陷库建设。

6.2　精益质量管理与信息化

实现精益质量管理，离不开信息技术的应用。使用信息技术，能够合理优化企业质量管理流程，有效整合企业的各项资源，迅速传递产品质量的相关信息，并获得及时的反馈。利用信息技术的数据处理技术，对收集到的产品质量信息进行科学分析，从而加快产品的技术改进，提升企业的品牌效益，提高质量管理运行效率，同时，提高企业产品质量，实现精益质量管理的目的。

6.2.1　传统质量管理方法的局限性

1. 质量信息采集与管理

质量信息是质量管理的记录和过程控制的重要依据和凭证。质量管理体系中对质量记录有着明确要求。传统的手工管理中，质量信息采集以人工采集为主，信息记录普遍采用纸质记录的方式，各部门分散管理各自直接相关的质量记录。这就给质量信息的共享、查询和追溯造成不便。由于信息处理过程的相对孤立，信息分散管理，在组织内部存在大量的信息孤岛，影响了信息的实时交流和反馈，制约了组织对质量信息的有效把握和处理，进而影响到组织对质量形成全过程的有效控制和持续改进能力。质量信息记录缺乏规范性和统一性，会给统计分析带来困难；而因保管不善造成的记录丢失，则会给企业带来极大的质量隐患。

2. 质量过程控制

虽然许多企业建立了一整套完善的质量管理程序文件和过程规范，对影响质量的主要过程都进行了规划，并制定了相应的控制办法。然而，文件规定与实际操作不相符的现象十分普遍，质量过程有法不依、违规操作和口头指挥的现象时有发生。规范的流程要有相应的系统和工具来保障，而不是简单依靠人的自觉性和管理制度。缺乏信息系统辅助的质量管理和缺乏流程固化的过程控制，势必无法将文件要求同人的操作紧密联系起来，以达到过程受控的目的。在传统管理方式中，质量过程的流转采用表单传递、人工流转的方式，信息传递缓慢、工作效率低下。这种方式使得许多质量信息，尤其是产品故障信息的处理过程无法有效地监控和追踪，许多质量管理信息发布以后，如泥牛入海，杳无音信，使得质量控制过程无法得到有效的监控和追踪。

3. 质量分析与决策

统计技术的应用是质量分析与决策的主要途径。由于信息分析滞后，数据的丢失导致分析结果失真，进而造成决策失误，是质量管理中存在的主要问题。质量信息是企业质量改进的依据，对质量信息的统计分析和深度挖掘能够准确识别存在的问题，为进一步改进提供依据。现代企业质量信息庞大，仅以传统的手工处理无法完成这项工作。因此，虽然有许多质量分析的工具和方法，但由于企业缺少有效的现代信息技术，无法对如此庞大的数据进行有效分析，因而这些工具也就无法得到充分应用。此外，缺乏系统管理会造成数据大量丢失，导致分析结果失真，也会导致分析失去相应的指导意义。

6.2.2　精益质量管理信息化平台

精益制造管理体系质量管理信息平台涵盖质量策划、过程控制、监督检验、质量评价、质量改进等核心流程，形成 PDCA[⊖]闭环管理。通过对生产制造过程进行系统的策划、预防、控制和改进，不断提升质量保障能力，实现工艺过程控制精准稳定，质量管理精益卓越，确保质量特性持续满足产品设计要求。按照分工管理的原则，实现公司生产管理部门、质量管理部门和生产车间三个层次的质量管理目标。通过明确公司、车间、班组三个层次的职责，借助 SPC、六西格玛等现代质量技术和流程动态监控系统，实现对质量的稳定、均质控制要求，为将生产制造中心建成精益质量保障中心提供支撑，如图 6-2 所示。

质量管理信息平台可以实现以下几个功能：

1. 质量策划管理

质量策划管理主要面向公司，突出质量规划、质量评审等战略职能，侧重质量控制目标、控制思路和控制结果。

其主要功能包括：建立公司统一的质量目标管理体系，确保公司质量战略得到具体落实和不断优化；统一管理各类质量标准文件，确保生产过程所使用标准的规范性和准确性；汇总公司所推行的质量工程技术，形成质量资料库，便于各车间借鉴和应用；建立市场质量问题反馈的快速反应机制；实现各类抽检结果的快速发布和查询；综合分析关键质量指标和各车间的质量控制水平，使各车间明

⊖　PDCA 即计划（Plan）、实施（Do）、检查（Check）、行动（Action）的首字母。

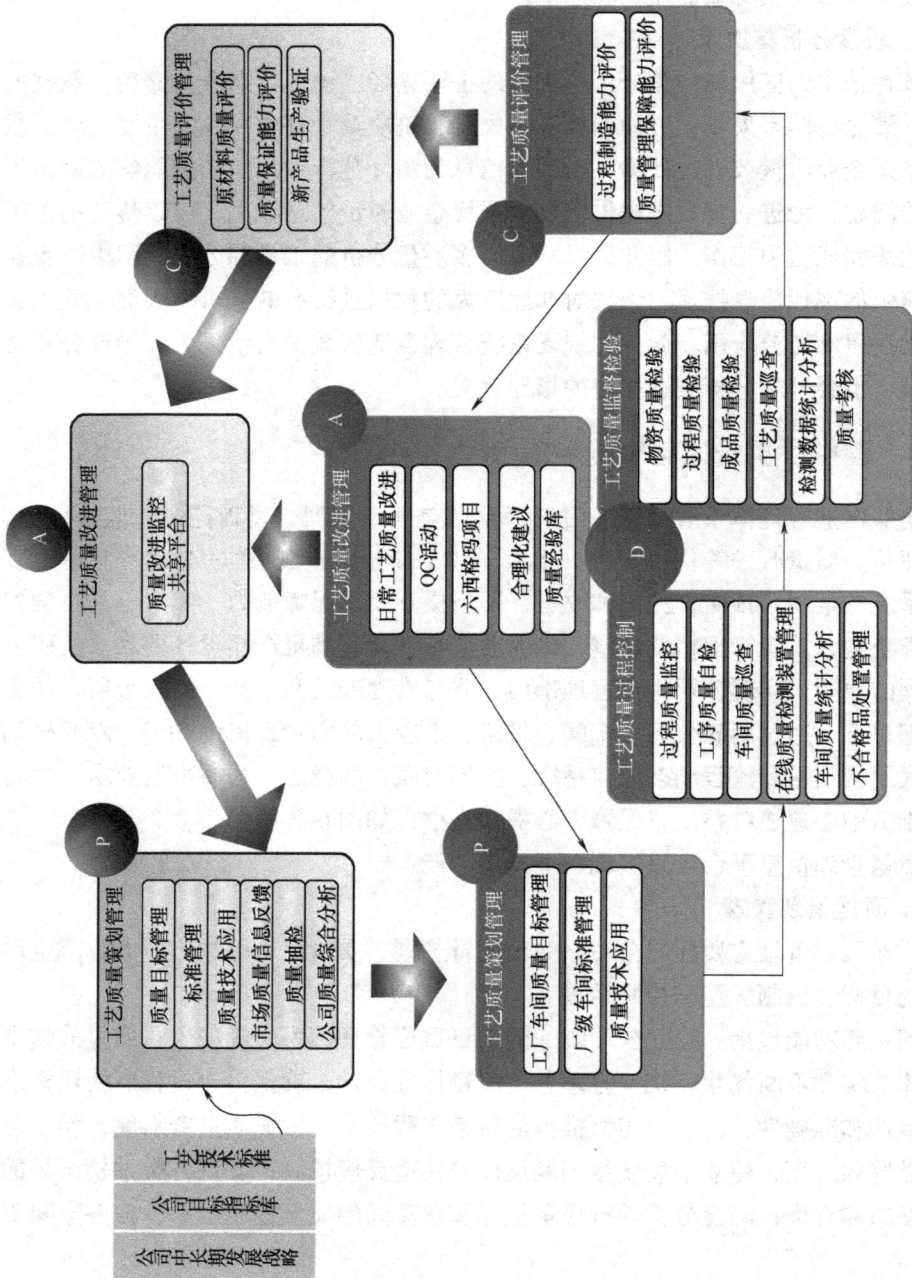

图6-2 精益制造平台——质量管理体系

确差距，提高水平。

2. 质量过程控制

质量过程控制主要面向生产车间，以"自检自控"控制模式为核心，强化现场质量控制的职能。通过设立监测指标体系，能实时监测到生产过程中的质量状况，并对异常情况进行实时报警。

其主要功能包括：建立产品工艺关键指标和参数过程控制网络，运用 SPC 技术，对各车间的生产过程进行实时监控，及时发现、分析和处理过程异常，维护过程稳定运行；在生产过程中，以机台人员的自我检查和自我控制模式进行过程监控，预防各类质量缺陷；建立规范的车间质量巡检制度，保证工艺纪律的执行；通过多维过程能力分析，系统地发现过程控制"短板"并对其加以科学改进，持续提升制造过程能力，保证产品质量的稳定和持续提升；建立规范的在线质量检测装置点检和比对校验记录档案库，保证在线质量监测装置的有效性和稳定性；快速消除质量隐患，避免不合格产品的非预期使用。

3. 质量监督检验

质量监督检验主要面向企业质量管理和质量检测部门，突出质量监督、检验、考核等管理职能。在生产过程中进行各种检验活动，主要任务是把质量特性值控制在规定的波动范围内，保证产品质量。

其主要功能包括：建立统一的质量检测数据中心，以及完整的实物质量检测记录，以便查询和追溯；建立规范的质量巡检和过程质量检测数据库，保证工艺纪律的执行；实现对质量检测结果多维度统计分析，客观反映质量"短板"，推动质量改进。

4. 质量评价管理

质量评价管理主要面向公司质量管理部门和生产车间，通过评价发现问题，形成自我评审、自我分析、自我改进机制。

其主要功能包括：建立科学的材料评价模型，实现对供应商质量的科学评价并生成月度、季度和年度评价报告；建立基于生产过程制造能力的评价模型，系统地评价工序/机台、生产线、车间、工厂的过程质量水平，为开展过程质量管理和改进提供信息支持；建立新产品生产验证管理平台，相关的生产验证信息在质量管理平台中进行汇总展现；实现特殊过程、关键工序确认信息的汇总展现。

5. 质量改进管理

质量改进管理主要面向各相关部门和生产车间，突出工厂的持续改善职能。

其主要功能包括：通过对质量改进项目的全过程管理，包括项目立项管理、项目进度管理、项目变更管理和项目成果管理，实现项目信息透明化、过程可控、成果可查；同时，通过质量经验库将异常问题处理和质量改进过程中有价值的信息进行积累和汇总,为工厂质量管理、过程控制、修订标准、同类问题分析诊断和职工培训提供重要的依据和参考。

6.2.3 信息化技术对精益质量管理的支持

如前所述,精益质量管理包括流程标准化、生产系统化、产品质量零缺陷化和质量改进持续化。精益质量管理系统的五个模块可以有效地对这四个目标提供支持。因此,企业建立基于信息化的精益质量管理体系,可以不断地提高企业的质量管理水平,形成数字化的在线质量监控、分析、评价体系和持续性的过程质量改进,从而有效提高企业的整体管理水平和信息化水平,改进工作效率,提高决策水平,大幅度提升企业形象,产生巨大的经济效益和社会效益,如图 6-3 所示。

目标	精益质量管理			
分目标	流程标准化	生产系统化	产品质量零缺陷化	质量改进持续化
信息化支持	质量策划管理	质量策划管理	质量过程控制+质量监督检验	质量评价管理+质量改进管理
效果	数字化的在线质量监控 数字化的在线质量分析 数字化的质量评价体系 持续性的过程质量改进			

图 6-3 信息化技术对精益质量管理的支持

6.3 基于信息化的精益质量管理体系应用

6.3.1 数字化的在线质量监控

在线质量监控方面,结合过程控制和检测仪器的配置情况,对关键质量特性数据进行深入研究,借助数据采集系统的工艺质量监测维护功能,实现在线质量实时监控。

数据采集系统能够提供在线质量特性的基础数据。各项关键质量特性值大多应该符合正态分布,因此,按照控制图的应用原则,可以对在线质量采用常规的均值—极差(标准偏差)控制图进行监控。

针对质量指标控制,应遵循均值—极差(标准偏差)控制图的八条通用准则,对生产质量做出异常判定。以下为几个应用实例。

从图 6-4 可以看出,设备出口产品含水率整体数据偏小,在 15 的时刻到达低谷,应适当做出调整。

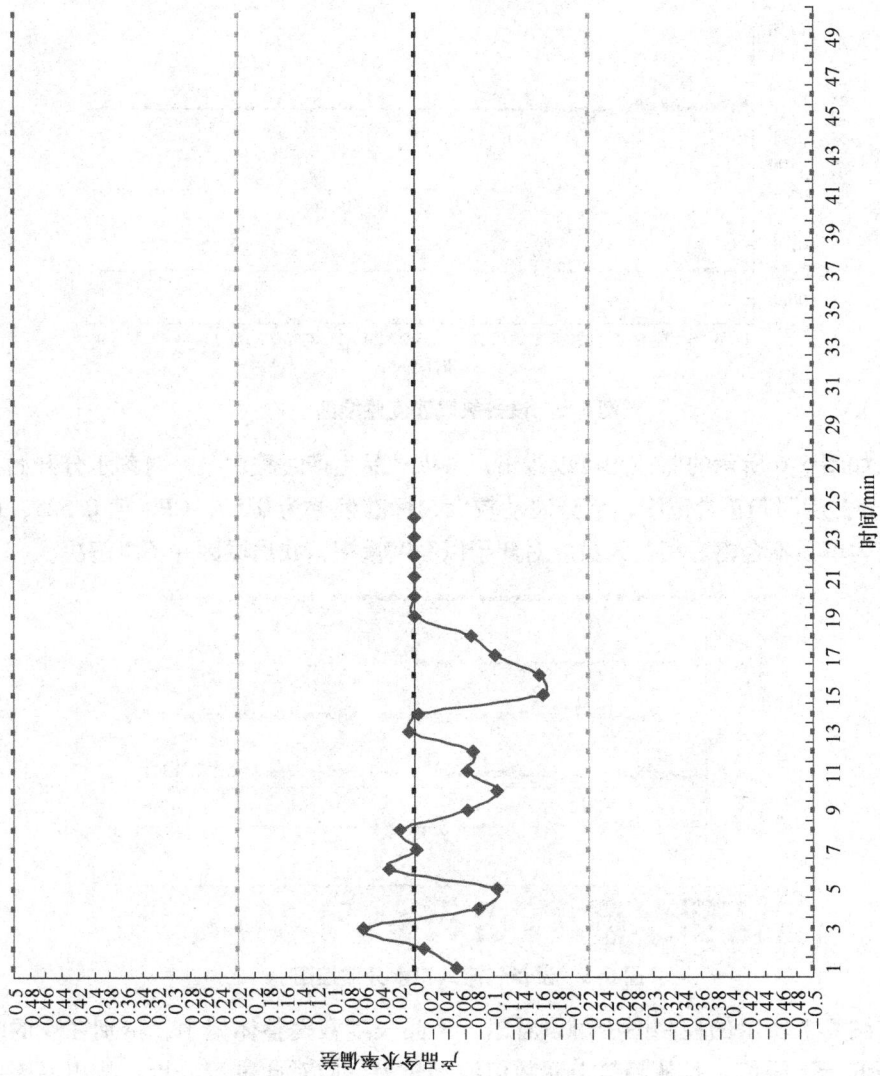

图 6-4 设备出口产品含水率偏差监控图

图 6-5 显示，设备热风温度整体数据较稳定，设备处于正常状态。

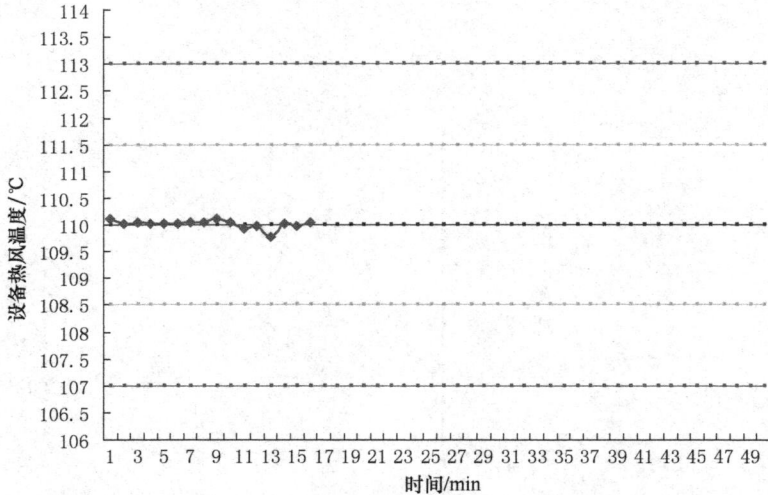

图 6-5　设备热风温度监控图

从如图 6-6 所示的监控图可以看出，一批产品生产过程中某一时刻水分开始上升，6 分钟后回归正常范围，水分波动较大，标准偏差为 0.55，CPK 值 0.525，可以判定为单项不合格。相关人员应对此予以高度重视，找出原因并予以解决。

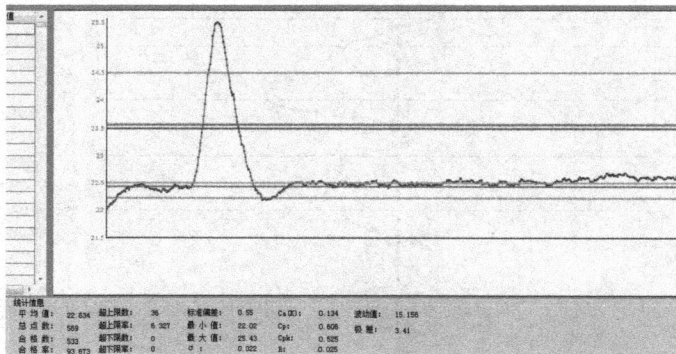

图 6-6　设备气流入口水分监控图

在图 6-7 所示的控制图中可以看出，产品长度数据整体偏小，特别在 4 的时刻已经低于下限值，且从趋势上看数值波动较大，应对此进行分析，找出原因并及时解决。

在系统发出缺陷预警时，操作人员要注意检查各种技术条件、参数设置、生产状况等，系统会提示相应的缺陷经验条目、作业指导书相应条款、设备故障处理经验等，必要时可停机处理。

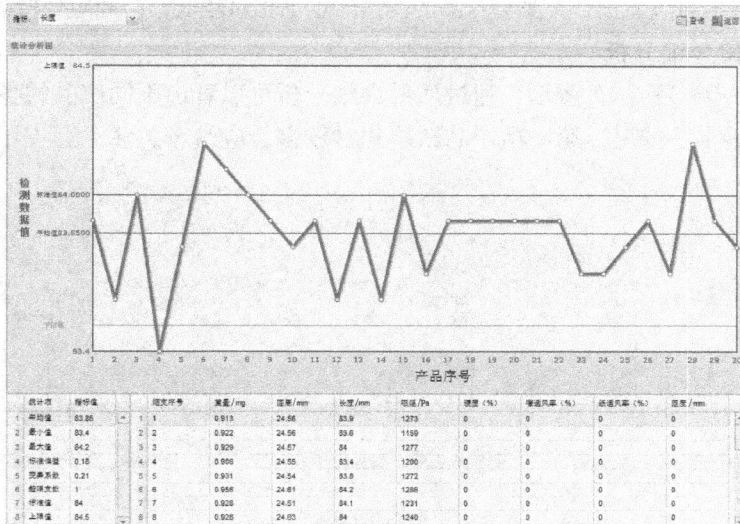

图 6-7　在线质量监控极差控制图（产品长度）

6.3.2　数字化的在线质量分析

在线质量分析系统立足于生产装备水平和在线检测仪器配置情况，利用数据采集系统的质量统计分析功能，为智能分析和决策提供依据。

1. 质量总体分析

系统通过统计数据，可以分析产品的合格率和反映制造过程能力的西格玛水平，了解生产质量情况，如图 6-8 所示。

类型	总检数	总扣数	合格率(%)	SIGMA水平
A	12495	386	96.91	3.36
牌号	总检数	总扣数	合格率(%)	SIGMA水平
A1	8820	277	96.86	3.36
A2	3675	109	97.03	3.38
类型	总检数	总扣数	合格率(%)	SIGMA水平
B	83800	491	99.41	4.02
牌号	总检数	总扣数	合格率(%)	SIGMA水平
B1	59200	353	99.40	4.01
B2	24600	138	99.44	4.03
类型	总检数	总扣数	合格率(%)	SIGMA水平
C	9800	25	99.74	4.30
牌号	总检数	总扣数	合格率(%)	SIGMA水平
C1	2900	8	99.72	4.27
C2	6900	17	99.75	4.31

图 6-8　质量总体分析界面

123

通过数据可以看出，A 类型产品的西格玛水平相对较低，车间应分析其原因。

2. 质量详细分析

如图 6-9 ~ 图 6-12 所示，通过质量详细分析可以看出不同产品的各类缺陷情况和西格玛水平情况，第 1 项产品缺陷相对较多，应给予关注。

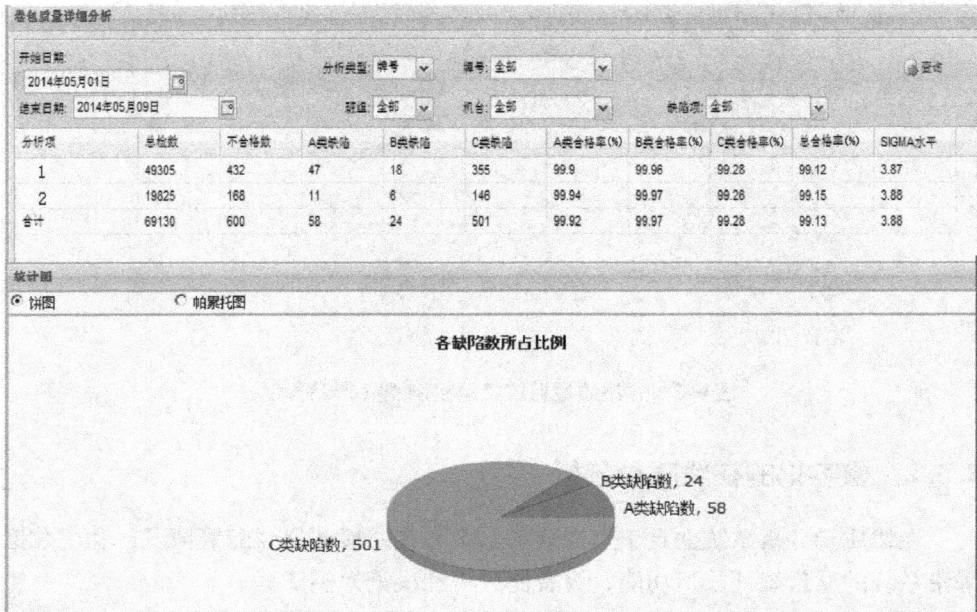

图 6-9　质量详细分析

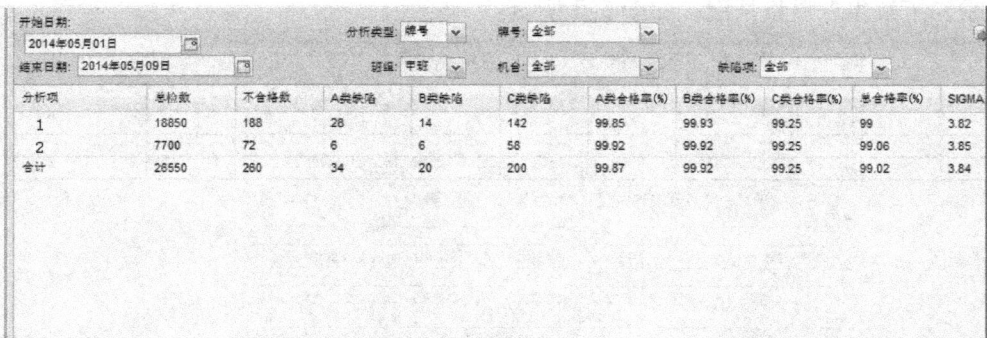

图 6-10　质量详细分析——甲班

分机台来看，各班缺陷率存在差异，甲班不合格数较多。车间应根据统计结果进行分析，查明原因，并予以纠正。

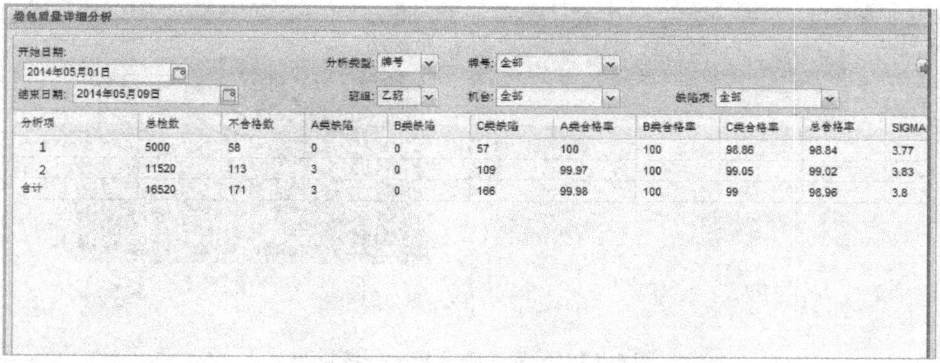

卷包质量详细分析

开始日期: 2014年05月01日　分析类型: 牌号　牌号: 全部

结束日期: 2014年05月09日　班组: 乙班　机台: 全部　缺陷项: 全部

分析项	总检数	不合格数	A类缺陷	B类缺陷	C类缺陷	A类合格率	B类合格率	C类合格率	总合格率	SIGMA
1	5000	58	0	0	57	100	100	98.86	98.84	3.77
2	11520	113	3	0	109	99.97	100	99.05	99.02	3.83
合计	16520	171	3	0	166	99.98	100	99	98.96	3.8

图 6-11　质量详细分析——乙班

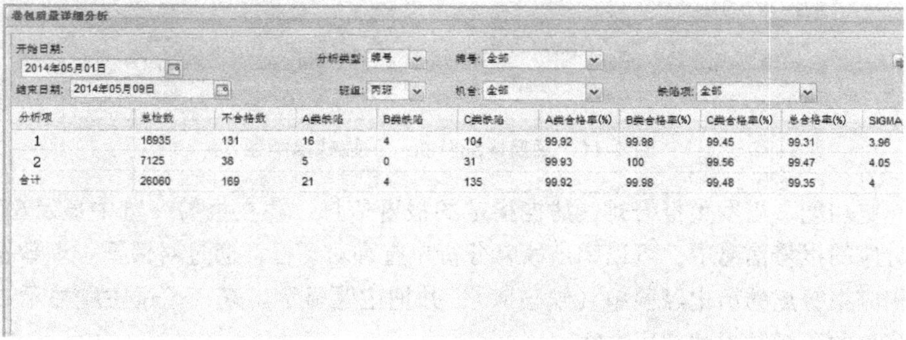

卷包质量详细分析

开始日期: 2014年05月01日　分析类型: 牌号　牌号: 全部

结束日期: 2014年05月09日　班组: 丙班　机台: 全部　缺陷项: 全部

分析项	总检数	不合格数	A类缺陷	B类缺陷	C类缺陷	A类合格率(%)	B类合格率(%)	C类合格率(%)	总合格率(%)	SIGMA
1	18935	131	16	4	104	99.92	99.98	99.45	99.31	3.96
2	7125	38	5	0	31	99.93	100	99.56	99.47	4.05
合计	26060	169	21	4	135	99.92	99.98	99.48	99.35	4

图 6-12　质量详细分析——丙班

3. 机台质量分析

系统可以按机台对设备进行统计分析，了解不同设备的生产质量情况，如图 6-13 所示。

从机台看，2#、3#、5#包装机不合格数较多，应重点关注。

4. 质量类型分析

系统可以按照不合格类型进行统计分析，了解不同类型缺陷出现的情况，如图 6-14 所示。

从缺陷类型看，第 1 项产品不合格数较多，且集中于 C 类缺陷，应给予重点关注。

5. 报警智能分析

根据在线质量实时监控数据，需要对报警信息进行实时分析，以获得智能化的处理建议和经验积累。为此，系统利用报警机制，在实时监控中添加了工艺报

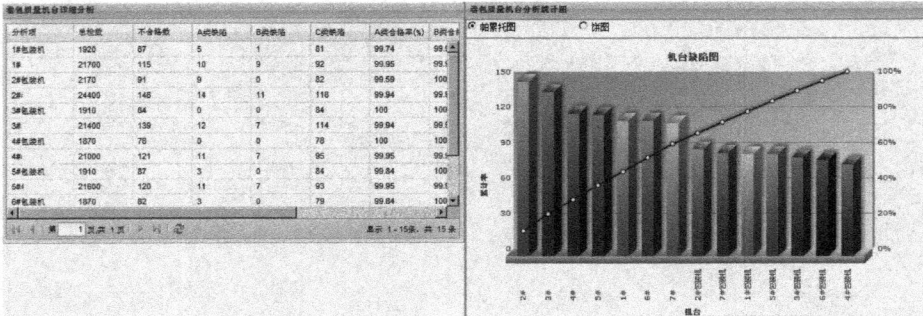

图 6-13 质量详细分析——按机台

分析项	总检数	不合格数	A类缺陷	B类缺陷	C类缺陷	A类合格率(%)	B类合格率(%)	C类合格率(%)
1	4430	212	9	0	203	99.8	100	95.42
2	44500	267	30	19	218	99.93	99.96	99.51
..3.	5700	14	0	0	0	100	100	100
合计	54630	493	39	19	421	99.93	99.97	99.23

图 6-14 质量详细分析——按缺陷类型

警一览功能。当发生报警时，捕捉指定的报警信息，并在报警一览中显示出来。在对应的报警信息中，可以弹出故障分析单查询对话框，通过对话框查询数据库中相应报警点的历史经验单（缺陷库），并把主题显示出来，通过主题显示该报警信息的分析结果和解决方案。

报警处理完毕后，由操作人员填写《预（报）警分析处理单》。该单据经车间工艺员收集整理分析后，可作为未来警示界面中的指导性意见，如表 6-1 所示。

表 6-1 预（报）警分析处理单

日　　期	＊＊＊＊	报警时间	＊＊：＊＊	故障工单	＊＊＊＊
生产牌号	＊＊＊＊＊＊	报警参数			
操作工		＊＊＊＊＊＊			
预警/报警 分析处理	原因分析				
	处理措施				
备注					

为了充分利用中控系统采集到的海量数据，中控系统的质量数据统计分析功能还能够针对不同工序、不同工艺点的不同控制情况，按需要进行不同数据类型的智能化统计分析，如图 6-15 所示。

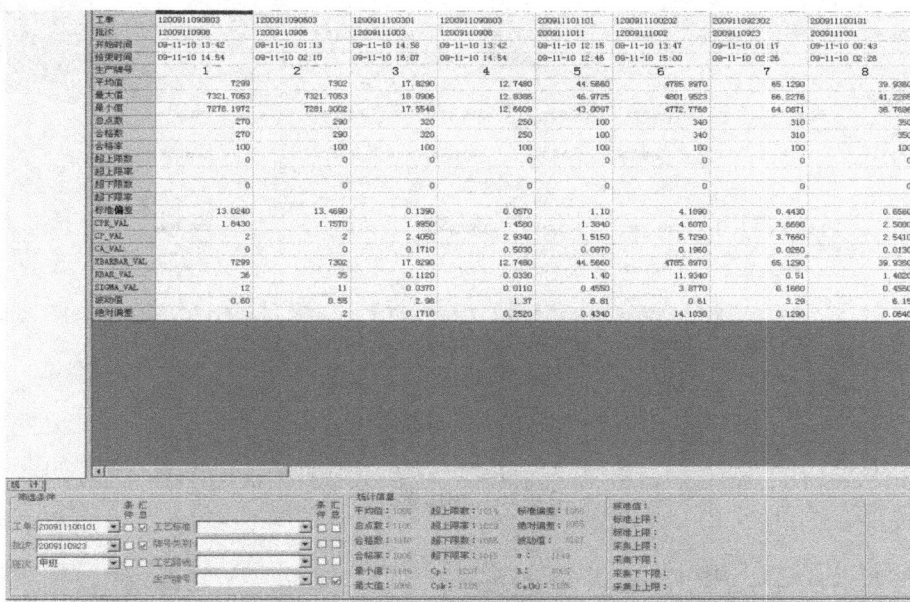

图 6-15 中控系统质量统计分析界面

从图中的分析结果可以看出，该生产系统处于正常状态，未有异常情况发生。

6.3.3 数字化的质量评价体系

为了适应新的市场环境和日益增长的消费者需求对产品质量过程控制的要求，根据质量控制精准化的发展导向，信息化技术能够支持多层次的过程质量评价体系。

1. 以质量监督为重点的日常考核巡检

日常工艺巡检着眼于强化过程工艺精准控制。班组质检员对在制品实行首检、巡检、末检质量确认，强化关键时段（如吃饭前后、材料更换前后、更换产品前后等）质量检查，并对在线检测仪器的灵敏性进行随机验证；现场工艺员对影响过程质量精度的相关环节重点控制；班组质量主管对关键时段工艺控制的执行情况进行重点监督；质量管理部每周对现场工艺纪律和工艺参数执行情况、工艺点检情况进行重点抽检。图 6-16 为某工序的周质量分析。

通过观察可以发现这一周工序整体质量水平较高，仅有少部分产品出现了不合格。

图 6-17 为周产品外观检测质量分析。

通过分析可以发现，产品主要外观质量缺陷为皱纹和夹沫，缺陷率分别为开始时间: 2014年05月01日　结束时间: 2014年05月09日　分析类型: 牌号　分析细目: 所有　查询(Q)　返回(R)　导出(E)

数据区域　　图形统计

检验类型	不合格次数	合格次数	指标检验次数	合格率(%)	SIGMA水平
工艺参数	0	769	769	100.00	

牌号	不合格次数	合格次数	指标检验次数	合格率(%)	SIGMA水平
	0	229	229	100.00	
	0	471	471	100.00	
	0	89	89	100.00	

检验类型	不合格次数	合格次数	指标检验次数	合格率(%)	SIGMA水平
工艺质量	1	428	429	99.77	4.34

牌号	不合格次数	合格次数	指标检验次数	合格率(%)	SIGMA水平
	0	121	121	100.00	
	1	256	257	99.61	4.16
	0	51	51	100.00	

检验类型	不合格次数	合格次数	指标检验次数	合格率(%)	SIGMA水平
技术条件	0	151	151	100.00	

牌号	不合格次数	合格次数	指标检验次数	合格率(%)	SIGMA水平
	0	80	80	100.00	
	0	29	29	100.00	
	0	42	42	100.00	

图 6-16　周质量分析

开始日期: 2014-06-13　结束日期: 2014-06-19　分析类型: 机组　班组: 全部　机台: 全部

		A类	B类	C类									
牌号	检验次数	空头	表面	皱纹	滤嘴	夹沫	切口	缩头	触头	搭口	接装	标志	合计
1#	74	3	2	17	0	8	1	0	0	4	9	0	44
2#	75	4	3	9	1	12	4	0	0	3	5	0	41
3#	76	4	4	14	0	7	4	0	0	2	5	0	40
4#	75	6	2	12	0	7	2	0	0	6	7	0	42
5#	74	5	2	12	1	8	3	0	1	6	5	1	44
6#	74	5	2	10	0	10	5	1	0	10	2	0	45
7#	75	5	2	13	1	7	3	0	0	5	8	0	44
合计	523	32	17	87	3	59	22	1	1	36	41	1	300

图 6-17　周产品外观检测质量分析

0.166%和0.113%。从各机台检查情况来看，1#机台出现皱纹缺陷相对较多，2#、6#机台出现夹沫缺陷相对较多。

2. 以关键时段抽查为重点的月度质量飞检

月度质量飞检重点着眼于过程质量指标的监控。月度质量飞检拓展了日常巡检内容，把质量管理制度的健全和执行情况、在线检测仪器完好率，特别是质量控制精度和参数控制能力等作为重点检查项目。飞检由质量管理部管理人员、工艺员执行，在一个月内对各工序进行随机监督抽查，并对上月的问题按照“每月一题”的形式对责任部门进行整改情况验证，检查结果随时通报，纳入绩效考核，做到发现问题及时、整改问题迅速、考核验证严格。

下面几个图显示了系统的月度质量统计分析功能，充分利用现有数据，为智能分析和决策提供依据。

通过图 6-18 可以发现，6#，7#，8#缺陷数较多，应重点排查原因。

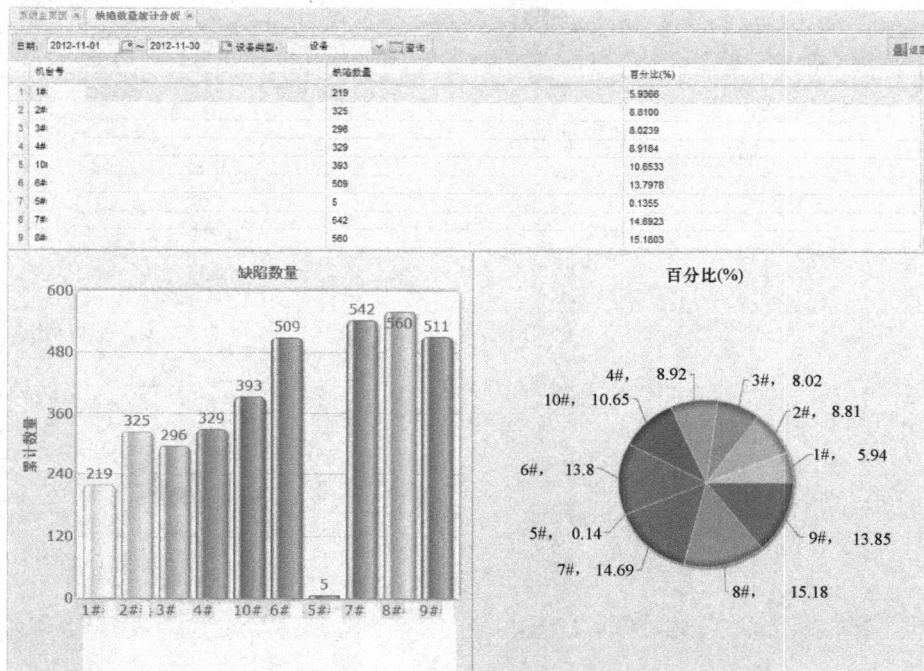

图 6-18　月缺陷数量分布

通过图 6-19，对 6#机台按班分析，发现三个班的缺陷数大致相当，所以与工人技能、劳动态度等没有直接关系。

从检查归口分析可以看出，缺陷大多都是由于质检部外观检测发现的，如图 6-20 所示。

进一步通过图 6-21 对外观缺陷进行分析，发现皱纹缺陷所占比例较大。经过层层深入，最终找出了问题所在，并予以解决。

3. 以过程保障能力为重点的季度在线评价

在线质量评价是由公司在线质量评价委员会每季度召集各车间各专业人员组成不同的评价小组，以持续改进为核心，通过对生产流程各环节，包括制度建设、环境保障、动力保障、工艺保障、设备保障、实物质量、人员素质、改进能力、创新能力等方面，进行全面集中评价和诊断。应坚持"发现问题，督促整改"与"综合评价，系统解决"相结合，将问题的整改与车间、部门的绩效考核挂钩，规范问题整改的程序与要求，形成"定期评价，闭环管理，持续整改，不断提高"的长效机制。

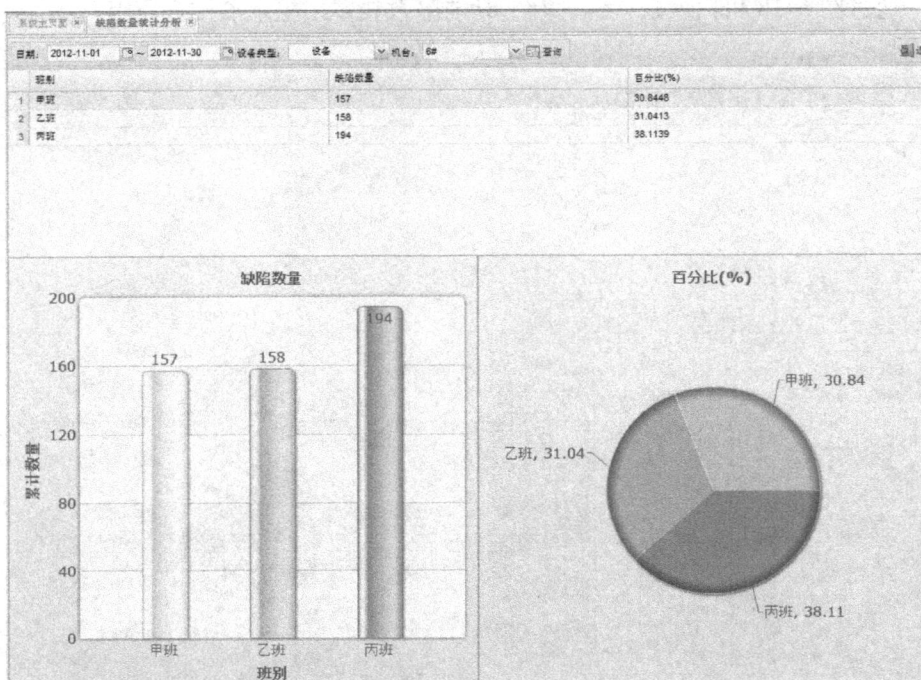

图 6-19　月缺陷数量单机台数量分布

4. 以制造过程能力为重点的半年测评

制造过程能力是制造过程处于稳定状态下加工合格产品的质量保障能力，以西格玛水平表示，西格玛水平是评价产品或过程满足技术要求的衡量尺度。开展制造过程能力测评（西格玛水平的测评）就是将六西格玛方法运用到生产制造过程评价，建立西格玛测量模型，验证生产过程中关键控制点的制造能力和质量保障能力。

企业需要制订制造过程能力测评的方案和计划，建立以客户关注的质量指标为重点、以关键质量特性为验证核心的西格玛测评模型，通过测评数据有效地寻找关键点与薄弱环节，为开展质量评价、质量改进提供依据。

6.3.4　数字化的质量改进体系

推动持续性的过程质量改进是实施在线质量预警和分析数字化的重要目的。通过预警和分析系统，当发现质量问题或质量隐患时，根据改进对象的性质、难易程度、涉及面等的不同，分别采取自主灵活的 QC 活动、逻辑缜密的 8D 小组活动、专业高效的六西格玛项目、快速反应的持续改进活动、其他车间班组级的

检查类型		缺陷数量		百分比(%)
1	机台自检	21		10.8247
2	质管员巡检	20		10.3093
3	质管部外观检测	120		61.8557
4	质管部物理检测	33		17.0103

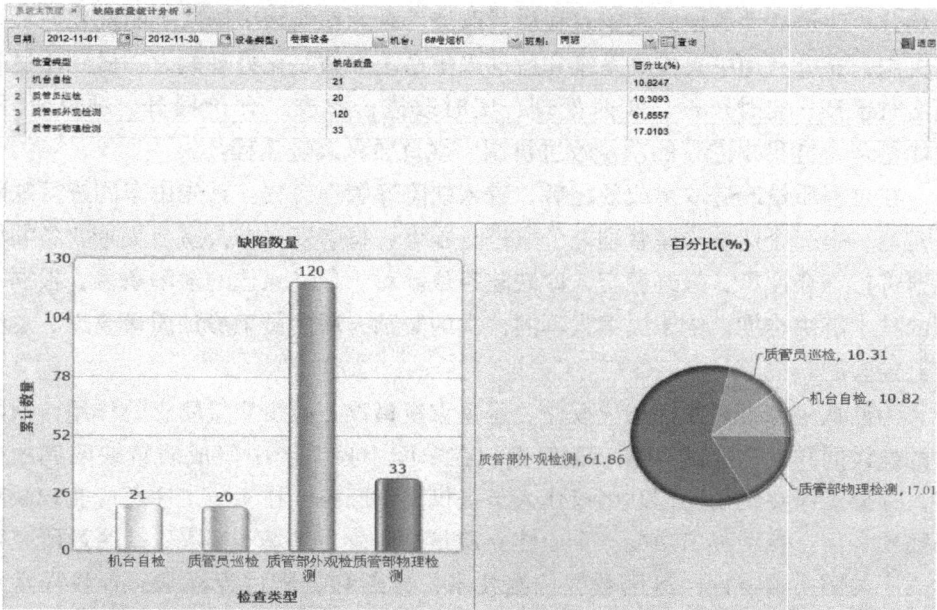

图 6-20 月缺陷单机台检查归口分析

缺陷名称		缺陷数量		百分比(%)
1	空头	13		10.8333
2	表面	1		0.8333
3	皱纹	60		50.0000
4	夹沫	7		5.8333
5	切口	14		11.6667
6	搭口	15		12.5000
7	接装	10		8.3333

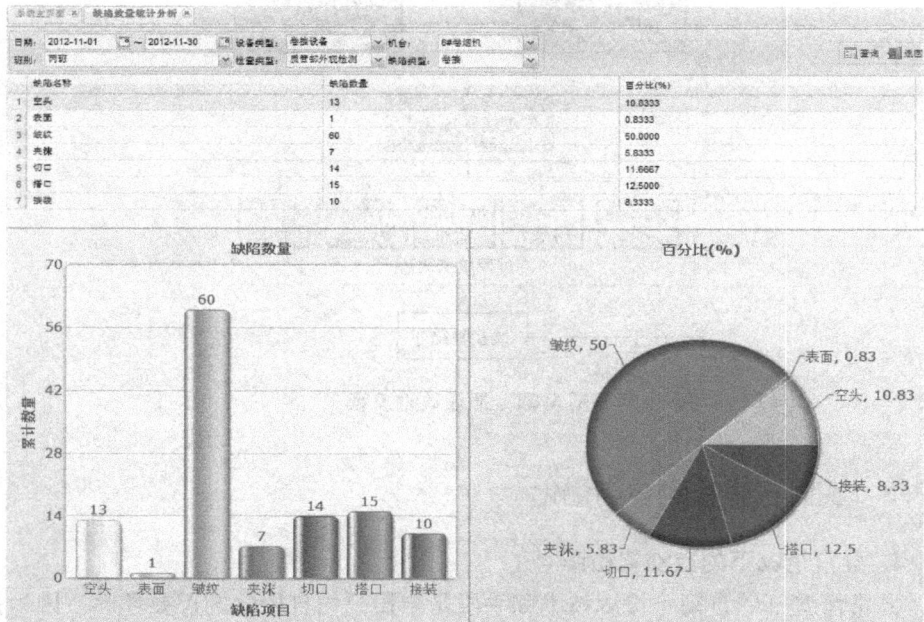

图 6-21 月缺陷单机台统计分析

现场分析改进活动等形式实施过程质量改进。企业在实践中需要不断优化质量改进机制，充分利用中央控制系统和数据采集系统的数字化处理能力，做到质量问题实时预警、实时反馈、实时处理、实时改进，形成"评价提升，项目管理，效能整合，自我改进"的质量改进机制，规范质量改进流程。

在过程质量改进取得成效之后，进入缺陷库管理流程。首先由车间进行缺陷库初审，提交企业缺陷库管理办公室进行预审，每季度由办公室召集企业各领域专家进行综合评审，最终确定入库缺陷条目。对于最终入选的缺陷条目，根据不同的技术解决难度，给予提案人不同档次的奖励，激发员工参加质量改进、总结控制经验的热情。

为使缺陷库真正发挥指导操作、避免重复错误、减少质量隐患的作用，缺陷库的建设同样也需要纳入数字化轨道。在车间中控系统中集成质量缺陷库的内容，并分工序在现场操作站为操作人员提供查询服务，在重要工序还应实现缺陷库随预警信息自动弹出功能。企业建立质量缺陷库（专家知识库），通过研究重点工序关键质量特性，运用数据挖掘技术，诊断和分析过程异常，查找异常根源，运用缺陷库和专家控制技术，对过程异常进行追溯并提出预警方案，为自动化控制系统提供执行建议或直接协同执行，如图 6-22 所示。

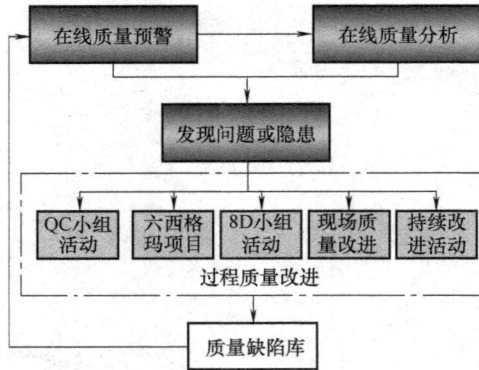

图 6-22　质量改进流程

6.3.5　实时在线检测与自働化

1. 异常情况下的自动化检测

异常情况下的自动化检测技术和手段是丰田公司自働化的首要环节。因为检测装置（或仪器）就如同人的眼睛，可以感知和发现被加工的零部件本身或制造过程是否有异常情况发生，并把所发现的异常情况的信息传递给接收装置，由后者发出各种动作指令。

基于信息化的精益质量管理广泛采用接触式和非接触式的检测装置和手段。这些自动化检测技术和手段不仅能保证产品质量，而且还能帮助消除作业人员必须精心留意每个作业细节的烦恼，从而更有助于提高人的生产效率，比单纯凭感觉和判断的方法要优越得多。

2. 异常情况下的自动停机

丰田公司的自働化特别强调两点：其一是发现质量缺陷和异常情况必须立刻停止生产；其二是必须立刻查清产生质量缺陷和异常情况的原因，并彻底纠正，使之不再发生。这样，只要有不合格产品或异常现象产生，它们就会立刻显露出来。而当问题显露出来时，生产线必须停止下来，从而使人们的注意力立刻集中到问题上，改善活动就会立即开展起来。

基于信息化的精益质量管理检测装置发现异常情况时，会立刻自动发出指令，停止生产线或机器的运转。当然，生产线或机器自动停止运行后，现场的管理人员和维修技术人员会马上到达出事地点，和作业人员一起迅速查清故障原因，并采取改善措施。

3. 异常情况下的自动报警

丰田公司的自働化不仅要求自动发现异常和自动停止生产，而且还要求把异常的发生以显著的方式显示出来，通常是用指示灯显示。

基于信息化的精益质量管理在生产现场中最常用的报警方法就是用灯光显示。这种方法既简便实用，又便于可视化管理，便于现场管理人员了解和掌握现场的生产状况。

6.3.6 质量保证机制

1. 建立质量主管跟踪机制

做好质量管理工作，首先要从源头抓起。建立质量主管跟踪机制，就是要充分发挥源头作用，为后续质量改进夯实基础。质量主管接到在线质检人员关于质量问题的报警后，应填写下发停机整改通知单，描述质量缺陷；车间主任和工艺员确认签字，质检员通知机台操作人员停机。对于检测出的问题，质量主管应逐个进行追溯跟踪，直至质量问题排查解决，并记录追溯情况。对重新开启的机台，质检员应进行整改后的效果跟踪检验，质量主管进行重点关注。

2. 建立质量信息反馈机制

（1）建立质量信息日反馈机制。为确保该项工作有效推进，应加强质量信息的统计与反馈，对质量缺陷和停机信息进行当班统计和分析，及时传递，向上传递至主管领导，向下传递到车间主任、工艺员，再通过车间传递到机台、操作人员，便于各级人员掌握实时情况。另外，对一些生产过程中具有共性的问题，车间部门应成立课题组，共同分析原因，提出改进措施。这样，形成"统计分析——及时传递——问题整改——效果验证"的闭环质量信息日反馈机制。

（2）建立原材料信息沟通机制。每次更换材料应形成信息链，物资供应部门以电子表格的形式提前一天下发到相关车间，车间对材料信息进行核对，对材料使用情况记录予以反馈，质检部门进行跟踪并将问题反馈到厂家进行整改，以确保更换材料期间质量稳定。同时，完善材料防差错流程，从入库、机台接收使用到整个生产过程，细分把控关键节点，规定操作规范，提高预防能力。

3. 注重源头治理，加强材料把关

（1）在材料进厂环节，对容易出现质量问题的材料加大抽检比例。

（2）对于生产过程中发现的材料质量问题，及时向企业采购部门和供应商反馈信息，召开材料供应商质量座谈会，对材料质量问题进行通报和实物展示，发出质量问题整改书，共同研究改进材料质量。

（3）对于质量问题较多、质量波动大和上机适用性差的材料，由主管领导亲自带队，组织技术、质量管理人员到供货厂家帮助分析原因，指导整改，督促供应商从生产源头提升材料质量。

4. 推进体系建设，强化激励引导

随着质量改进机制的推进，原有制度如果不适应形势的发展，应根据工作实际，在企业技术标准框架下，制定企业内控标准。

（1）对管理制度在原有基础上进行持续优化，从制度层面激励引导车间强化内部管理，持续改进提升。

（2）建立月度质量分析会制度，加强每周质量分析和批次分析，关注周期性和趋势性质量波动，关注班次间、批次间、机台间的质量差异，从检测数据中找波动，在波动中找异常，针对异常找原因，针对原因抓整改，指导车间和机台进行改进。

（3）落实技术标准的执行和问题的整改。牢固树立精品意识，质量零缺陷不仅体现在加工过程精益求精，而且在实物质量上追求完美。深入开展质量隐患排查活动，激励引导，加强对重复性质量缺陷的检验，建立长效机制。

5. 突出责任主体，推行自检自控

（1）以员工岗位胜任能力为重点，加强学习型部门和班组建设。精心组织岗位练兵和技能竞赛；完善绩效评价机制，加大质量考核的力度，并切实做到动态管理、绩效挂钩，促使员工由"要我做"变成"我要做"，由"要我学"变成"我要学"。

（2）对生产过程中可能发生的问题进行系统性的分析，明确产品制造过程中需要自检的项目和自控的措施。针对容易出现的质量缺陷和质量波动的特殊时间段，在操作人员自检自控的同时，由质检人员进行抽检，及时发现质量缺陷；同时，加大检查考核力度，引导职工认真做好本岗位工作质量、实物质量的自检自控。

6. 扎实开展质量改进活动，固化活动成果

（1）围绕提高产品质量这个主题，引导员工深入学习应用质量管理方法，用创新的方法去研究问题、解决问题。对于排查出的突出的、难以解决的问题，成立攻关小组，分析解决问题，加强过程控制和预防改进。

（2）把解决问题的过程进行总结，作为车间培训的课件，对技术人员进行培训，推广应用先进方法。对出现的同一类问题，将产生原因、改进措施、预防重点作为质量缺陷条目纳入质量缺陷库，并通过生产现场的质量缺陷库查询平台，方便员工查询。对有价值的经验和有效的做法进行应用和推广。同时，利用质量缺陷库对员工进行技术培训，将质量缺陷库应用于指导实际的质量问题分析与改进，实现经验共享。

6.4　精益质量管理的成效

1. 提高企业的工作效率

基于信息化的精益质量管理不仅明确企业质量管理体系各要素的要求，而且提出并规定了有效的、切实可行的控制程序和方法，如质量先期策划、测量系统分析、生产批准程序等。合理地使用这些方法，可以有效地提高工作效率，增强企业的战斗力。

2. 有利于员工质量意识的形成

通过加强人力资源管理、培训管理，能够形成与质量有关的各级管理人员、岗位员工整体素质不断提高的良好局面，形成以客户为关注重点，满足客户要求的意识。

3. 提高客户满意度

随着产品质量的不断改进与提高，按时交付产品机制的建立，以及对客户要求的关注与满足，精益质量管理将帮助企业不断提高客户的满意度。

4. 预防产品缺陷，减少不合格产品

精益质量管理对产品的策划、设计与开发、制造过程设计、生产过程的确认、不合格产品的分析与控制、纠正措施、预防措施等诸多过程进行控制。对产品实现过程的潜在缺陷进行识别、分析，制定相应的措施，防止不合格产品的发生，减少不合格产品，降低废品损失，减少成本，从而提高企业产品的市场竞争力。

5. 产品质量明显提高

实施精益质量管理，采取质量先期策划、控制计划等手段，对产品从原辅材料采购到产品实现直至交付的全过程规定控制要求，实施全程控制，能有效地提高产品的实物质量。

6. 确立生产质量管控模式

优化和确立生产组织及质量管控模式，使精准控制内涵深入人心。以构建预防性质量管控体系为重点，将产品生产与 SPC 技术应用、质量缺陷库建设和层次化质量评价系统相结合，产品内在质量得到有效保证。

7. 为企业实施全面质量管理提供支持

精益质量管理系统通过对生产过程关键输入变量的系统监控、统计分析，实现对过程关键输出变量的有效控制，从而以最小的成本实现产品质量的持续提高，并形成企业质量管理的核心能力。作为分析支持系统，它为质量管理者掌握生产过程能力、质量技术人员统计分析生产过程能力、现场操作人员监控生产过程能力提供了准确、便捷、直观的途径，既有高度概括的可视化功能，又有细致入微的多层数据挖掘功能，体现了全员参与的思想。

精益质量管理系统强调全过程监控，并且强调用科学方法来保证生产全过程缺陷的预防。在企业产品质量管理上的应用也逐渐从生产制造过程质量控制扩展到产品设计、辅助生产过程、售后服务及产品使用等各个环节的质量控制，强调全过程的预防与控制，帮助企业在质量控制上真正做到"事前"预防和控制。

精益质量管理系统作为质量改进的重要工具，在过程质量改进的初期，可以帮助确定改进的机会，在改进阶段完成后，可以用于评价改进的效果并维持改进成果，然后在新的水平上进一步开展改进工作，以达到更强大、更稳定的工作能力，体现了 PDCA 循环。

精益质量管理系统运用了大量统计学方法，使用控制图进行监控。此时控制图的控制界限已经根据分析阶段的结果而确定，控制图的波动情况可以显示出过程受控或失控，如果发现失控，必须寻找原因并尽快消除其影响。这充分体现出全面质量管理预防控制的思想。

案例：某化工企业质量管理信息化建设

一、项目背景

化工行业在各国的国民经济中都占有重要地位，是许多国家的基础产业和支柱产业。L公司是一家增长型的外资公司，主要生产涤纶工业长丝、浸胶布等，产品广泛应用于橡胶及子午线轮胎的骨架材料、输送带、篷盖织物、线缆绳带及土工材料。公司面对业务的高速发展，对现行的质量控制提出了更高的要求。

该公司产品生产的主要工艺流程包括切片、纺丝、加捻、织造和浸胶五个环节，希望通过质量管理信息化建设，简化数据采集方式，提高效率；改善 SPC 过程控制，加强预警机制；完善统计分析（日报表、月报表）；实现异常处理的全程跟进；整合车间信息，实现共享；全面实现质量追溯。

二、质量管理系统设计

1. 数据采集

开发现有拉力计、天平，以及含油率、网络点、相对黏度测试计等设备的数据接口，实现高效地将分散检验数据自动采集到系统中；开发与设备控制系统的接口，自动采集生产设备的运行参数。

2. 过程监控

改变以往手工录入数据绘图的模式，数据采集之后，完全实现自动绘图、判定、报警。只需点击几下鼠标，便可将各工序（实验室）中的关键特性及工艺参数，如黏度、纤度、断裂强度、断裂伸长、EASL、硬度等设置成 SPC 监控，其余工作就可交由系统完成，完全无须人工干预。

将监控关键特性的车间一览显示在车间看板屏幕上，所有员工都可以看到各个车间或工作站的生产状态，高层管理者也可实时对公司的所有生产过程进行宏观监控和了解，如图 6-23 所示。

3. 统计分析

完成大量的数据采集后，如何实时对数据进行分析，是公司提升质量管理水平的关键。公司可应用系统工具群（包括多维箱型图、多级帕累托图、直方图、3D 图等），根据工艺流程对数据进行灵活的定制和对比分析。

系统提供众多的图形报表，用户只需单击鼠标，实时的报表马上会呈现在面前。工厂完全摆脱了周报表、月报表的限制，还可设置定时自动报表发送功能，让管理者轻松便捷地获得相关信息。

4. 异常处理

工厂出现内部异常或客户投诉（或其他流程审批工作）时，只需将问题发

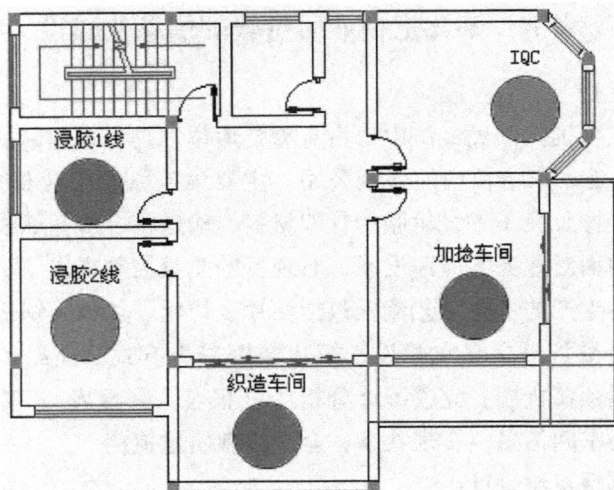

图 6-23　车间电子看板

布并设置好相关的处理流程、责任人、时间期限，其余的工作系统会自动提醒、跟踪，直至问题解决。此外，系统还可与工厂现有指示灯系统集成，自动触发设备故障通知单，以提高效率。

借助这个系统，工厂将彻底摆脱人工跟进方式可能出现的各种弊端，灵活的统计分析功能也为工厂的知识积累、质量决策、绩效考核提供了一个强大的资料库。

5. 质量追溯

这个系统将帮助公司全面实现成品→原材料和原材料→成品的追溯。只需单击鼠标，所有的信息都可通过一个批次号、条码信息、序列号或日期进行查询、追溯和分析，100% 实现双向追溯，让工厂在出现质量问题或客户投诉时能准确定位到单个检验结果，高效处理问题。

三、系统的效益分析

该系统运行实施后，可以提高数据采集效率，确保源头数据准确、及时；对生产过程进行实时监控和预警，可以帮助公司在第一时间发现质量隐患，提高对异常的快速响应能力；运用强大的统计分析工具，可以整合、共享车间信息，实现无纸办公；对异常问题的全自动跟进，可以缩短反应时间，提高异常处理效率，完善绩效考核。公司可实现对产品全生命周期的追溯，提高信息传递效率；公司高层管理者可实时了解整个公司的质量管理情况。

（资料来源：广州力治信息科技有限公司，《化工行业 SPC 软件方案》。）

第 7 章

基于信息化的精益设备管理

7.1 精益设备管理的理论基础

生产设备是生产力的重要组成部分和基本要素之一，是企业从事生产经营活动的重要工具和手段，是企业生存和发展的重要物质财富。提高设备管理水平，对促进企业发展与进步有着十分重要的意义。

在企业的生产经营活动中，生产设备管理的主要任务是为企业提供优良的设备和保证经济的运行成本，使企业的生产经营活动建立在最佳的物质技术基础之上，保证生产经营顺利进行，以确保企业提高产品质量，提高生产效率，降低生产成本，进行安全生产，从而使企业获得最大经济效益。在新产品开发、产品生产、包装质量、储存状态等一系列生产经营活动中，无不体现出生产设备管理的重要性。企业为了赢得竞争，降低生产成本，生产出满足客户需求、为企业创造最大经济效益的高质量的产品，生产设备管理是重要保障。生产设备管理水平是企业的管理水平、生产发展水平和市场竞争能力的重要标志之一。

7.1.1 精益设备管理的概念

精益设备管理是指运用精益管理思想和工具，以客户需求为出发点，持续改进和优化设备技术、经济、组织管理，消除设备管理过程中的各种浪费，保证企业以高品质、高价值、高效率对市场需求做出迅速的响应。设备精益管理的主要任务是导入精益管理的思想和工具，进一步提升设备管理精益化水平和对工艺质量、节能降耗等管理的保障能力。

精益设备管理涉及多方面的工作，包括检修维修技术运用、检修维修系统管理、设备安全管理、质量检查及控制、生产工艺保障、设备人力资源管理、备件管理及成本控制、生产及设备供应链合作等。精益设备管理以设备精细化管理为主线，以效率提升为过程，以直接的产品产出为结果，以企业的成本降低、利润提高为目标，最终在企业中形成人机和谐的管理文化。

7.1.2　精益设备管理的内容

精益设备管理是对现有设备管理的有力补充和升华，其核心思想是"用最少的费用，创造更多的利润；用最少的生产人员，创造更高的效益"。其主要内容包括以下几个方面：

1. 综合效率精益化

精益设备管理运用系统的观点和方法，把设备的一生作为研究和管理对象。精益设备管理把生命周期费用作为评价设备管理的重要指标，通过将设备生命周期内所有可能产生的费用量化，追求生命周期费用最小化，而不只研究某一阶段费用的经济性，建立全员的经济高效精益化设备管理体制。精益设备管理是以提高设备的综合效率为目标，优化设备管理的各个环节，减少设备的停机次数，减少设备在运行过程中的成本，从而达到提高设备的使用寿命，提高生产效率，从"减少"的角度提高企业的利润，使企业在产品成本上更有竞争力。

2. 保障生产精益化

精益设备管理最大限度地保证生产过程的正常运行，包括质检、工艺、维修、操作等各个方面的保证。通过对生产线的合理布置，将一线能完成的所有环节都放在一线完成，减少半成品转移，最大限度地提高效率。精益设备管理的特点是要求一线员工"自己操作的设备，自己维修；自己生产的产品，自己检查；自己要生产的产品，自己写工艺文件"，通过管理技术人员和下游工序的生产人员实现过程控制，包括现场管理、记录填写、人员培训等方面。

3. 运行维护精益化

精益设备管理采取动态的检修和维护制度。维护制度是检修制度的基础，改进检修制度的重点是突出维护制度，将监护维修与计划预修相结合，调整检修方式，提高计划检修的针对性和有效性，克服周期性检修的盲目性所造成的浪费，以达到设备投入的最佳经济效果。重视技术进步的作用，根据企业发展目标，有计划地引进先进工艺技术，实施技改技措和技术创新，不断提高设备管理水平，提高工效，减少消耗，提高设备运行效益。

4. 管理信息化

设备管理信息化是实现精益设备管理的最重要的环节。通过建立企业的设备管理体系，实现在整个企业范围内的设备数据共享，进而提高企业设备的运行维护能力。信息化改变了以往的经验型管理模式，提高设备效率，优化资源配置，实现了信息化带动工业化发展的目的。信息化还可以使设备管理人员及时了解设备的运行状况，帮助决策者做出准确决策，进而实现企业各部门快速报送数据，为企业整体决策提供技术支持，为实现精益设备管理打下良好的基础。

7.1.3　精益设备管理在流程型行业中的应用

随着生产技术的不断发展，设备管理工作对于流程型行业提高产品质量、降低能耗起着越来越重要的作用。在很长一段时间内，这类行业的设备管理主要依靠经验管理。如何减少设备故障，提高生产效率，推动设备管理从经验管理向科学管理转变，是流程型生产行业探索的重要课题。

设备管理精益化工作的宗旨是设备运行综合效益最大化。企业应采取综合技术经济管理措施，高效利用原辅材料，不断提高产品质量，合理控制运行费用，保持运行效率持续、稳定提高。

设备管理精益化的目标包括产品质量、维护费用、材料消耗、运行效率等。企业应努力追求设备运行零故障、设备诊断零失误、备件管理零冗余、设备零安全事故；在管理上做到"六个精"，即设备信息管理精细化、设备状态预测精确化、运行成本控制精细化、设备修理精准化、设备保养精心化、队伍建设精干化。

企业设备管理精益化工作包括六个方面：①以设备全生命周期为管理对象，做好基础信息的精细管理；②以可靠预测设备运行为手段，开展设备状态的精确管理；③以健全的检修维修体系为保障，推行设备的精准修理；④以综合规范的保养为准则，实施设备的精心保养；⑤以备件精确管理为措施，实现运行成本的精细控制；⑥以高素质技能人才为核心，建设精干的设备管理队伍。

当今是一个信息技术快速发展、集成发展、全方位发展的时代，信息化技术的发展与广泛应用是大势所趋。企业要对设备管理信息化建设工作充分重视。设备管理信息化是数字化建设的有机组成部分，是实现信息化和工业化"两化"深度融合的重要基础。建立高效的设备管理信息化平台，能够有效发挥网络技术在传递信息、整合资源、传承知识、提升管理方面的作用，有效解决企业和基层车间之间信息不对称的问题，促进设备管理工作效率的提高。

7.2　精益设备管理与信息化

7.2.1　传统设备管理方法存在的问题

1. 对设备运行状态的监控力度不够

在传统设备管理中，对于一些重点设备和大型设备，设备管理人员无法及时、准确地掌握设备运行状况，往往要在设备发生事故后才去进行"复习""补课"，无法做到基于设备状态的检测、预知维修，也无法实现设备的动态检修、动态管理。

2. 成本计算不准确，控制能力差

在现代企业的生产运营中，成本已经成为关系到企业生存和发展的重要指标。传统的设备管理只能采用人工核算的方式计算产品成本，其中零部件成本、能源成本等往往都无法计算。成本费用的分摊很粗糙，大量的成本数据采集都是人工归集的，数据的准确性很差，使得成本计算不准确。这样的方式无法进行标准成本计算，也无法进行成本分析，因此也就无法对设备实施有效的成本控制。

3. 信息传递速度慢，缺乏信息共享

在设备管理过程中，充分的信息交换和信息共享可以有效地提高工作效率。然而在人工管理条件下，设备信息分散，缺乏完善、准确的基础资料，信息传递不及时、不准确，管理人员之间缺乏信息共享，这严重影响了设备管理的时效性和执行力度。

4. 业务流程不合理，控制不规范

由于设备管理涉及的部门多，人员构成复杂，传统的流程中存在管理和控制不规范的情况，随意性强。

5. 缺少新思想、新方法、新技术的应用

墨守成规、故步自封，这也是传统设备管理中存在的问题。随着成本不断上升、市场竞争日趋激烈，企业迫切需要一种新的方式来改善传统设备管理方式存在的弊端，让企业在保生存、求发展的道路上走得更远。

这些问题都严重地影响着企业设备管理的水平和效率，制约着企业自身竞争力的提高。所以，采用现代化的设备管理新思想、新技术和依靠信息化手段，实现企业设备管理的创新，是刻不容缓的任务。因此，基于信息化的精益设备管理是企业面对当前形势做出的必然选择。

7.2.2 精益设备管理系统

设备管理信息化系统围绕"设备资产管理"这个中心，能够为企业提供针对设备整个生命周期的跟踪管理，使设备的使用、保养、维护、改造、大修直至更新的整个生命周期得到科学的管理与控制，进而实现"经济成本可控"的目标。依靠设备信息化管理手段，还能够促进设备管理标准与技术标准的统一，促进设备管理工作的流程化、标准化、规范化，进而促进设备管理水平的全面提升。

精益设备管理系统属于精益制造系统中的子系统，主要承担其中的设备管理业务。其中，企业负责设备台账管理、设备标准管理、设备运行考核并收集传递业务数据；各生产车间负责备件管理、设备维修管理、设备保养管理、设备运行管理，并收集传递原始业务数据；班组负责收集和传递设备运行的实时数据，如图 7-1 所示。

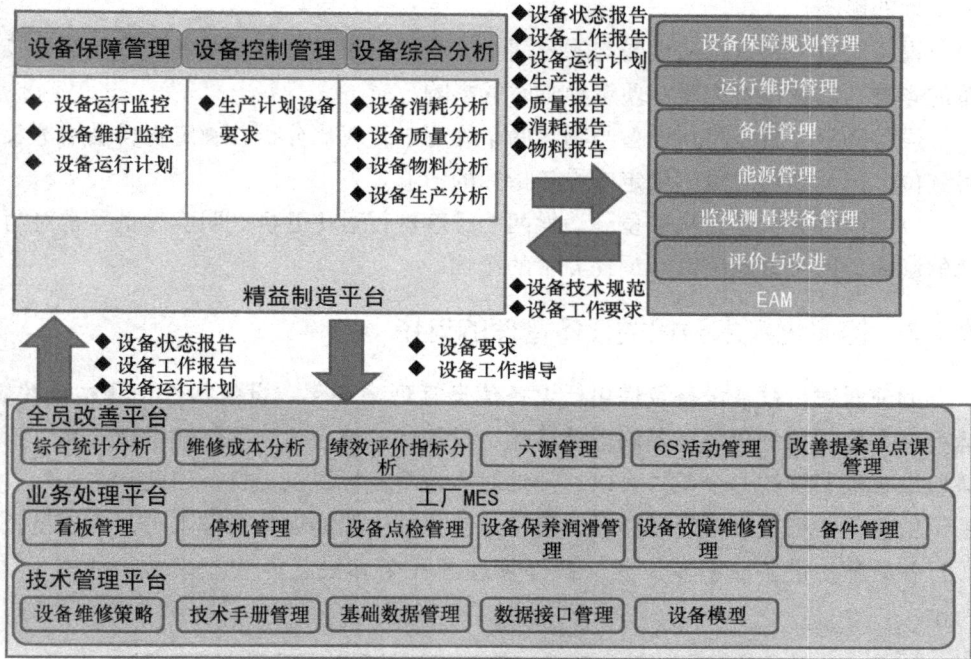

图 7-1　设备管理系统功能框架

设备运行计划管理是指精益制造平台对各车间 MES 提交的设备运行计划进行管理。设备运行计划是由设备管理部门根据企业实际的设备运维保养计划和生产日历等信息制订的，提供给生产制造部，在精益制造平台中供排产使用。生产制造部在精益制造平台中进行设备运行计划及生产计划分析，当设备运行计划不能满足生产计划时，通过人工向车间下达设备运行计划更改建议。

设备运行状态监控是指精益制造平台接收 MES 的设备运行实时数据，并对设备进行状态监控和报警监控。对设备状态主要监视各工序、机台的停机、故障、流量、温度、湿度、转速、频率、压力等信息。

设备运维监控管理是针对设备点检、设备保养、设备润滑、设备维修的监控及评价管理。

生产计划的设备要求是指将对设备的要求与生产计划相匹配，指导工厂生产，并在生产过程中进行设备要求的执行监控；设备要求包括设备型号要求、设备有效作业率要求等。

设备与生产分析是指从设备与生产计划两个维度进行对比分析，从而找出设备异常时对生产计划执行情况的影响，以及生产计划安排不合理时对设备相关效率指标的影响。

设备质量分析是指从设备与质量两个维度进行对比分析，明确设备异常对质量的影响，以及设备因素对质量异常时的影响。

设备物料分析是指从设备与物料两个维度进行对比分析，确定物料供给不及时到位，以及物料质量不稳定对设备指标的影响。

设备消耗分析是指从设备与消耗两个维度进行对比分析，明确设备异常对消耗的影响，以及设备因素对消耗异常的影响。

7.2.3　信息化技术对精益设备管理的支持

如前所述，精益设备管理包括设备信息管理精细化、设备状态预测精确化、运行成本控制精细化、设备修理精准化、设备保养精心化和队伍建设精干化。精益质量管理系统的七个模块可以有效地对这六个目标提供支持。因此，企业建立基于信息化的精益设备管理体系，可以不断提高企业的设备管理水平，实现设备运行零故障、设备诊断零失误、备件管理零冗余和设备零安全事故，如图 7-2 所示。

目标	精益设备管理					
分目标	设备信息管理精细化	设备状态预测精确化	运行成本控制精细化	设备修理精准化	设备保养精心化	队伍建设精干化
信息化支持	设备运行计划管理+生产计划设备要求+设备与生产分析	设备运行状态监控+设备质量分析	设备消耗分析	设备运维监控管理	设备物料分析	设备管理系统
效果	设备运行零故障 设备诊断零失误 备件管理零冗余 设备零安全事故					

图 7-2　信息化技术对精益设备管理的支持

7.3　精益设备管理信息平台的应用

信息化是精益设备管理的保障。依托设备信息化管理系统平台，可以推进设备管理方式的"三个转变"，即从传统经验管理向现代科学管理的转变，从结果控制向过程控制的转变，从重投入轻产出向技术与经济相结合的综合管理转变；通过设备管理方式的"三个转变"最终可实现"三个可控"，即实现设备状态可控、管理过程可控、生产成本可控。

7.3.1　管理方法从经验管理到科学管理

经验管理是指一个组织的管理者以个人的经验和直觉作为标准进行管理，它往往是零碎的，缺乏系统性、长期性和科学性。而科学管理则排除了个人的主观臆断，以对客观事物进行调查和实践的结果作为管理依据，遵循客观的原则、程序和方法。

设备管理精益化的基础是科学管理。实施信息化后，企业设备管理方法从传统经验管理向现代科学管理转变。通过建立完整的数据报表统计和智能化决策分析系统，实现管理方法的数字化、管理手段的电子化；通过建立企业统一的管理标准、工作标准、技术标准，实现设备管理标准化；把全生命周期管理理念以及全员生产维护（TPM）理念等现代管理思想方法融入设备管理工作中，强有力地推动了设备管理由传统经验管理向现代科学管理的转变。

案例7-1：利用信息系统发现设备问题并予以解决

某车间对一个时期的设备问题汇总分析，发现出现停机频率较高的是 4#包装机，原因是跑条故障较多，如图 7-3 所示。

通过图 7-4 进一步对 4#包装机进行分析。

以上统计结果表明，引起机组停机次数较多的原因为伺服电动机停机和连接线故障。车间根据统计结果，针对存在的问题，结合 MES 组织维修解决。

案例7-2：基于停机时间的预防维修管理

精益设备管理平台可以提供设备在一段时间内的总停机次数、总停机时间、单位产量停机次数和单位产量停机时间，以及分析图形，并且列出具体停机部位，为车间及时对设备进行预防维修管理提供数据依据。

| 开始日期: 2014-05-06 | | 结束日期: 2014-05-19 | | 统计类型: 停机次数 | | 班组: 全部 | | 查询 |

停机原因	1#	2#	3#	4#	5#	6#	7#	合计	百分比
缀极堵				23	28	32	31	114	3
刀头盘报警	32		6					38	1
断水松纸		8		14	5	7	3	37	1
断纸		18		38	57	51		164	5
风机未起动	4		6					10	0
胶辊未起动			1					1	0
接装机急停				1		2	1	4	0
接装机加热故障							5	5	0
接装机正常停		32		155	65	70	92	414	13
包装机急停						11	1	12	0
包装机正常停		76		131	140	127	87	561	17
料斗门连锁				1		1		2	0
滤棒供给连锁		10		21	28	65	22	146	4
滤棒料斗堵连锁		13				6		19	0
磁条		41		281	57	78	84	541	17
前防护罩连锁		1		3			3	7	0
切刀未起动	11		23					34	1
缺丝		21		28	25	15	23	112	3
下游机连锁		20		11	2	21	4	58	1
其他	373	1	429	16	15	7	2	843	27
合计	420	228	465	735	423	487	364	3122	100
百分比	13	7	14	23	13	15	11	100	

图7-3 设备问题汇总分析

| 开始日期: 2014-05-06 | | 结束日期: 2014-05-19 | | 包装机: 4#包装机 | | 查询 |

包装机	主机停机部位	停机次数	停机次数百分比	停机时间	停机时间百分比
4#	3轮缺商标纸	159	3.53	32分38秒	0.57
4#	3轮入口堵塞	21	0.47	48分47秒	0.86
4#	4轮入口堵塞	4	0.09	1分50秒	0.03
4#	出口盘扭矩调节器	123	2.73	18分34秒	0.33
4#	出口盘烟包堵塞	51	1.13	28分32秒	0.5
4#	出口皮带封签检测	216	4.79	90分55秒	1.6
4#	电柜故障	9	0.2	3分14秒	0.06
4#	空模盒检测失败	2	0.04	0分5秒	0
4#	连接线故障	259	5.75	654分59秒	11.53
4#	模盒烟支未满	360	7.99	35分35秒	0.63
4#	模盒阻塞	2	0.04	0分31秒	0.01
4#	伺服电动机停机	376	8.34	955分5秒	16.81
4#	停止按钮按压保持时间	13	0.29	53分0秒	0.93
4#	涂胶器商标纸检测	74	1.64	9分9秒	0.16
4#	涂胶器商标纸检测故障	127	2.82	72分8秒	1.27
4#	无铝箔纸	379	8.41	68分46秒	1.21
4#	烟道阻塞	86	1.91	11分6秒	0.2
4#	烟库无烟	573	12.71	163分50秒	2.88
4#	合计	4508	100	5683分0秒	100

图7-4 4#包装机分析

从图 7-5 和图 7-6 可以看出，2#机组表现较好，停机次数和停机时间都比较低；4#、5#机组停机次数较多，4#、6#、7#机组停机时间较长。

班组	单位产量停机次数/(次/万支)				单位产量停机时间/(min/万支)				总停机次数/次				总停机时间/min		
	甲班	乙班	丙班	平均	甲班	乙班	丙班	平均	甲班	乙班	丙班	平均	甲班	乙班	丙班
1#	0.034	0.051	0.036	0.04	0.119	0.159	0.166	0.148	123	163	132	139.333	438.183	514.283	603.4
2#	0.029	0.018	0.026	0.024	0.111	0.081	0.136	0.109	92	59	95	82	356	273.25	497.75
3#	0.049	0.033	0.031	0.038	0.142	0.122	0.142	0.135	171	105	103	126.333	501.1	388.833	464.133
4#	0.081	0.07	0.063	0.071	0.154	0.18	0.161	0.165	282	232	173	229	536.617	600.833	440.133
5#	0.06	0.073	0.056	0.063	0.128	0.178	0.149	0.152	173	243	176	197.333	371.317	595.083	470.717
6#	0.047	0.053	0.041	0.047	0.168	0.159	0.165	0.164	143	179	128	150	508.9	542.117	511.983
7#	0.055	0.054	0.049		0.128	0.142	0.229	0.166	194	167	159	173.333	451.467	436.65	747.95
平均	0.051	0.05	0.043	0.048	0.136	0.146	0.164	0.148	168.286	164	138	156.762	451.941	478.721	533.724

单位产量停机次数和时间表　　　　总停机次数和停机时间

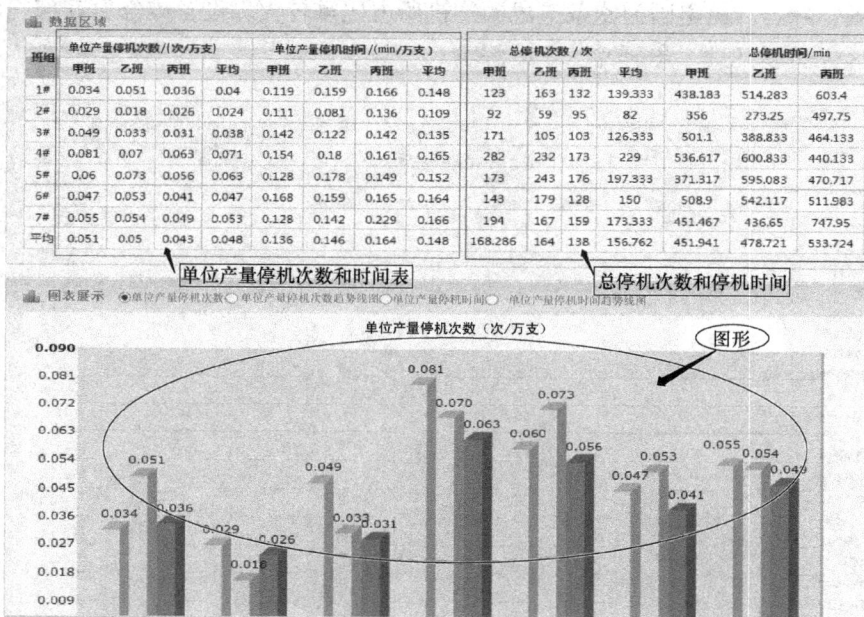

图 7-5　单位产量停机次数、时间图

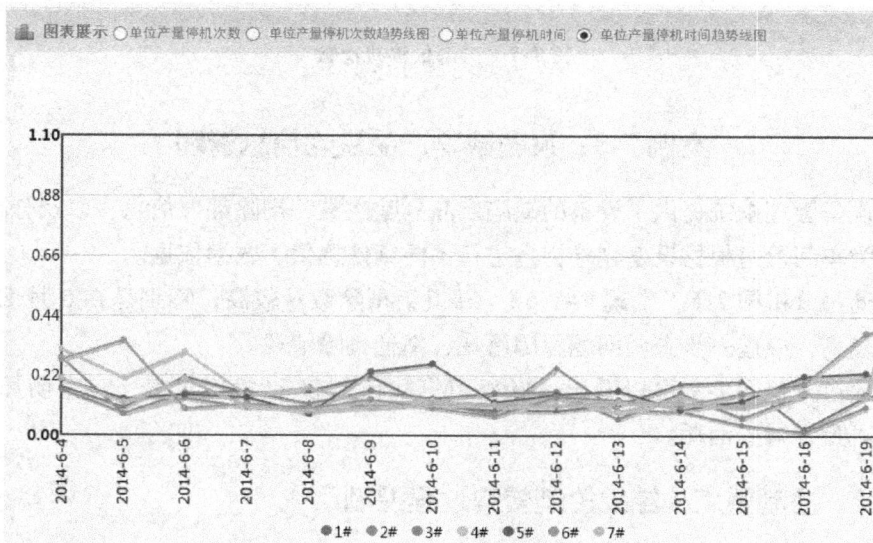

图 7-6　单位产量停机趋势图（2014-06-01 到 2014-06-20）

通过图 7-7 进一步分析停机原因。从整体上看，除去正常停机的因素，由于跑条和断纸造成的停机所占比重较大；就具体设备来看，1#、3#、4#、5#机组因为断纸，4#、7#机组因为跑条造成的停机所占比重较大。设备维修保养部门应重点在这方面展开进一步研究，予以解决。

停机原因	1#卷接机	2#卷接机	3#卷接机	4#卷接机	5#卷接机	6#卷接机	7#卷接机	合计	百分比
搓板堵		6		40	150	3	46	245	7.16
刀头盖报警	33		3		7			43	1.26
断水松纸	5	30	4	20	14	27		103	3.01
断纸	110	9	71	85	92	35		402	11.75
风机未起动	4		8					12	0.35
加热器故障		1					4	12	0.35
接装机急停						3	2	5	0.15
接装机正常停	72	49	61	62	49	66	89	448	13.09
卷接机急停		1						1	0.03
卷接机正常停	108	27	73	110	126	85	99	628	18.35
料斗门连锁	1			1				3	0.09
滤嘴堵连锁	3			9			10	22	0.64
滤嘴供给连锁	1	10		18	37	30	13	109	3.19
跑条	8	85	93	278	89	138	232	923	26.97
前防护连锁					2	4		6	0.18
切刀未起动	3		17		2			22	0.64
缺烟丝	44	26	37	24		22	25	203	5.93
伺服电动机故障		1		6	4			11	0.32
下游机连锁	26	8	17	11	3	44		110	3.21
重量故障				2				2	0.06
其他	25	11	16	31	17	2	10	112	3.27
合计	443	265	403	695	617	461	538	3422	100
百分比	12.95	7.74	11.78	20.31	18.03	13.47	15.72	100	

图 7-7　分部位停机次数

案例 7-3：设备缺陷产品剔除信息管理

设备管理系统提供了设备的缺陷产品剔除次数和剔除部位信息，以及分析图形，为车间及时根据设备剔除信息进行预防维修提供了数据依据。

通过分析图 7-8，发现 4#、5#、6#机组剔除数量较高，特别是在 6 月 15 日数量过高，应进一步查明问题原因所在，降低剔除消耗。

通过分析图 7-9 可以看出，1#机组剔除比例较 2#机组过大，应查明原因，找出不足，减少消耗。

7.3.2　控制重点从结果控制转向过程控制

过程决定结果，只有重视过程，加强过程控制，才能获得希望的结果。设备管理精益化是一项系统工程，具有"精、细、严、实"的特点，涉及设备管理

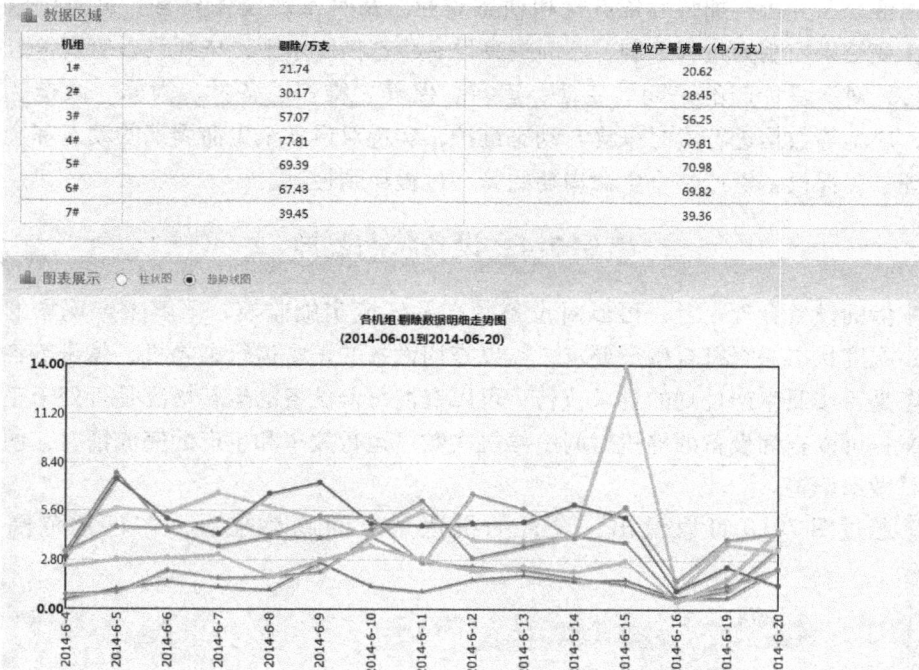

图 7-8　剔除数据图表

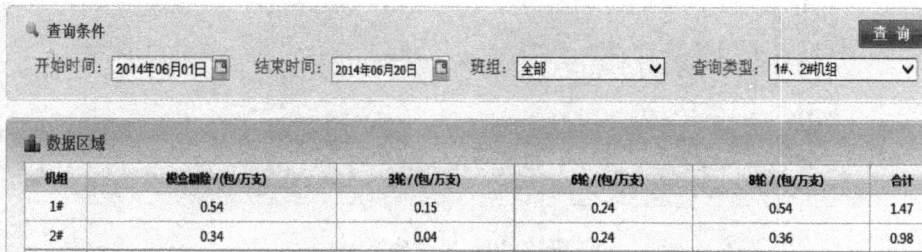

图 7-9　1#、2#机组剔除表

的方方面面，涉及与设备管理相关的物流、资金流、信息流，既有静态的，也有动态的。只有从设备管理各项工作的细节入手，加强过程控制，才能逐步实现精益管理。

为实现设备管理"过程控制"的目标，企业应从三个方面入手，持续推进设备管理从结果控制向过程控制的转变：依托设备管理信息化平台，进一步优化和固化设备管理流程，使这些管理过程做到可操作、可监控、可评估，从而提高对设备工作过程的控制水平；依托设备管理信息化平台，对设备运行参数进行收集、汇总、分析，加强设备点检和动态监控，及时发现设备异常，及时予以处理，变结果控制为过程控制，不断提高设备状态控制水平；依托设备管理信息化平台，对设备资产的采购、变动、运行、保养、维修、备件、大修、改造、产量、成本等数据进行实时采集与动态维护，实现对设备全生命周期的动态和全程管理，确保设备资产整个生命周期的管理过程得到控制。

案例7-4：设备状态监控

借助设备管理平台，可以对设备状态及环境实施监控，了解生产现场的温度、湿度状态是否符合生产要求；可以查询设备的正常运行、停机、休班等各种状态是否按照生产计划的要求执行；可以查询每台设备的运转情况是否处于正常状态；可以查询设备的停机时间、停机次数、运行效率和生产的完成情况，便于随时做出调整。

通过图7-10可以看出，设备的机速从时间趋势来看，在正常范围内波动。

图7-10　机速分析

通过图7-11可以看出，生产车间的温度和湿度都在正常范围内，设备运转正常，但CX01#、FS02#设备出现异常，应尽快解决。

案例7-5：设备当班运行状态

通过设备管理系统可以实时查询当班设备运转情况、产量、有效作业等信息，并在第一时间做出调整，如图7-12所示。

当前作业为丙班生产，通过分析图7-13，发现机台01和03有效作业率过低，发生了较长时间的停机，应有异常情况发生。

图 7-11　生产现场和设备运转情况

生产过程管理/生产过程数据查询/卷烟机生产数据查询

当班　　当班数据　历史查询　数据导出

生产数据查询　机台对比　牌号对比　机台/牌号对比　每天产量对比　月度产量对比

生产日期	班时	班次	机台	牌号	产量/箱	作业率(%)	机器效率(%)	咀棒/万支	盘纸/盘	水松纸/盘	运行时长	停机时长	计划产量/箱
2015-01-05	早班	丙班	01		1.30	4.89	100.00	1.67	1	0	00:10:06	02:36:18	54.00
2015-01-05	早班	丙班	03		18.08	68.18	100.00	22.63	13	5	01:58:08	00:46:39	54.00
2015-01-05	早班	丙班	05		12.34	45.77	99.68	15.63	7	3	01:26:27	01:21:12	54.00
2015-01-05	早班	丙班	07		20.72	78.10	99.90	25.67	11	6	02:15:35	00:29:17	54.00
2015-01-05	早班	丙班	09		19.24	71.79	99.90	23.98	11	5	02:07:23	00:39:13	54.00
2015-01-05	早班	丙班	10		19.82	74.86	100.00	24.94	15	6	02:18:08	00:26:23	54.00

数据区

图 7-12　设备生产数据

设备运维管理/设备运维查询/设备有效作业率日报

设备有效作业率

日期	机台	班时	班次	实时产量/箱	理论产量/箱	额定台时产量(箱/60/min)	制度工作时间/min	计划工作时间/min	非故障停机时间/min	设备有效作业率(%)
2015/1/5	01	中班	甲班	87.000	92.80	9.600	600	580.00	20.00	93.75
2015/1/5	01	夜班	乙班	66.000	73.60	9.600	480	460.00	20.00	89.67
2015/1/5	01	早班	丙班	1.000	73.60	9.600	480	460.00	20.00	1.36
2015/1/5	03	中班	甲班	86.000	92.80	9.600	600	580.00	20.00	92.67
2015/1/5	03	夜班	乙班	68.000	73.60	9.600	480	460.00	20.00	92.39
2015/1/5	03	早班	丙班	22.000	73.60	9.600	480	460.00	20.00	29.89
2015/1/5	05	中班	甲班	50.000	69.12	9.600	600	432.00	168.00	72.34
2015/1/5	05	夜班	乙班	59.000	73.60	9.600	480	460.00	20.00	80.16
2015/1/5	05	早班	丙班	16.000	68.32	9.600	480	427.00	53.00	23.42
2015/1/5	07	中班	甲班	58.000	92.80	9.600	600	580.00	20.00	62.50
2015/1/5	07	夜班	乙班	65.000	73.60	9.600	480	460.00	20.00	88.32
2015/1/5	07	早班	丙班	25.000	73.60	9.600	480	460.00	20.00	33.97
2015/1/5	09	中班	甲班	50.000	76.48	9.600	600	478.00	122.00	65.38
2015/1/5	09	夜班	乙班	64.000	73.60	9.600	480	460.00	20.00	86.96
2015/1/5	09	早班	丙班	22.000	73.60	9.600	480	460.00	20.00	29.89
2015/1/5	10	中班	甲班	79.000	92.80	9.600	600	580.00	20.00	85.13
2015/1/5	10	夜班	乙班	55.000	73.60	9.600	480	460.00	20.00	74.73
2015/1/5	10	早班	丙班	23.000	73.60	9.600	480	460.00	20.00	31.25

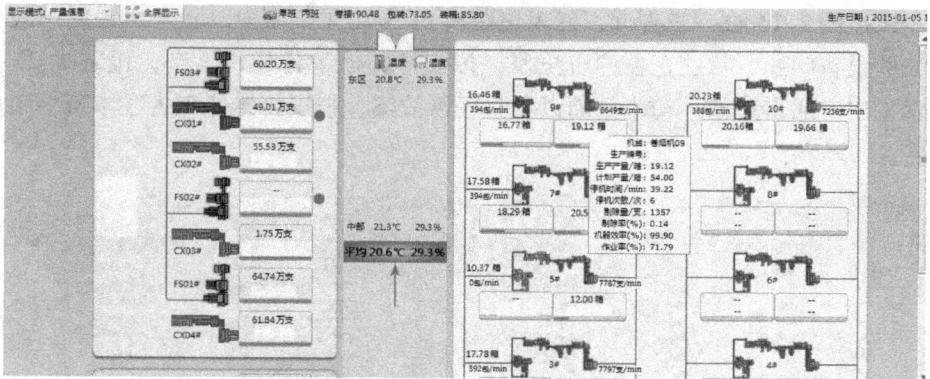

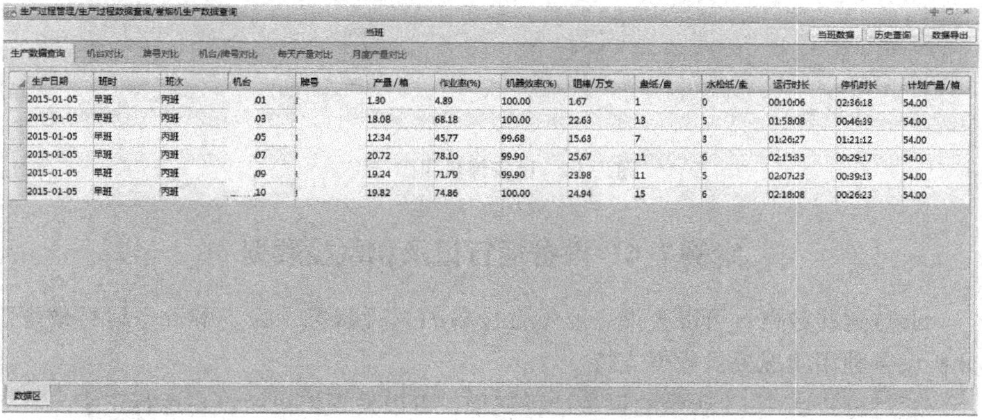

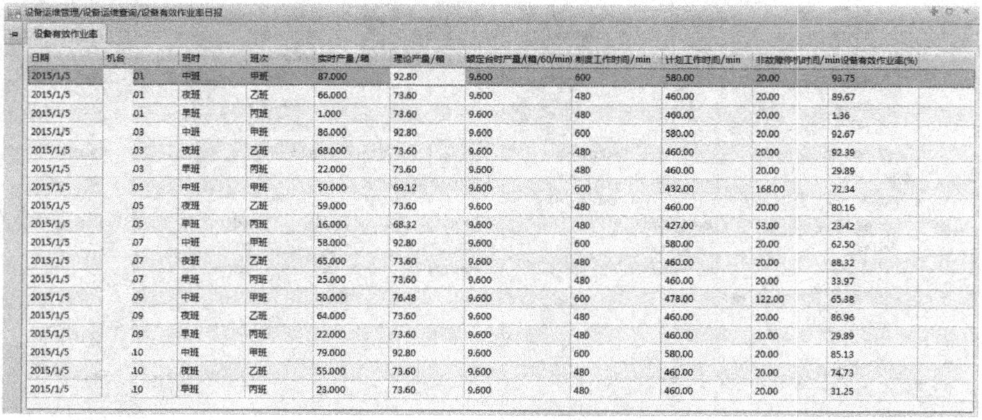

图 7-13　设备有效作业率

通过图 7-14 进一步查询，发现包装机 01 发生了伺服电动机停机，属于较为重大的设备问题，目前正在停机抢修，拟安排其他设备替代生产；包装机 03 多次发生出口通道堵塞，初步判断设备有轻微故障，拟安排维修工人在本班结束后维修。

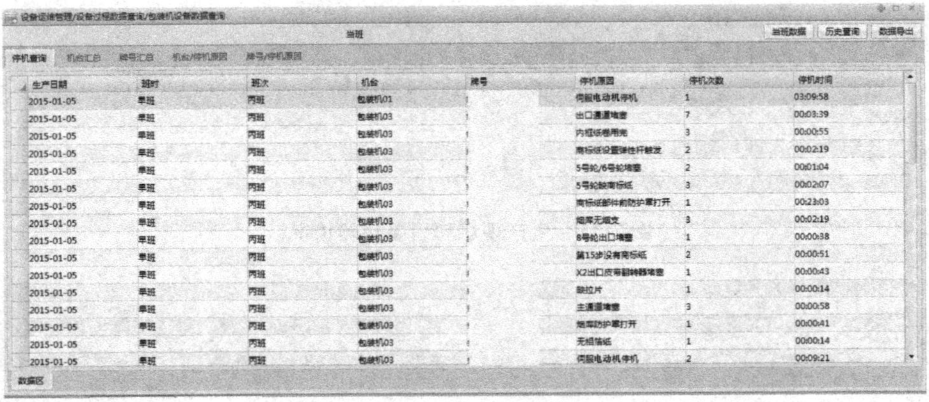

图 7-14　设备停机原因查询

案例 7-6：设备运行记录和监控数据

通过这些数据，可以查询企业每台设备的运行状态，为了解设备运行效率、分析设备利用状况提供数据支持。

通过分析图 7-15 所示的设备运行记录，可以发现该机组设备运行正常。

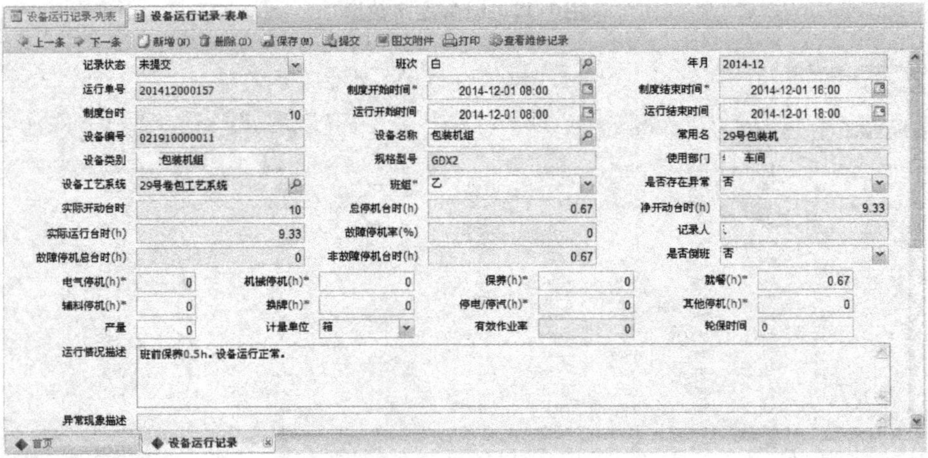

图 7-15　设备运行记录

通过对企业所有设备的运行状态进行分析（见图 7-16），可以发现此时 B 部门的停机次数较多，且超出范围过大，应分析其原因，并及时予以解决。

图文附件　另存数据　打印

日期　类似　2014-04-01

	日期	类型	A部门	B部门	C部门	D部门	E部门	F部门	G部门	K部门
1	2014-04-01	设备总数	49	54	43	36	27	16	38	54
2	2014-04-01	设备在用数	34	38	41	26	21	14	21	21
3	2014-04-01	设备开动数	0	29	0	18	12	14	0	16
4	2014-04-01	设备停机数	0	10	0	0	0	2	2	0
5	2014-04-01	统计有效作业率设备数	41	48	40	29	25	16	21	28
6	2014-04-01	总工艺线数	18	20	20	15	22	8	22	14
7	2014-04-01	开动工艺线数	0	15	0	9	12	7	0	8
8	2014-04-01	运行记录数	0	0	0	0	0	0	0	0
9	2014-04-01	产量记录数	0	0	0	0	0	0	0	0
10	2014-04-01	上班班次数	58	87	0	54	36	28	1	46
11	2014-04-01	B1	2	4	0	0	6	2	7	8
12	2014-04-01	ZB25(GDX1)	0	6	6	3	1	5	0	2
13	2014-04-01	ZB45(GDX2)	12	14	14	10	5	2	6	4
14	2014-04-01	ZB47	4	0	0	0	0	0	0	0
15	2014-04-01	DT	0	0	0	0	1	0	0	0
16	2014-04-01	FOCKE	0	0	0	0	0	0	0	2
17	2014-04-01	ZB43(A)	1	2	0	0	0	0	0	0

第 1 页共 1 页　　共 21 条，每页 50 条

首页　监控数据填写

图 7-16　设备运行状态分析

案例 7-7：设备产量统计

利用设备管理系统可以迅速统计某些时期设备的产量、运行时间、台时产量等运行信息，从而发现其中存在的问题并予以解决，如图 7-17 所示。

台时产量

开始日期：2014-06-11　结束日期：2014-06-11　机台：全部　班组：甲班　查询　导出Excel

机台	班组	产量/万支	产量/箱	运行时间/h	台时产量/(万支/h)	台时产量/(箱/h)	设备效率(%)	最大值
1#包装机	甲班	416	83.2	9.88	42.12	8.42	100.28	8.42
2#包装机	甲班	414	82.8	9.95	41.62	8.32	99.09	8.32
3#包装机	甲班	378	75.6	9.36	40.39	8.08	96.18	8.08
4#包装机	甲班	397	79.4	9.70	40.93	8.19	97.46	8.19
5#包装机	甲班	403	80.6	12.57	32.05	6.41	76.30	6.41
6#包装机	甲班	97	19.4	2.85	34.07	6.81	81.13	6.81
7#包装机	甲班	407	81.4	14.03	29.00	5.80	69.05	5.80
平均		358.86	71.77	9.76	37.17	7.43	88.50	

图 7-17　设备台时产量

通过系统也可以查询设备的各种运行费用，为合理分摊制造成本、挖掘设备潜力提供数据支持，如图 7-18 所示。

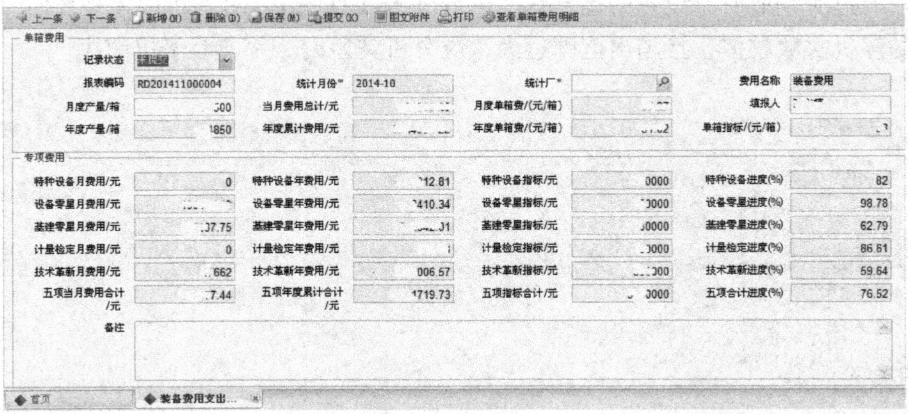

图 7-18　设备费用统计

7.3.3　管理思想从重投入轻产出到技术与经济相结合

精益管理的"益"，也就是"多产出、高效益"，是精益管理的两个核心要素之一。设备管理成效的好坏、设备技术水平的高低，都会在成本和效益上反映出来。因此，技术与经济存在着密不可分的关系。脱离了技术谈效益，肯定看不到技术对效益的影响；反过来讲，只注重技术而忽视技术与经济的结合，也难以取得好的经济效益。

设备管理信息化平台的构建与应用，为企业既关注技术又关注经济成本创造了条件。借助设备信息化系统平台，企业可以从三个方面持续推进设备管理从重投入轻产出向技术与经济相结合的综合管理转变：①借助设备信息化平台，充分发挥其数据报表统计和智能化决策分析功能，为固定资产投资决策提供科学的、可量化的依据，提高投资决策的精准性，减少投资决策的盲目性，从而确保设备投资发挥最好的投资收益，达到投资项目技术性与经济性的最佳结合。②借助设备信息化平台，努力探索和实践设备点检体系与设备信息化系统的有效融合，形成设备状态监控体系和预防性维修模式，提高设备维修质量和水平，减少设备故障的发生，提高设备效率和效能，降低设备维修费用及运行成本，进而达到降低产品成本的目的。③借助设备信息化平台，加强企业和车间两级零备件的"零存库"建设，借以优化库存结构，降低库存水平，压缩库存周期，提高备件管理水平，降低设备维修费用，减少备件财务费用。

案例7-8：设备效率统计分析

设备管理系统利用数据采集系统采集的产量和时间数据，真实地反映各机台的设备效率，为车间及时了解各机台的真实运行情况、加强管理提供依据。

从图7-19可以看出，1~6月，车间平均台时产量为7.94箱/h，折合效率94.52%。1月、2月和4月较低，低于平均数，而其他月份都高于平均数。设备1#、2#台时产量较高，分别达到8.15箱/h和8.14箱/h；设备4#、6#台时产量较低，分别为7.72箱/h和7.79箱/h，拉低车间整体台时产量0.07箱/h，降低车间效率0.8%。因此，下半年应关注、研究设备4#、6#台时产量低的原因，采取相应措施，提高车间台时产量。

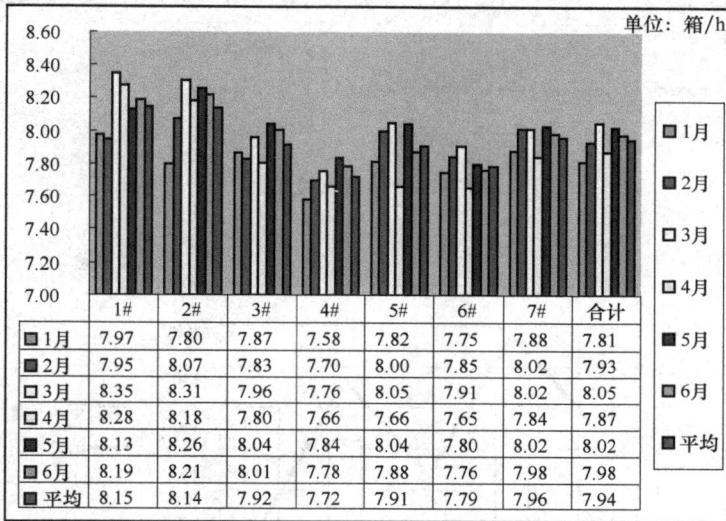

	1#	2#	3#	4#	5#	6#	7#	合计
1月	7.97	7.80	7.87	7.58	7.82	7.75	7.88	7.81
2月	7.95	8.07	7.83	7.70	8.00	7.85	8.02	7.93
3月	8.35	8.31	7.96	7.76	8.05	7.91	8.02	8.05
4月	8.28	8.18	7.80	7.66	7.66	7.65	7.84	7.87
5月	8.13	8.26	8.04	7.84	8.04	7.80	8.02	8.02
6月	8.19	8.21	8.01	7.78	7.88	7.76	7.98	7.98
平均	8.15	8.14	7.92	7.72	7.91	7.79	7.96	7.94

图7-19 设备效率统计

案例7-9：设备点检平台的应用

点检标准的建立。真空回潮机抽真空系统冷凝器在实际生产中发生多次故障，但是在点检系统中没有相应的标准。车间技术骨干根据装备信息化系统中维修工单里反映出来的故障信息，制定了相应的点检标准，如图7-20所示。

大量点检数据的不断收集，为设备故障判断、维修与润滑、设备改造、备件更换周期及计划制订等提供了一定的依据。

案例7-10：某设备备件更换数量与消耗费用的对比

通过设备管理信息系统，可以查询备件更换数量与消耗费用的关系，为降低设备生命周期费用提供数据支持，帮助企业做出最优决策，如图7-21所示。

图 7-20　设备点检平台

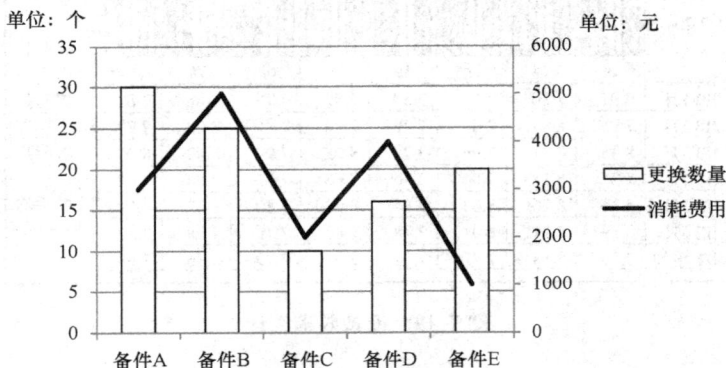

图 7-21　设备备件更换数量与消耗费用

7.3.4　基于物联网技术的设备状态诊断与维修

精益设备管理系统以信息技术为支撑，构建基于物联网技术的设备状态诊断与维修安全管理体系，建立各个功能模块，实现信息自动采集或信息获取可视化、实时信息处理、管理控制精确性以及设备状态可预测的目的，如图 7-22 所示。

1. 可视化

在基于物联网技术的设备状态维修安全管理中，借助可视化技术，帮助系统内管理人员在设备运行、物料储备和产品生产等过程或重要环节、重要节点、重要部位实现可视化。

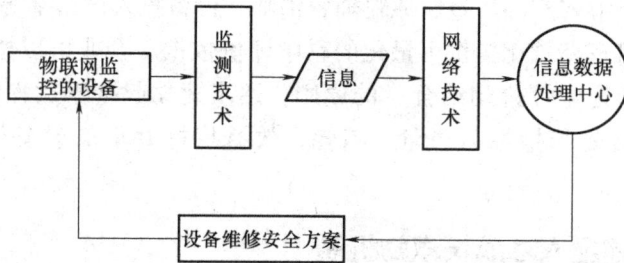

图 7-22　基于物联网技术的设备状态诊断与维修安全管理体系

2. 实时信息处理

在基于物联网技术的设备状态诊断与维修安全管理系统中，借助物联网和信息管理技术，能够实时采集设备运行状态数据，实时反映系统的运行状况，实时反映设备的维修保障需求，实时掌握系统中设备的可用程度，并对获取的或采集的信息进行实时处理，为管理人员提供决策支持。

3. 精确性

精确的设备管理是基于物联网技术的设备状态诊断与维修安全管理的目的之一。借助数据采集系统、传感器和物联网技术，实时采集和分析设备运行状态数据，并及时做出有效的控制决策，是对设备实施精确管理的有效手段和方法。应用这个系统，能够实现对设备维修保障各方面内容的精确管理。

4. 设备运行状态可预测

采用预先和计划的维修，能够提高装备完成任务的能力；采用预先和计划的管理，能够提高设备的运行效率。在基于物联网技术的设备状态维修安全管理中，这种预先和计划源于该管理方法的可预测性。通过平台数字化数据监测、采集子系统，能够掌握设备重要部件、组件、零件的工作状况，监测故障，提供维修预警；利用可视化、远程监控子系统，能够掌握各个保障单元的工作状况，提示保障需求，对保障实施动态控制与协调；建立数据管理子系统，采用成熟的数据管理技术，对设备运行、物料储备和产品生产的数据实施管理，使对设备运行状态的预测成为可能。

7.4　精益设备管理的保障机制

7.4.1　建立绩效评价体系的应用机制

企业不仅需要关注设备运行状态、设备维护成本、设备精度等与设备直接相关的指标，而且应将产品质量、原料辅料消耗、设备投入产出率等指标作为评价对象，为设备管理精益化提供可量化的科学评价依据。企业可以按照"引导性、可比性、定性与定量评价相结合"的原则，逐步建立起基于过程控制与结果控制相结合，设备效能指标与质量、消耗、效益指标并重的设备管理绩效评价体系。

7.4.2 建立健全人才成长激励机制

人才是企业管理工作中最基础、最活跃、最关键的要素，管理精益化离不开高素质人才的支撑。企业应积极支持人力资源管理部门，持续加强设备管理技术队伍的激励与管理工作，建立完善的专业技术人才和技能人才的成长通道。

7.4.3 开展"管理课题"研究活动

设备管理精益化目标的提出，以及企业设备信息化工作的加快推进，会使得一些原有的管理方式和管理流程难以适应新的工作环境，因而应该按照设备管理精益化的要求进行优化或改造。企业可以通过开展"管理课题"等一系列研究活动，解决制约设备管理精益化的瓶颈问题和关键问题。同时应制定相应的激励措施，确保课题研究工作取得成效，切实以课题方式促进设备管理精益化瓶颈问题和关键问题的解决。

7.4.4 创新"抓点带面"的思路和办法

为了推进设备管理精益化，应将设备管理的责任主体由以前的以公司为主体，转变为公司、车间两级责任主体。在公司层面，除了继续抓好设备点检、创新项目等典型经验的总结推广外，还应侧重发现在各车间推进管理精益化工作中的好做法、好经验，并组织力量及时进行总结提升，形成典型经验，在全公司推广应用；各车间层面也应不断找准推进工作的切入点和着力点。通过采取定目标、定责任、定时限、定奖罚等切实有效的措施，确保创新项目取得成效，并积极开展推广应用，推动设备管理精益化工作不断取得新成果。

7.5 精益设备管理模式的成效

实施基于信息化的精益设备管理，可以促使企业的设备管理水平不断提升。精益设备管理能够保障企业拥有优良而经济的技术设备，使企业的生产经营活动建立在最佳的物质技术基础之上，保证生产经营顺利进行。精益设备管理还能够确保企业提高产品质量，提高生产效率，降低生产成本，进行安全文明生产，从而获得最高的经济效益和社会效益。

1. 设备有效作业率提高

通过实施基于信息化的精益设备管理，企业的设备有效作业率得到明显提高，使企业可以充分利用设备资源，达到精益生产"零浪费"的目的。

2. 设备故障时间减少

随着企业机械化水平的提高，一大批科技含量高、性能优越、技术先进的设备被广泛应用。保持设备良好的技术状态，充分发挥设备的效能，降低设备故障停机时间，成为设备管理中的关键工作。通过实施精益设备管理，能够强化设备维护管理，降低设备故障率，保证生产任务的顺利完成。

3. 企业质量效益更加突出

强化设备管理是提高质量、增产增收的重要手段。通过实施设备精益管理后，企业的产品质量会有明显提高。

4. 综合能耗明显降低

强化设备管理、提高设备运行效率、降低设备能耗，是节约能源的重要手段。企业设备作业率的提高和故障率的降低，能够提高设备综合效率和单位时间产能，有效带动能耗的降低。

5. 操作水平和应急反应速度明显提高

通过实施精益设备管理，能够有效提高员工的操作技能和设备控制能力，使企业的工艺水平大幅度提升。在精益设备管理工作推进的过程中，通过全员参与的学习交流活动，员工的技能水平能够得到有效提升。在设备操作流程中融入了基层人员多年摸索出的先进操作方法和经验，通过与精益设备管理的融合，能够最终形成"1＋1＞2"的合力。精益设备管理要求员工明确在操作的每个环节"做什么，如何做，标准是什么"，保证操作人员每个环节的工作行为都在标准控制之内，以保证工艺的稳定性。精益设备管理能够提高员工故障处理的反应速度。针对各种异常情况，编制应急预案，并定期进行演练，以保证在实际生产中出现异常情况后，能在最短时间内恢复设备的运行。

案例：济钢 EAM 系统流程优化与应用

一、项目背景

济钢集团总公司（简称济钢）于 2003 年组织实施了 ERP（Enterprise Resource Plan）、EAM（Enterprise Asset Management）信息系统，这是其提高企业管理现代化水平的一个重要组成部分。经过对现有设备管理流程进行调研，济钢确定了科学、规范的设备点检、润滑、隐患排除、检修管理业务流程，将设备管理的三个主要业务纳入 EAM 系统进行管理，实现了设备管理方法的突破，提高了设备管理的科学化和现代化水平。

二、EAM 系统的管理思想

为了实现设备管理物流、信息流与资金流的三流合一，提高公司设备管理的科学化和现代化水平，济钢以设备的预知维修管理模式为目标，以 Oracle EAM 系统为依托，建立了涵盖设备点检、润滑、隐患排除、检修管理为主要内容的设备管理系统，通过父、子工作单的成本卷积，实现了检修工作单成本的统计。

1. EAM 系统的功能架构

其主要功能包括：资产信息模型，管理资产编号、资产组、资产备件清单；设备维护基准，管理点检标准、润滑标准、检修标准；检修工作单，管理检修内容、所需物料、人工等；备件库存，管理库存现有量的动态查询等；备件采购，管理备件采购计划；维修成本，核算工作单成本、单机成本、车间成本、分厂成本等。

2. 设备点检、润滑工作流程及岗位设置

EAM 信息系统管理的点检、润滑工作以车间级专业点检为主要内容。在系统内建立点检、润滑标准，系统按设定的标准周期生成点检工作单，工作单下发执行后，系统自动记录新的计划起点。EAM 系统中的点检管理，要求点检人员按系统周期及时在系统内完成工作单。其最大的优点是系统强制按点检标准规范点检工作，并实现设备点检数据的信息共享。

3. 设备隐患管理流程

通过实施 EAM，济钢建立了设备隐患的全过程管理流程。管理人员可以随时查询设备隐患的六种处理状态：未完成、附加信息、等待工作单、正在处理工作单、完成、拒绝。

4. 设备检修工作流程

建立了闭环的设备检修工作流程，其特点之一是在工作单中对工序内容、所需备件、材料等进行精细化管理，从而奠定检修工作成本管理的基础；特点之二是将未完成的检修——保留的内容自动转入下次计划检修中执行，实现检修内容的闭环管理。

三、项目的成效

（1）加强了设备的基本信息管理。通过资产编码，各分厂建立了设备实物台账，达到有物必有账的要求。将设备点检、润滑、检修标准纳入系统中，便于动态调整设备管理基准，提高了设备基本信息的规范作用。

（2）实现了设备隐患处理的过程管理。可以随时查询设备隐患的处理状态，使设备隐患始终受控，并最终得到处理。

（3）通过建立检修工作单，对工作单的每道工序确定物料需求，制定检修工时定额。根据工作单物料需求，统计工作单成本，为设备检修费用的管理提供基础数据，提高了设备检修管理水平。

（4）设备隐患自动转入检修，未执行的检修内容可以滚动进入下次检修处理，实现了设备检修的闭环管理。通过检修汇总表，各分厂设备管理人员可以随时掌握设备检修计划及完成情况。

（资料来源：陈祥花．济钢 EAM 系统流程优化设计与应用［J］．设备管理与维修，2005（06）.）

第 8 章

基于信息化的精益生产绩效管理

8.1 精益生产绩效管理的内涵

8.1.1 精益生产绩效管理理论

精益绩效管理，以管理规范化为基础，以作业标准化、成本定额化为保证，以提升绩效为重点，以绩效最优化为目标，四者有机联系、相辅相成。其基本内涵是从专业条块分割向协同运作转变，从粗放管理向精益运营转变，实现企业整体效益最大化。精益绩效管理不同于企业一般的绩效评估，不是简单的任务管理，而是管理者和员工就工作目标与如何高效实现目标达成共识的过程。对于企业来说，事后绩效评估并不是有效的绩效管理方法，单纯的绩效评估仅仅反映过去的绩效，采用"秋后算账"的形式，只关注工作的结果；而有效的绩效管理从一开始便有计划地展开，更强调未来绩效的提升，注重工作结果的同时不偏废工作过程，从而能够解决问题，有效地实现系统优化。

伴随着精益生产管理在制造业实践中的广泛应用和深入研究，对精益生产管理活动进行有效的规范变得越来越重要，这就迫切需要建立一个规范化的精益生产绩效管理体系。一个有效的绩效管理体系可以准确地评估精益生产技术和管理手段，为技术和管理方法的筛选以及精益生产管理效果的评价提供有效支持。

精益生产绩效管理体系对于企业具有以下重要意义：指标体系的建立是企业开展精益生产的必要步骤，可使精益生产工作得以顺利进行；可以帮助企业发现在精益生产中存在的问题，从而加以解决；精益生产绩效管理是企业绩效管理体系的重要组成部分，可以促进整个企业绩效水平的提高。因此，精益生产绩效管理体系的建立可以极大地促进精益生产的顺利实施。

8.1.2　精益生产绩效管理体系

精益生产绩效管理体系的构建，意在系统地分解、量化、细化和规范各岗位员工的工作职责和行为，并通过目标化、差异化、典型化、项目化等绩效考核方法，使员工对本岗位的操作、行为和工作结果更加清晰、明了，提升员工工作的积极性、能动性和创造性；同时，体系的构建有利于提高基层管理工作的公开性、透明度和亲和力，有助于提升企业的向心力和凝聚力，从而达到提高工作质量和工作效率，提高产品质量，降低材料消耗和提高企业竞争力的目的。

精益生产绩效管理将企业战略发展目标转化为各层级的工作计划，具体到各个部门、岗位，并建立量化的指标体系，定期对计划的落实情况进行监督考核，让员工看到自己的工作付出与绩效有直接的关系，从而调动员工的积极性，促使其努力做好本职工作，推动企业经济效益的不断提升。精益生产绩效管理的业务架构如图 8-1 所示。

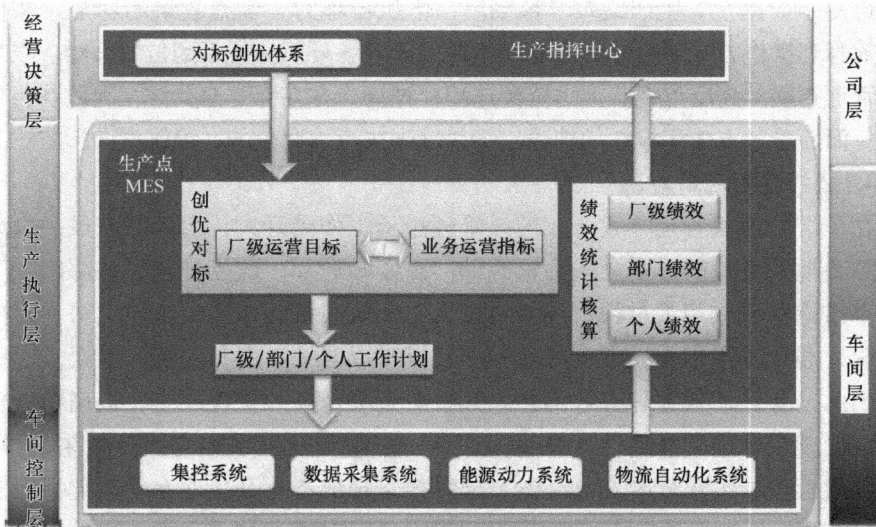

图 8-1　精益生产绩效管理的业务架构

8.2　信息化与精益生产绩效管理

8.2.1　传统生产绩效管理中存在的问题

1. 绩效管理理念难以落地

在建立生产绩效管理制度的过程中，企业都会根据自身特点融入各类绩效管理理念；但是在实际实施过程中，这些理念却大部分没有得到有效的贯彻实施。在很多企业的实际工作中，绩效管理仍然被缩减为简单的期末考核。绩效考核结果沟通反馈是提升员工能力、改善绩效的重要步骤，但是，大多数管理者却往往敷衍了事，无法起到实际作用。例如，绩效管理中强调在任务执行过程中上下级之间的持续沟通，但却没有可以执行的流程和技术（如表单等），而且监督成本非常高。

2. 复杂的人为因素影响生产绩效管理的公正性

绩效管理工作中存在复杂的人为影响因素，如宽厚误差、苛严误差、集中倾向、晕轮效应等，成为影响绩效管理公正性的主要障碍，使绩效管理的公正性受到很大制约。即使企业可以通过建立绩效结果审核和申诉机制对此进行控制，但这些手段属于事后补救措施，往往还需要人力资源部门耗费大量的时间、精力进行审查。

3. 生产绩效管理执行力减弱

许多企业建立了生产绩效考核制度，但执行不力，实施效果不明显。在传统的绩效管理操作方式下，非常容易发生绩效管理各环节执行不到位的问题。在导入绩效管理初期，高层重视、人力资源部积极推动、各方面普遍关注，因此执行效果较好；而随着各方面积极性的消退，绩效管理执行力度减弱，最终滑向形式主义。

4. 绩效管理成本较高

在传统的绩效管理方式下，绩效管理过程工作量巨大，启动并完成一次绩效考核需要耗费大量的成本。人力资源部门要发布通知、监控进程，各部门上下级之间要按指令完成相关过程，还要经过人工发放表格、被考核主体填写、表格回收、统计和计算等过程。在这些过程中差错难以避免，尤其是统计错误。

因此，要让绩效管理有效运转，其核心是降低绩效管理成本，提高精细化程度，保证绩效管理的有效性。显然，这是一个绩效管理成本与执行效果的悖论，因为绩效管理精细化程度提高必然引起绩效管理成本上升。而在信息化手段支持下，将流程、表单预置到信息系统中，将大量耗时费力的手工操作交给操作系统自动完成，这一矛盾就能得以解决。

8.2.2 精益生产绩效管理系统

精益生产绩效管理系统包括三大平台：绩效考核指标体系平台、绩效分析平台和数据支撑平台。

（1）绩效考核指标体系平台。按照绩效考核管理（生产计划完成率、设备有效作业率、质量合格率、能耗等考核指标）要求，建立企业全局及各生产车间的定量的绩效考核指标系统和对标管理体系，支持企业对各车间生产管理业务水平的量化评价，支持绩效考核的显性管理。

（2）绩效分析平台。实现公司、车间、班组三个层面的综合统计，就生产、设备、质量、消耗等综合性指标开展主题性分析；并与对标管理体系结合，围绕"制造能力"提升，形成主题性的分析应用。

（3）数据支撑平台。企业生产指挥系统提供绩效指标数据，实现公司层对生产车间绩效指标的管理；生产点 MES 提供生产计划执行情况数据，并对生产计划执行进度情况进行监控。

8.2.3　信息化对精益生产绩效管理的支持

如前所述，精益生产绩效管理要促进组织和个人绩效的提升，促进管理流程和业务流程的优化，保证组织战略目标的实现。精益生产绩效管理系统的三个模块可以有效地对这些目标提供支持。因此，企业建立基于信息化的精益生产绩效管理体系，可以促进企业绩效管理规范化，提高企业的效益，辅助企业实施精益管理，如图 8-2 所示。

目标	精益生产绩效管理		
分目标	促进组织和个人绩效的提升	促进管理流程和业务流程优化	保证组织战略目标的实现
信息化支持	绩效考核指标体系平台+绩效分析平台	绩效分析平台+数据支撑平台	绩效考核指标体系平台
效果	促进企业绩效管理规范化 提高企业的效益 辅助企业实施精益管理		

图 8-2　信息化对精益生产绩效管理的支持

8.3　精益生产绩效指标体系

8.3.1　精益生产绩效指标体系的内容

1. 精益生产基础指标库

精益生产基础指标库的策划与建立，根据组织架构和职责分配，采用 PDCA

循环方法，围绕企业精益生产的目标、定位、业务流程等多种因素展开。精益生产绩效指标库应涵盖生产计划、生产控制、生产消耗、生产效能、工艺质量、产品质量、质量评价、质量改进、设备费用、设备运维、备件管理、监视测量、基础管理等内容。

如图 8-3 所示，指标库纵向可分为三级，即公司（一级指标）、车间（二级指标）和班组（三级指标）；横向则可以按业务管控的类别分为生产组织类、工艺质量类、物料保障类、设备保障类、基础管理类、安全生产类指标。

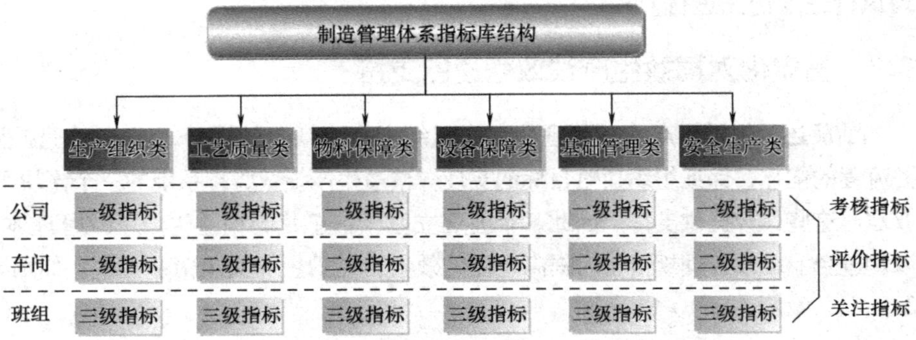

图 8-3　精益生产绩效指标库结构示意图

2. 精益生产的关键绩效指标

企业关键绩效指标（Key Performance Indicator，KPI）是通过对组织内部流程的输入端、输出端的关键参数进行设置、取样、计算、分析得到的，是衡量流程绩效的一种目标式量化管理指标，是把企业的战略目标分解为可操作的工作目标的工具，是企业绩效管理的基础。KPI 是用于衡量工作人员工作绩效表现的量化指标，是绩效计划的重要组成部分。KPI 可以使部门主管明确部门的主要责任，并以此为基础，明确部门人员的业绩衡量指标。建立明确的切实可行的 KPI 体系，是做好绩效管理的关键。

KPI 符合一个重要的管理原理——"二八原理"。在一个企业的价值创造过程中，存在着"80/20"的规律，即 20% 的骨干人员创造企业 80% 的价值；而且在每一位员工身上，"二八原理"同样适用，即 80% 的工作任务是由 20% 的关键行为完成的。因此，必须抓住 20% 的关键行为，对之进行分析和衡量，这样就能抓住业绩评价的重点。

精益生产的关键绩效指标从精益生产管理体系基础指标库中筛选，体现企业生产管理水平，涵盖生产组织、工艺质量、设备保障和基础管理四大核心业务。

8.3.2　精益生产绩效指标体系的特点

1. 分类、分级、分层对接的原则

将精益生产基础指标按公司、车间、班组逐级展开，使管理目标与各层次相关指标有效对接，关键指标与各相关控制参数有效对接，形成基础指标管理体系；将指标分为考核类、评价类、关注类，分类管理，重点突出，增强绩效管理的针对性和可操作性。

2. 由关注结果向关注过程转变

根据指标的分类、分级、层次，在关注结果的同时，更注重过程的稳定性和有效性。

3. 由理念管理向体现时间和效率的指标管理转变

将精细管理、精准控制的精益管理理念，转化为若干项可采集、可测量、可分析、可改进的具体指标，明确数据采集点、采集时间、采集频次等统计要素，从效率、成本、质量等角度进行评价与管理。

4. 数据由人工输入向系统采集转变

强调数据来源的真实性和准确性，在明确数据采集点、采集方法、考核方式的基础上，尽可能规范企业生产执行过程各系统（如 MES、数据采集系统、EMA 系统、LIMS 等）数据采集的方式和内容，通过设备改造或信息系统建设与升级，提高数据采集的可靠性，避免人工干预，确保数据的真实性。

8.4　精益生产绩效评价体系

8.4.1　精益生产绩效评价体系的内容

绩效评价是指组织按照预先确定的标准和评价程序，运用科学的评价方法，针对评价内容对评价对象的工作能力、工作业绩进行定期和不定期的考核和评价。企业的绩效评价体系涵盖企业生产的各个部分。

1. 细化质量管理绩效指标，提升质量水平

企业在梳理、分析质量管理工作流程的基础上，通过加强对生产过程关键节点的管控，实现全生产过程有效跟踪控制，不断提升产品质量控制水平。通过修订管理文件、记录文件，进一步健全车间质量管理制度，细化质量管理指标。每天汇总分析产品质量情况，统计分析各班次、各品种的质量合格率；每周统计分析主要在线质量缺陷，并督促整改。

企业通过立足生产实际，开展调查研究，量化分解关键岗位的质量管控内容，建立健全关键岗位考核标准，进一步细化、完善质量指标，能够激发全员自检自控热情。

案例8-1：产品外观检测统计分析

通过图8-4分析可以发现，车间产品外观主要质量缺陷为皱纹和夹沫，1#、2#、6#机台出现质量问题较多。针对这种情况，一方面，责成有关人员及时处理质量问题；另一方面，将结果记录到班组绩效中，作为考核的依据。

开始日期：2014-06-13		结束日期：2014-06-19			分析类型：机组		班组：全部		机台：全部			
牌号 ▲	检验次数	A类 空头	B类 表面	C类 皱纹	滤嘴	夹沫	切口	缩头	触头	搭口	接装	卷烟标志	合计
1#	74	3	2	17	0	8	1	0	0	4	9	0	44
2#	75	4	3	9	1	12	4	0	0	3	5	0	41
3#	76	4	4	14	0	7	2	0	0	4	5	0	40
4#	75	6	2	12	0	7	3	0	0	5	7	0	42
5#	74	5	2	12	1	8	3	0	1	6	5	1	44
6#	74	5	2	10	0	10	3	0	1	10	4	0	45
7#	75	5	2	13	1	7	6	0	0	4	6	0	44
合计	523	32	17	87	3	59	22	1	1	36	41	1	300

图8-4 产品外观检测统计分析

2. 细化设备运行绩效指标，提升设备保障能力

建立并完善设备绩效指标管理规定，对设备有效作业率、设备故障停机率、设备考核指标等内容做详细规定。

案例8-2：某车间设备效率统计图

从图8-5可以看出，6#机台存在设备效率低、停机时间长的问题，需尽快解决。在查明原因后，将其记入该机组绩效中。

为了进一步激励维修工的工作积极性和创造性，促使维修工提高业务素质、增强竞争意识，通过修订相应的工作条例，对工作流程和目标进行梳理和细化。通过维修工的工作指标，科学、动态地衡量维修工的工作状况和工作效果，对维修工的工作业绩进行评定，将工作业绩作为维修工月度奖励、年终考评、岗位晋升的依据，不断提高维修工的工作效率，保证设备运行的稳定性。

3. 明确材料消耗指标，提升成本控制能力

为了激发员工的节约意识，提升成本控制能力，企业应制定材料消耗考核办

机台	班组	产量/万支	产量/箱	运行时间/h	台时产量/(万支/h)	台时产量/(箱/h)	设备效率(%)	最大值	最小值	极差
1#	乙班	1303	260.6	31.46	41.42	8.28	98.61	8.51	7.44	1.07
2#	乙班	1416	283.2	33.84	41.84	8.37	99.63	8.46	8.12	0.34
3#	乙班	1442	288.4	34.57	41.71	8.34	99.30	8.57	8.17	0.40
4#	乙班	1398	279.6	33.91	41.23	8.25	98.16	8.37	8.13	0.24
5#	乙班	1390	278	33.63	41.33	8.27	98.40	8.42	8.12	0.30
6#	乙班	1315	263	32.56	40.39	8.08	96.17	8.32	7.78	0.54
7#	乙班	1424	284.8	34.50	41.27	8.25	98.27	8.50	8.13	0.37
平均		1384	276.8	33.50	41.31	8.26	98.36			

开始日期 2014-06-13　结束日期 2014-06-20　机台 全部　班组 乙班　查询　导出Excel

卷包台时产量

图 8-5　设备效率统计分析

法，明确各级消耗目标、考核对象及考核标准，根据材料额定目标完成情况实施奖惩。

此外，还应明确生产标准，使下游工序为上游工序把关，杜绝送错料、用错料的质量隐患；制定材料更换管理办法，形成操作工、质管员、材料员、带班长层层把关，杜绝材料问题产生的质量隐患。

4. 建立创新管理指标，提升创新能力

为了提升创新能力，企业应制定生产管理改善管理办法，推动管理创新工作进展；制定科技创新管理办法，围绕生产中急需解决的关键性技术问题，密切联系生产实际，认真进行分析研究，确定技术创新项目，编制技术创新项目实施方案、计划和项目实施可行性研究报告，建立创新机制。

5. 强化 6S 管理，提升现场保障能力

坚持"领导带队周检查、6S 干事日巡查、班组长日排查、岗位日自查"的四级检查制度，对 6S 问题采取现场整改的方式，真正达到"以查促改"的目的，形成长效机制；每月对各班组的检查情况进行评比公示，与各班组年底考核挂钩。

6. 重视人力资源管理，提升人才保障能力

为优化人力资源，强化人才队伍建设，企业应推进培训内容、培训方式和培训机制创新，提高人才开发的针对性和实效性，培养一支高素质、高技能的复合型人才队伍，提供源源不断的人才支撑；同时，制定各项规定，规范人才管理，提升职工素质，营造和谐、稳定的环境。

7. 加强班组建设，提升班组保障能力

班组建设是提升企业凝聚力和竞争力，实现企业现代化管理的客观要求和保障。车间通过制定、实施班组建设考核细则，内容涵盖班组文化、组织建设、基础管理、民主管理、技术创新、职工活动等，进行考核评比，以制度来约束、规范、细化、量化班组工作，如实反应班组管理水平，进一步提升班组活力，实现班组工作规范化、制度化，最大限度地调动基层员工的积极性。

8.4.2 精益生产绩效评价体系的特点

1. 实现实时绩效统计分析

通过生产成本核算系统，可以得出直接生产成本（物料、能源消耗）和间接生产成本（工资成本、设备折旧及管理等费用的分摊），从而计算出生产的实际成本。利用实时数据动态监控生产成本，使成本控制发生在生产过程中，而不是在生产完成后，以达到降低成本的目的。系统与企业资源管理中静态的资产管理相连接，对生产过程的中间库存和中间产品动态信息进行管理，提供成本和物流控制与管理的信息支持。成本可以落实到每个班组或个人，直接将生产成本与员工的利益挂钩，提高员工的责任心和积极性。它主要有两个方面的作用：

（1）了解生产实际消耗，可以及时发现生产成本的变化，对市场需求做出及时响应，在保证盈利的情况下，提高产品的竞争力。

（2）根据历史数据，可以制定出合理的标准成本，实际成本与标准成本比较，可以对作为班组考核的工具。

2. 细化五级目标，建立层级化绩效考核体系

首先，按工作职责，将目标逐层分解、逐级细化，形成车间级、班组级、小组级、机台级、个人级"五级"目标，明确责任部门、责任领导、责任人，固化责任体系，形成自上而下的量化考核指标；其次，建立工作内容和时间交叉渗透的两条考核主线，重点内容实行专人全程督导考核，同时按各项工作的推进情况，以落实的时间和效率为依据，实行月度或季度的全面回顾和考核。各责任主体按时对工作进行自查，形成分工合作、各司其职的层级化责任绩效考核体系。

3. 设立阶梯式考核机制，丰富基层绩效考核内涵

将落实到岗位职责和工作任务中的，保证生产流程正常运转的参数、要求、规范、标准纳入基本绩效中进行管理；将支撑奋斗目标完成的各项指标、目标纳入奋斗绩效中进行管理。围绕生产、质量、设备、安全等基础工作开展的一系列创新活动，将取得较好成绩的纳入卓越绩效奖励中进行管理，并将其细化为创新类绩效，包括管理创新、国家专利、技术创新、管理改善、6S亮点等；将QC成果奖、无故障运行奖等纳入贡献类绩效。

8.5　精益生产绩效管理体系的成效

1. 使企业绩效管理模式更加规范

通过建立基于信息化的精益绩效管理体系，绩效考核由原来的单一、粗放型转变为全员、全方位、整体的系统化管理；由原来的目标不明确转变为层次分明、层级落实的目标化管理；由原来的"干与不干一个样，干多干少一个样"转变为"贡献大与贡献小不一样，质量好与质量差不一样，服务好与服务差不一样"的差异化管理；使员工有了学习的榜样和努力的目标；绩效管理重点更加明确，为企业生产经营提供有力保障。

2. 提高企业的竞争能力

精益生产绩效管理模式的创建和应用，为良好的产品质量打下了坚实的基础。"零缺陷"的产品能够更好地满足用户的需求，提高企业的声誉。实施精益生产绩效管理模式能够提高企业的管理水平，增强企业的核心竞争力，保证企业的健康发展。

3. 为企业实施精益管理、精益生产提供有力支撑

实施精益生产绩效管理模式，以实现考核目的为准，将目标进行层级化分解、化整为零，在落实责任的过程中，注重系统性。精益生产绩效管理体系的建立能够为企业实施精益管理、精益生产提供有力的支撑。

案例：中国石化贵州石油分公司"全员绩效考核"信息化管理实践

2011年以来，中国石化贵州石油分公司开始尝试开发信息系统以开展全员绩效管理工作，通过被考核对象在线进行自我评价和考评人在线进行绩效考核，采取综合管理考核、专业管理考核和挖潜增效目标考核相结合的方式，借助六大模块共11个子模块对全公司进行绩效考核。经过近两年时间的开发、试运行和系统优化，目前绩效考核信息化管理工作取得了较好的效果。

一、绩效考核信息化管理实施的背景和意义

面对企业管理精细化的新形势，公司原有的手工绩效管理方式已难以满足现代管理和发展的需要。公司各个层面的绩效考核管理基本处于单机或手工管理状态，相关信息传递均依靠人工完成，无法对考核情况和结果及时进行全面的统计、查询及分析评价。这在一定程度上制约了公司绩效管理的发展，不利于企业应对竞争激烈的市场环境。省公司无法及时掌握二级及以下单位对下属单位的考核情况，导致了二级及以下单位与全省系统考核导向出现偏差后信息反馈不及时，绩效考核出现的问题得不到及时解决。

为适应现在及未来发展的要求，公司依托现代信息技术，率先在油品销售企业系统内开展全员绩效考核管理信息系统试点工作，将传统的手工绩效考核模式进行标准化、系统化、信息化，实现全员绩效考核工作及时、高效、公开，满足公司不断发展壮大的需要。

数字绩效管理平台主要在收集、汇总、规划现有绩效考核数据的基础上建立绩效考核基础数据库，并通过集中管理和维护，达到信息共享、资源共享的目的，并为公司绩效考核评价体系提供保障，确保绩效管理制度得以贯彻执行。

二、全员绩效考核信息化管理的特点

1. 实现"在线"考核

通过科学、合理地构建信息系统，使实际应用具有全面性、动态性，考核单位和被考核单位可实施到组织的最末梢。通过在信息系统中建立考核组织架构，利用公司现有的计算机及网络设备，不同地区的考核单位，如地市公司、油库、加油站用户，均可以通过客户端远程登录绩效考核信息系统，在规定的时间内对被考核对象实施在线考核评价。

2. 实现"全方位"考核

通过信息化突出对 KPI、360 度、MBO（Management by Object，目标管理法）等考核技术的运用，能实施多角度、多层次、多对象的测评，测评手段和方法更加简便、科学，能有效满足上下级、同级和服务对象参与的全员考核的要求。利用信息化管理的手段，每一个考评人和被考核对象都可以远程登录绩效考核信息系统，实施在线考核评价或自我评价，实现了绩效考核工作的全员参与和互动。

3. 实现"标准化"考核

通过信息系统，实现了全公司工作岗位名称、工作职责、考核报表体系规范化、标准化，解决了各企业普遍存在的一人多岗和一岗多人情况带来的考核难题，极大地提高了全公司机构和人员的标准化管理水平。

4. 实现"透明化"考核

通过信息化，实现了全员绩效考核工作的及时、高效、公开。利用绩效考核信息系统，各级考核单位和被考核对象可按照系统权限范围，随时查询被考核对象以往的考核结果和存在的短板，以便更有效地实现考核对工作的导向性作用；而且，通过绩效管理信息系统平台，决策层能够将公司的战略目标进行有效分解，快速、全面地掌握公司的现状和未来，能够在大量的信息数据中，集中精力于那些对公司的发展壮大有关键作用的信息，加大管理力度，延伸管理半径，优化资源配置，实现公司短期目标和长期目标间的平衡。业务管理层能够了解本公司、本部门的绩效完成情况，通过不断地沟通、反馈，并提供必要的支持、指导和帮助，与员工共同完成绩效目标，从而保证各个部门目标的实现。员工可以明确努力的方向，并通过对绩效完成情况和过程的分析，了解并查找自己存在的问题与不足，为持续改进绩效提供帮助，从而可以更好地完成绩效目标。

三、项目的成效

自实施全员绩效考核信息化管理以来，公司的各项经营业绩大幅度提升，各项绩效考核指标总体完成情况良好，纳入集团公司绩效考核责任书的指标完成均明显超过了年度目标值。企业经营管理水平得到有效提升。

1. 企业风险得到有效控制

近年来，公司以开展"我要安全"主题活动为契机，围绕以"网络、市场、商品、生产安全 + 廉洁自律"为重点的"4 + 1"安全创优活动，抓住薄弱环节，解决影响安全生产的突出问题，体现"安全是全员的第一需求""安全是全员的自觉认同""安全是全员的应尽责任""消除不安全行为是员工自我保护的第一需要"，使安全管理迈上新台阶。2011 年，公司再次获得集团公司年度安全生产先进单位表彰。

2. 人力资源配置全面优化

公司合理运用绩效考核信息化结果，以考核结果反馈的信息为基础，按照公平、公正、公开、竞争、择优、透明和"靠得住、有本领、能干事、干成事"的原则，通过演讲、考试、专家测评、民主测评等程序，对中层管理人员和主管、副主管及一般员工进行了竞聘、聘任，进一步优化了人力资源配置，营造了任人唯贤、任人唯能的用人机制。做到了讲究方法、讲究实效，重品行、重能力、重评议，人尽其才、才尽其用。使干部队伍老、中、青搭配合理，形成梯队。同时，公司在用人上做到了求精减、求效率，既优化了管理队伍，又使工作效率和经营业绩逐年提升，充分体现了公司实施全员绩效考核管理的成果。

3. 形成"以全员绩效为中心"的企业文化

在实施全员绩效考核信息化管理的过程中，公司通过不断总结和提炼，逐渐形成了"以全员绩效为中心"的企业文化，在贯彻落实集团总部"见红旗就扛，有第一就争"文化理念的同时，强化"比、学、赶、帮、超"意识，充分调动各级员工的积极性，加强责任心，给员工清晰、具体的行为导向，最终形成高效率、高效益、高效果的公司绩效文化。

（资料来源：深圳华天谋企业管理顾问有限公司，《"全员绩效考核"信息化管理实践——中国石化贵州石油分公司》。）

第 9 章

精益文化建设

9.1 精益文化理论

9.1.1 精益文化的内涵

企业文化是企业在长期的生产、经营、发展过程中形成的管理思想、管理方式、管理理论、群体意识以及与之相适应的思维方式和行为规范的总和，是企业经营者提倡的、企业各层次员工共同遵守的文化传统和不断革新的行为方式。其核心内容是企业价值观、企业精神、企业经营理念的培育，是企业全体员工思想道德水平的提高。通过企业文化建设，企业的人文素质得以优化，其最终结果是企业竞争力提高并促进企业经济效益增长。

精益生产的方法是外在的、显性的、表面的，而精益文化则是相对稳定的、本质性的、内涵性的。精益文化的本质是引起员工共鸣，促进和规范员工行为，提高效率和效益，用有限的资源创造最大价值；其根本目标是转变管理理念，创新管理方式，提高管理水平。精益文化反映的是危机意识、问题意识、人本意识。时刻具有危机意识是企业长久发展的基础，危机意识是催人奋进的力量，能产生向上的动力；只有发现问题，才能在解决问题的过程中不断改进、革新；精益改善的原动力来自员工的自觉性，只有充分依靠和发挥员工的积极性和创造性，才能将精益文化落到实处。

精益文化作为一种理念，与企业文化既有联系，又相互区别。精益文化强调效率、注重节约、杜绝浪费，而企业文化的内涵更加广泛；精益文化包含于企业文化之中，是企业文化的重要组成部分。精益文化与企业文化要深度融合，才能实现精益文化对企业提升管理水平的促进作用。

9.1.2 精益文化在企业中的应用

企业在推进精益管理的过程中，不仅要强调精益方法、注重改善手法，更应高度重视精益文化的建设。

（1）要加强敬业精神的培育。敬业精神是人们基于对一件事情、一种职业的热爱而产生的一种全身心投入的精神，是一种建立在挚爱基础上的对工作、对事业全身心忘我投入的精神境界。当一个人具有敬业精神的时候，自然而然地就想把工作做得更好，精益求精，及时生产，消灭故障，消除一切浪费，向零缺陷无限靠近。因此，敬业精神是精益的思想基础。

（2）要具有危机意识。时刻具有危机意识是企业生存和发展的基础。企业要认识到实施精益生产方式的必要性，精益生产的核心思想就是要求产品品质必须达到"零缺陷"的要求，杜绝一切浪费，彻底降低成本。随着市场竞争日趋激烈，企业经营如逆水行舟，不进则退。因此，企业应积极推进精益管理，致力于追求产品"零缺陷"，杜绝浪费。

（3）要注意"以人为本"。建设精益文化要认识到员工是企业最宝贵的财富，技术、规模、设备都可以被模仿，唯有企业的人力资源不能被模仿。要注重培养优秀的员工，充分发挥他们的主观能动性，不断为企业的改善出谋划策。精益文化建设需要企业从上到下的全员参与，只有这样，精益生产的文化才能在企业生根发芽。

（4）要追求卓越，在改善中提高。企业精益文化也要随时间的推移逐步完善，精益文化具有相对稳定性，但不具有绝对稳定性。随着精益思想的逐步推广，企业形态的逐步变化，新的营销理念、营销方式的出现，市场环境、社会环境的变化，企业精益文化的内容及表现形式也应逐步调整、丰富和完善。企业要实现基业长青，就必须保持追求核心目标的恒心和毅力，并要具有超前的眼光，时刻具有危机意识，确保产品质量和服务质量能够满足顾客和市场的要求，不断追求卓越。企业要想尽办法、采取措施，鼓励员工从身边的改善做起，养成员工自主改善、追求卓越的态度。

以精益思想为导向构建的企业文化，能够塑造良好的企业形象，推动建立团结向上、勇争一流的职工队伍。将精益意识和理念，贯穿融入企业生产经营的所有过程和所有环节，让生产力各个要素的能量充分释放出来，从而提升精益管理的执行力，增强企业的核心竞争力，为企业可持续发展赢得新的动力和支持。

9.2 精益文化建设

9.2.1 责任文化建设

责任文化建设的作用主要有以下几个方面：

（1）责任文化可以激发员工潜能。强烈的责任意识是履职尽责的巨大精神力量，是完成各项工作的重要保证。从一定意义上说，员工的责任意识在很大程度上能够决定企业的命运。员工责任意识的匮乏，往往会成为企业经营不善的直接原因。缺乏责任意识的员工，不以企业利益为重，也就不会为企业的利益而努力，而这样的企业必然存在着潜在的危机。深化责任文化建设，会激发员工的内在潜能，将自己的忠诚、责任和热情内化为尽职尽责的动力，彻底融入企业的发展之中。

（2）责任文化可以提高企业的凝聚力。责任是凝聚力量的纽带，只有人人主动履行职责，才会形成整体合力，才会想方设法为企业发展尽心尽力、同甘共苦、荣辱与共。如果能够使员工形成明确的个人责任意识和勇于负责的精神，企业的执行力会大幅度提高，企业的运转会更加流畅、高效。

（3）责任文化能够帮助企业抵抗风险。大力加强责任文化培育，增强员工的责任感和使命感，对于增强员工应对挑战的信心，提高企业抵抗风险的能力，具有十分重要的意义。

（4）责任文化能够推动企业发展。企业犹如一个生命体，由无数的细胞组成，而员工就是这些细胞。这个生命体要健康发展，就必须做到每个细胞都充满活力，每个细胞都能承担起自己的责任。

在责任文化建设过程中，一些方法能够发挥重要作用。首先是开展群众性责任文化普及教育活动。通过全员学习、心得交流、成果汇报、领导带头集中宣讲等方式，不断强化员工的紧迫感和使命感。其次是进行全员责任承诺。积极实施各级员工履职承诺、规范承诺、安全承诺、文明礼仪承诺等责任承诺活动，提高全员履行责任的自觉性。还有一个方法是开展责任标兵评选。在整个企业范围内开展"岗位责任标兵"和"模范责任单位"评选活动，树立责任典型，增强各级员工的责任意识。建立全面的问责体系也是一个重要的方面。企业建立专门的责任考核小组，对员工的责任缺失事项进行管理考核，形成完整的责任考核体系，将责任文化落到实处。

通过深入开展责任文化建设，为企业精益文化的建立创造条件，企业价值体系也能够得到进一步完善，巩固员工敬业奉献的思想基础。使"珍惜岗位、感恩社会""让责任成为品质，让优秀成为习惯""先把事情做对，再把事情做好"等价值观念融入各级员工的思想深处，促使全体员工自觉地投身到企业改革发展之中。在企业中形成"当天问题不过夜，急办事情不拖延，职责不清抢着干，难办工作主动上"的良好氛围。

企业责任文化建设能够激发企业活力，增强企业发展的内生动力。在责任文化建设过程中，通过观念的转变和作风的改进，员工会对企业的使命由无所适从向主动适应转变，由关注自身得失向关注责任贡献转变。员工主动学习知识、钻研技术的积极性不断增强，对标提升活动深入人心，比着干、拼着干、抢着干的氛围日益浓厚，最终形成推动企业发展的强大动力。责任文化建设使企业的基础管理得到强化，有利于塑造企业的核心能力。

9.2.2　品牌文化建设

品牌文化是品牌得以长远发展和提高市场竞争力与影响力的基础，也是品牌谋求发展与进步的"灵魂"，对品牌的成长与稳定性以及规范化发展起到重要作用。品牌是企业精神和企业精益文化的稳定基石和必要条件，而这种企业精神又对企业全体员工产生强大的凝聚力和努力进取的精神力量。

品牌文化通过创造产品的物质效用与品牌精神高度统一的完美境界，能超越时空的限制，带给消费者更多高层次的满足、心灵的慰藉和精神的寄托，在消费者心灵深处形成潜在的文化认同和情感眷恋。在消费者心目中，他们所钟情的品牌作为一种商品的标志，除了代表商品的质量、性能及独特的市场定位以外，更代表他们自己的价值观、个性、品位、格调、生活方式和消费模式；他们所购买的产品不只是一个简单的物品，而是一种与众不同的体验和特定的表现自我、实现自我价值的道具；他们认牌购买某种商品也不是单纯的购买行为，而是对品牌所能够带来的文化价值的心理利益的追逐和个人情感的释放。因此，他们对自己喜爱的品牌形成强烈的信赖感和依赖感，融入许多美好联想和隽永记忆；他们对品牌的选择和忠诚不是建立在直接的产品利益上，而是建立在品牌深刻的文化内涵和精神内涵上，维系他们与品牌长期联系的是独特的品牌形象和情感因素。这样的顾客很难发生"品牌转换"，毫无疑问是企业的高质量的忠诚顾客，是企业财富的不竭源泉。可见，品牌就像一面高高飘扬的旗帜，品牌文化代表着一种价值观、一种品位、一种格调、一种时尚、一种生活方式，它的独特魅力在于不仅提供给顾客某种效用，而且帮助顾客寻找心灵的归属，放飞人生的梦想，实现他们的追求。

因此，企业应充分认识品牌文化的作用，积极创建具有独特性格的品牌文化，并使其得到包括从企业高层领导到普通员工的企业全员的认同，得到顾客和整个社会环境的认同。高质量的产品、高尚的企业风格、积极的社会贡献、有效的营销活动等都是品牌文化建设的有效手段。

9.2.3　行为文化建设

企业精益文化在员工行为层面的建设突出体现为全面强化基础管理，形成规范化、标准化、精细化的行为模式，使其成为企业全体员工自觉自愿的行为习惯。

提高责任意识，开展全员对标和管理创新活动。自觉与具有先进水平的企业进行对照，以"找问题工作法"和"岗位提案"活动为手段，开展全员对标改善活动。围绕效率、质量、消耗、费用和成本等主要经济技术指标，深入推进班组、岗位对标工作，坚持在对标中创新、在创新中提升，促进各项指标持续改善，形成全员参与管理创新的行为模式。

在具体工作中细化工作责任，推进标准化作业。对各生产和管理环节的职责、工作流程、行为规范、安全规程、岗位责任等内容进行细化和量化，实现了对员工行为的精细化管理。5S、三定管理的贯彻执行也是培养优秀行为文化的有效途径。

安全生产是企业精益文化在员工行为层面的重要职责。企业可以通过推进安全生产标准化建设，实现对员工行为的规范化管理；提高员工对安全生产的认识水平，以安全管理规范化、安全防控专业化为重点，实现安全生产标准化管理水平的全面提升。

强化市场责任意识，推进精益生产，积极实施市场压力和责任传导，以订单生产为导向，调整生产组织结构，创新工作方法和流程，实现面向市场的生产行为模式。

转变质量管理观念，建立以全员关注、全员参与、全员负责的质量责任行为机制。围绕提高生产效率，企业应积极开展"效能明星""小改善"评比等活动，形成持续提高设备运行效率的精益生产行为模式，实现高质量、高效率、低消耗的管理效果。

企业还应重视信息化建设，应加大对生产执行系统（MES）、数据采集系统以及设备、财务、人力资源等管理系统的建设。企业信息化建设要求全体员工改变原有行为模式，形成一种基于信息化的精准行为模式；倡导"智能化生产、数字化管理"理念，形成流程融入系统、系统固化行为、行为再现管理、管理纳入体系的管控一体化信息系统，为构建"数字化工厂"提供技术支撑。这是一种将员工行为固化到信息系统的新型企业精益文化，奠定了精准化管理的群众基础。

9.2.4 员工培训

企业在发展的过程中应认识到学习的重要性，通过学习可以直击员工的心灵，统一员工的思想认识。只有沐浴在企业精益文化之下，企业的创新活动才不只是一个口号，更是一种企业状态、一种行为方式。因此，应加大培训力度，搭建一个交流思想、促进学习的平台，推动干部员工转变思维方式。通过专家学者讲解品牌发展形势、市场营销、企业建设、管理水平提升等方面知识，不仅能够开拓员工的视野，而且能够让他们对整个企业的精益文化获得更加全面的认识与思考。

首先，从物质层面，通过对全体员工进行培训，从市场、营销、制造等角度努力提升企业的管理水平。其次，从行为层面，通过培训使员工逐渐习惯这种"在工作中学习，在学习中工作，学习成为工作"的新形势下的企业行为模式。员工思维的改变使企业逐渐从传统制造型企业向学习型企业转变，通过学习提升整体运作"群体智力"和持续的创新能力，成为不断创造未来的组织。从核心文化层面，通过培训，逐渐使新老员工产生共同的意识形态，从而形成一种长期的"精益"文化观念，并使之成为员工的群体意识，成为企业精益文化的基石。

9.2.5 管理创新活动

管理创新是企业基础管理的重要内容，是企业不断适应新形势、推动企业持续发展的不竭动力。管理创新以解决制约企业发展的关键问题为主要内容，以提升创新工作的质量和水平为主攻方向，以健全课题立项、过程管理、成果评审、激励引导和工作交流五项工作机制为主要措施，不断推进管理创新工作深入开展，以基础管理水平持续提升促进企业发展。

管理创新活动旨在培养企业员工的创新精神，培养员工的主人翁精神。让全体员工都积极参与管理创新活动，使创新成为企业的性格和员工的自觉行为。通过管理创新，展示员工在本职岗位上经过探索、实践、总结、提炼得到的成果，同时提高企业的技术和管理水平。创新活动在保障生产、提高产品质量、节能减排、保障员工权益、安全管理、车间班组建设、专业技能人才队伍建设等方面都能够发挥重要的作用，这是企业的宝贵财富。企业可以以管理创新课题为载体，深入推进精益管理工作，持续提升企业管理水平。

案例：中航工业沈飞公司的全员精益管理之路

中航工业沈阳飞机工业（集团）有限公司（简称沈飞公司）成立于 1951 年，是中航工业防务分公司旗下的重要一员。在管理创新方面，沈飞公司成功地推行了精益六西格玛管理。沈飞公司打造精益企业的经验值得我国众多的制造业企业学习借鉴。

1. 精益管理发展历程

在 2002 年之前的很长一段时间中，沈飞公司曾经紧跟 20 世纪 80 年代在全球兴起的全面质量管理（TQM）热潮。全面质量管理和精益管理在很多方面有所区别：全面质量管理注重产品生产过程，最终达到产品质量本身的提高，精益管理实际上更多地关注流程的改善，不仅仅是针对产品的质量，但二者都强调全员参与，这为沈飞公司后来推行精益六西格玛管理打下了很好的基础。从 2002 年开始，沈飞公司开始推行精益管理模式，这与沈飞公司作为波音公司的供货商，要学习波音的管理有关。同时，沈飞公司也借鉴了丰田公司的一些做法。后来，在发动机行业普遍学习 GE 六西格玛管理的情况下，沈飞公司开始推行六西格玛管理。精益管理更多的是面向流程和采用群众性的持续改进；而对于解决生产过程中质量的波动问题，六西格玛管理则有它的优势。有了很好的群众基础，再从质量控制的角度在流程上进行全面改善，精益管理和六西格玛管理很自然地结合到了一起。沈飞公司推行精益管理实际上分成三大阶段：2002—2005 年是起动阶段，企业开始认识精益管理、员工开始参与精益管理，这是一个思想统一的过程；2005—2007 年是全员参与精益管理的过程，员工在各个岗位上尝试运用精益管理方法，部分单位也取得了非常好的效果；2008 年以后，在局部优化的基础上强化了精益管理和六西格玛管理的系统性整合，从系统的角度审视和优化整个流程。

一架飞机有十几万个零件，有的零件需要 100 多道工序才能完成，还要经过一系列安装、测试的过程，制造流程和质量控制都十分复杂。一个企业实施精益六西格玛管理最困难的就是如何将精益管理的车轮推动起来，即形成全员参与和群众性改善的态势，形成无休止的精益六西格玛管理改善循环。

2. 领导发动和参与

以 GE 等大企业的经验来看，推行精益六西格玛管理需要处理整个系统的问题，要分析和解决的问题很复杂，需要与相关部门进行协调，需要得到更多的资源支持，所以，没有领导的支持是不可能成功的。对沈飞公司来说，这种支持一方面来自中航工业总部和防务分公司自上而下的部署和指导，另一方面则是沈飞公司各级领导对精益六西格玛的积极参与。领导既是变革的发动者，也是一个系统化改进的参与者，更是精益文化的引领者。沈飞公司领导的角色最初更多的是文化的引领者，自上而下地进行精益理念的灌输。在一些条件适合的地方，如一些单位、车间、班组，会率先取得较好的改进成果，这就会让员工切身感受到精益管理的好处。

沈飞公司对公司各级领导提出了最基本要求——把手弄脏，就是一定要到现场去，要参与一线的改进，要弯下腰来，蹲下身来，拿起抹布。也就是说，领导要身先士卒，参与流程改进，而不只是坐在办公室发号施令。这解决了"头"与"手"协调的问题。同时，不同级别的领导掌握着不同的资源，管理着不同规模的流程，因而，系统性或全局性的流程改进，没有领导的支持和参与更是不可能成功的。除了在顶层发动，领导亲自参与流程改进之外，为了导入精益六西格玛和固化改善成果，并形成精益文化，沈飞公司在管理上还有一系列的创新举动。例如，设立精益助理岗位，组建精益联盟等。

3. 精益助理

精益助理实际上是基层精益管理的推进者。这个岗位是沈飞公司在导入精益生产的过程中，为了能够使公司上下形成一套完整的推进体系，而在组织结构上实行的创新。精益助理很多是基层一把手的助手，他们传播精益管理知识，既是教练员，又是运动员，带动基层单位员工实施精益管理。

精益助理辅佐原来没有精益管理意识的领导，从精益管理方法运用的角度帮助他们认识问题。专职和兼职的精益助理是能够在基层发动管理创新，并引导整个基层单位推进管理创新的核心人员。他们会用一种批判的眼光审视当前的管理和生产现状，提出需要改进的问题，同时，又时刻与公司的决策层和精益管理推进部门保持相关信息的互动，使公司领导层的想法和要求能够及时贯彻和传达到基层单位。

4. 精益联盟

很多生产单位在推进精益管理的过程中，会发现彼此之间面临一些具有共性的问题。如果一个单位没有足够的资源和智慧来解决问题，尤其是解决两个生产单位甚至三个以上生产单位所遇到的相似问题，管理者就会考虑借鉴其他单位的先进经验。在这种情况下，精益助理就会发挥他们的协调作用，把相似的工艺、相似的单位组合起来，形成精益联盟来共同推进。

精益联盟发挥了集体智慧，能够使个别部门的经验迅速在相似的环境中推广和应用，使彼此之间的信息传递更加及时，避免了信息传递过程中因一部分信息失真造成问题和冲突。

5. 打造精益文化

沈飞公司在推进精益的过程中，积淀下来一些由全员共有、共享的思维方式和行为模式，这就是精益文化。形成了这种企业文化，就意味着企业在成为精益企业的进程中，取得了阶段性的成功。文化的形成和传承需要一些固定的仪式，沈飞公司为此建立了一年一度、声势浩大的精益六西格玛文化节（简称精益文化节）。沈飞公司有自己的使命和目标，在中航工业"航空报国、强军富民"的宗旨之下，践行着"敬业诚信、创新超越"的理念，所以，保持创新热情和持续性的创新改进至关重要。沈飞公司的精益文化节就是保持热情、推进创新、达成共识的平台。

一年之中取得的系统改进、群众性改进以及各个单位、各个层次的管理创新成果和经验，会利用这个机会进行交流和碰撞。关于认识当前的变化和问题，沈飞公司会通过各种论坛进行讨论，高层、中层、一线班组都有各自的论坛。沈飞公司借鉴了波音公司的方式：在波音公司的"开放日"，员工家属可以到波音公司参观。而沈飞公司的精益文化节在为期一周的时间里让公司的所有员工一起体验公司在管理上的创新。由于精益文化节具有重要意义，很受中航工业集团领导和中航工业防务分公司领导的重视。

精益文化节也可以理解为管理创新活动周。之所以叫精益文化节，是因为它体现着快乐和精益，大家精益并快乐着。在放松的状态下，16000多名员工共同打造了一种推进管理创新的氛围。现在，沈飞公司基层的、群众性的改进成果，一年多达1万多项。

成为精益企业，虽然是一个快乐的过程，但改进过程中的痛苦也不可避免。要改变多年养成的习惯，人们开始会很难受，克服旧习惯和养成新习惯的过程中会有让人感觉很痛苦的东西。另外，管理过程很复杂，部门之间的流程也非常复杂。当一个单位发生变化时，若其他单位不随之进行调整，就会造成管理的混乱。这种混乱是一种阻力，对很多人来说，克服这种阻力也是很痛苦的。另外，个人和部门利益的变化也让一部分人感到痛苦。在变革中克服阻力、战胜痛苦，考验着领导者的决心和信心。

精益管理是一个永不停止的过程。沈飞公司在实施精益六西格玛管理方面取得了突出的成就，沈飞公司全员参与的精益管理发展历程，值得我国制造业企业学习和借鉴。

（资料来源：汪洋. 中航工业沈飞公司的全员精益之路 [J]. 管理学家：实践版，2011（4）.）

第 10 章

结束语与展望

2014 年 11 月，在上海举行的第十六届中国国际工业博览会上，工业化和信息化的"两化融合"——中国版工业 4.0 概念首次被正式提出，人机融合、物联网应用及未来工厂等为中国制造业未来的发展指明了方向。当人脑的活动被嵌入到机器中的时候，工业史就将迎来最受瞩目的变革。

国家提出建立数字化、智能化、精益化的现代工厂，其核心战略也是建立现代化智慧工厂，推行精益生产，提高精益管理能力。以"工业 4.0"的理念来看，流程行业智慧工厂也应建立在物联网和服务网构建的信息技术基础上。

其中，与生产计划、物流、能源和经营相关的 ERP（企业资源计划）系统，以及与产品设计、技术相关的 PLM（产品生命周期管理）系统处在最上层，与服务网紧紧相连。与生产制造设备和生产线控制、调度、排产等相关的 PCS（生产过程控制系统）、MES（生产执行系统）通过 CPS（信息物理系统）与工业物联网紧紧相连。从产品形成和产品生命周期服务的角度来看，智慧工厂还需要具有智慧的原材料供应和售后服务，构成实时、互联、互通的信息交换体系。

精益生产的本质是以客户需求为所有改善活动的出发点，即任何改善活动都要围绕满足客户需求来进行。制造业企业应从系统的角度，建立精益运营和精益评价系统，确定企业的精益项目及实施体系；以精益生产为基础，通过对研发、供应链、生产与营销等进行全方位的精益改进，让运营效率和产品品质成为企业的核心竞争力。

制造业企业实施精益生产模式，应突破现有的生产方式与制造模式，根据市场需求数据与信息，进行大数据分析与应用，最终形成网络化智能制造工厂。顺应这一趋势，企业应高度重视制造业高端标准与技术的开发，培养信息技术与制造技术复合人才，积极探索智能制造设备与信息技术融合、大数据分析应用等方成的突破。

我国有很多企业在制造过程中的自动化、信息化方面比较先进。一部分是利用生产过程自动化，即借助自动化生产、测量、显示等工具进行控制，达到生产自动化的目的；另一部分是利用办公自动化系统、决策支持系统以及管理信息系统，实现管理信息化。先进的自动化技术极大地推动了我国工业的技术改造。随着工业自动化程度不断提高，信息化进入了计算机集成制造系统阶段，通过采用先进的计算机技术、控制技术、自动化技术、信息技术，集成工厂自动化设备，对整个生产过程实施控制、调度、监控。与流程工业一样，工控机、变频器、人机界面、PLC、MES、智能机器人、机器视觉、RFID 等自动化产品在工业企业中发挥着越来越重要的作用。

随着更多信息化技术的应用，工厂已经从人操控机器向自动化机械设备转变，安全、高效的智慧工厂不再遥不可及，国内很多企业已经达到相当高的智能化水平。《上海烟业报》报道，随着 MES 在上海卷烟厂的系统建设和深入应用，工厂信息化工程逐步成为卷烟制造的有力支撑，数字化组织生产、全过程实施监控，提升了卷烟生产各个环节的流程受控性、信息完整性和数据可用性，为生产管理和防差错预防提供了可靠保障。上海卷烟厂根据其两个厂区的实际情况，进一步加强了 MES 的建设与应用。2014 年 2 月，作为工厂 MES 核心模块的产量模块上线运行。此次上线涉及面广，涉及产量计划、有效作业率、停机扣时、产量报表等一系列功能。在模块应用中，一是分离两个厂区的产量，使数据更直观、清晰；二是开发了精确查询各区域产量的功能；三是增加了核对机制，确保了数据的准确性。模块的上线，标志着 MES 建设和应用覆盖至卷烟生产全过程，实现了对成品产量的数据监控和对信息的维护管理。工厂还通过 MES 下发电子工单，用以组织生产，并向 MES 反馈工艺指标、物耗等情况，实现了数字化组织生产、监控的目的。同时，针对 MES 运转日记模块，对日记形式、内容和信息流转过程进行改进，使其更贴近生产实际，更注重人性化操作。但从总体上看，我国企业的智能化水平距离国际先进水平还有相当大的差距，还有很长的路要走。

全面推进精益管理是提高企业管理水平的有效手段，是建设具有国际竞争力的一流企业的需要，是企业推进管理创新，向管理要效益、向管理要进步的重要举措，对转变企业发展方式、提高企业发展质量具有非常重要的意义。推进精益管理是改变传统管理理念和行为模式，优化资源配置，提升企业效益的有效手段；是全面提升企业管理水平、挖掘企业发展潜力、转变企业发展方式、实现企业可持续发展的迫切需要和可靠保证。

而新形势下的精益管理无疑对企业提出了新的要求，也将给企业带来新的挑战。先进的管理理念与先进的信息化技术相结合，无疑将促进企业实现降低成本和提高经营效益的目的。

　　精益管理的核心追求是消灭一切浪费，以最低的成本创造出最大的价值。使用信息技术能够帮助企业更加有效地优化生产和管理流程，有效整合企业的各种资源，迅速传递生产过程中的相关信息，并获得及时的反馈。企业信息化建设为精益管理提供了强有力的支持和保证，使企业的精益管理理念能够在生产和管理实践中得到更好的贯彻执行。因此，只有充分发挥信息化的优势，并在信息化过程中进一步完善生产和管理体系，才能不断提高企业的生产管理水平，提高企业的核心竞争力。

　　人类社会已经进入了信息化、网络化的新时代，制造业受到信息化和网络化的影响更大。工业化和信息化的"两化融合"是我国政府对制造业转型升级制定的发展战略。制造业企业的发展无法回避信息化过程。

　　为了消除浪费、降低成本、提高企业生产经营效益，精益生产方式建立了完整的思想方法和管理方法体系，被全球制造业企业广泛接受和采用，对推动制造业的发展做出了卓越的贡献。精益生产方式极其重视生产过程中信息管理的准确性和及时性，生产计划信息共享、看板管理、自働化机制等都是精益生产方式中信息传递和管理的独特和有效手段。在精益生产方式形成的过程中，信息技术和网络技术尚不发达，因此只能采用手工看板、指示灯、拉绳等原始工具传递信息，而对大量的生产状态和过程信息难以做到准确、及时的采集、传递、处理和应用。

　　而今，信息化和网络化技术的进步给精益生产方式对信息管理的准确性和及时性的要求提供了强有力的支撑和保证。在信息化的背景下，精益生产方式也将迎来一个崭新的发展阶段。精益生产方式与信息化的有机融合，即基于信息化的精益生产管理，将成为现代制造业企业提高生产管理水平的必由之路。

参 考 文 献

[1] 大野耐一. 丰田生产方式 [M]. 谢克俭, 李颖秋, 译. 北京: 中国铁道出版社, 2014.

[2] 詹姆斯 P 沃麦克, 丹尼尔 T 琼斯, 丹尼尔·鲁斯. 改变世界的机器: 精益生产之道 [M]. 余锋, 张冬, 陶建刚, 译. 北京: 机械工业出版社, 2015.

[3] 沃美克, 琼斯. 精益思想 [M]. 沈希瑾, 张文杰, 李京生, 译. 北京: 机械工业出版社, 2011.

[4] 杨建宏, 黄华. 精益生产实战应用 [M]. 北京: 经济管理出版社, 2010.

[5] 刘树华, 鲁建厦, 王家尧. 精益生产 [M]. 北京: 机械工业出版社, 2010.

[6] 李冠, 何明祥, 徐建国. 现代企业信息化与管理 [M]. 北京: 清华大学出版社, 2014.

[7] 陈荣秋, 马士华. 生产与运作管理 [M]. 北京: 机械工业出版社, 2009.

[8] 万军. 制造质量控制方法与应用 [M]. 北京: 机械工业出版社, 2011.

[9] 赵华民. 设备管理与维修实践和探索 [M]. 北京: 中国物资出版社, 2005.

[10] 冯成平, 耿云. 蓝色管理: 破解西方管理本源 [M]. 北京: 东方出版社, 2008.

[11] 胡君辰, 宋源. 绩效管理 [M]. 成都: 四川人民出版社, 2008.

[12] 陈春花, 曹洲涛, 李洁芳. 企业文化 [M]. 2 版. 北京: 机械工业出版社, 2013.